콕 한국어 어휘왕

TOPIK I 초급

단어 사전 TEXTBOOK

SD에듀

(주)시대고시기획

한국어를 공부하는 여러분에게

> 나는 배웠다.
> 어떤 일이 일어나도
> 그것이 오늘 아무리 안 좋아 보여도
> 삶은 계속된다는 것을.
> 내일이면 더 나아진다는 것을.

이 글은 마야 안젤루 시인이 쓴 '나는 배웠다'라는 시의 한 부분입니다.
지금 이 글을 읽고 있는 여러분!
이 글을 다 이해하셨습니까? 혹시 모르는 단어가 있습니까?
만약 모르는 단어가 있으면 이 책으로 공부해 보세요!

『쏙쏙 한국어 어휘왕 – 단어 사전』은 여러분이 한국어를 처음 공부할 때 알아야 하는 1500개의 단어를 하루에 30개씩 50일 동안 공부할 수 있도록 정리했습니다.

❶ 단어부터 무작정 외우지 말고, 먼저 예문을 읽고 이해하세요.

❷ 유의어나 반의어를 참고하여 뜻을 익히고, 문장의 구성까지 공부하고 나면 그 단어를 오래 기억할 수 있을 거예요.

무엇보다도 단어는 매일 규칙적으로 공부해야 합니다. 또한 매일 새로운 단어를 암기하는 것도 좋지만, 전날 외운 단어 중 잊은 것이 없는지 가벼운 마음으로 확인하고 반복해서 보는 것이 효과적입니다.

이런 방법으로 공부한다면 알려 드린 시는 물론, 여러분이 좋아하는 모든 글을 쉽게 읽을 수 있을 거예요. 오늘보다 내일, 더 많은 단어가 여러분의 머릿속에 들어와 있을 테니까요.
여러분이 공부하는 동안, 항상 응원하고 있겠습니다. 파이팅!

『쏙쏙 한국어 어휘왕』 집필진 일동

P.S. 단어를 공부한 후에는 시리즈 도서인 단어 사전 문제집(WORKBOOK)의 문제를 풀어 보세요!
쉽고 재미있게 기억할 수 있도록 만든 다양한 유형의 문제를 풀면서 자신의 실력을 확인할 수 있을 거예요.

TOPIK 시험 소개

TOPIK은 Test Of Proficiency in Korean의 약자로 재외동포 및 외국인에게 한국어 학습의 방향을 제시하고 한국어 보급을 확대하고자 하는 시험입니다. 나아가 그들의 한국어 사용 능력을 측정·평가한 결과는 국내 대학 유학 및 한국 기업체 취업 등에 활용하는 것을 목적으로 합니다.

문항 구성

수준	TOPIK I		TOPIK II		
영역(시간)	듣기(40분)	읽기(60분)	듣기(60분)	쓰기(50분)	읽기(70분)
문제 유형과 문항 수	객관식 30문항	객관식 40문항	객관식 50문항	주관식 4문항	객관식 50문항
만점	100점	100점	100점	100점	100점
총점	200점		300점		

등급별 평가 기준

수준	TOPIK I		TOPIK II			
등급	1급	2급	3급	4급	5급	6급
기준	80점 이상	140점 이상	120점 이상	150점 이상	190점 이상	230점 이상

국제 통용 한국어 표준 교육과정을 기준으로
TOPIK 급수별 어휘를 선별한
쏙쏙 한국어 어휘왕!

어떻게 만들어졌는지 지금부터 한번 살펴볼까요?

단어 암기 효과를 극대화한 구성!

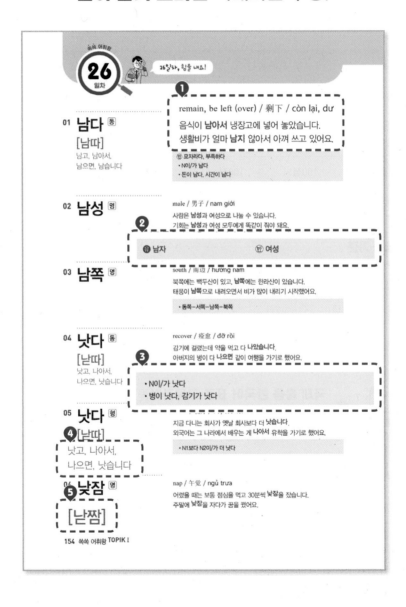

쏙쏙 어휘왕

26일차

26일차, 힘을 내요!

01 남다 동
[남따]
남고, 남아서,
남으면, 남습니다

❶
remain, be left (over) / 剩下 / còn lại, dư
음식이 **남아서** 냉장고에 넣어 놓았습니다.
생활비가 얼마 **남지** 않아서 아껴 쓰고 있어요.

⑪ 모자라다, 부족하다
• N이/가 남다
• 돈이 남다, 시간이 남다

02 남성 명
male / 男子 / nam giới
사람은 남성과 여성으로 나눌 수 있습니다.
기회는 남성과 여성 모두에게 똑같이 줘야 돼요.

❷
⑪ 남자　　　　　　　　⑫ 여성

03 남쪽 명
south / 南边 / hướng nam
북쪽에는 백두산이 있고, **남쪽**에는 한라산이 있습니다.
태풍이 **남쪽**으로 내려오면서 비가 많이 내리기 시작했어요.

• 동쪽-서쪽-남쪽-북쪽

04 낫다 동
[낟따]
낫고, 나아서,
나으면, 낫습니다

recover / 痊愈 / đỡ rồi
감기에 걸렸는데 약을 먹고 다 **나았습니다**.
아버지의 병이 다 **나으면** 같이 여행을 가기로 했어요.

❸
• N이/가 낫다
• 병이 낫다, 감기가 낫다

05 낫다 형
❹[낟따]
낫고, 나아서,
나으면, 낫습니다

지금 다니는 회사가 옛날 회사보다 더 **낫습니다**.
외국어는 그 나라에서 배우는 게 **나아서** 유학을 가기로 했어요.

• N1보다 N2이/가 더 낫다

❺ 낮잠 명
[낟짬]

nap / 午覺 / ngủ trưa
어렸을 때는 보통 점심을 먹고 30분씩 **낮잠**을 잤습니다.
주말에 **낮잠**을 자다가 꿈을 꿨어요.

❶ 영어, 중국어, 베트남어 번역으로 뜻 이해하기

처음 접하는 한국어의 뜻을 나에게 익숙한 언어로 쉽고 빠르게 확인할 수 있어요.

❷ 유의어, 반의어를 참고하여 뜻 기억하기

유의어(뜻이 비슷한 말)와 반의어(뜻이 반대되는 말)를 함께 공부하세요. 학습 효과를 높일 수 있답니다.

❸ 예문을 보며 문장 구성 파악하기

단어는 그 단어가 쓰인 문장의 구성을 함께 공부하는 것이 좋아요. 일상생활에서 자주 사용하는 표현을 중심으로, 여러분이 어려워하는 문장 구성과 문법 형식을 알려 드릴게요.

❹ 서술어의 활용형 확인하기

동사나 형용사가 문장 안에서 쓰일 때는 다양한 모습으로 바뀐답니다. 활용형을 함께 공부해야 공부한 단어를 실제로 써먹을 수 있어요.

❺ MP3 발음 듣고, 따라 하기

한국어는 표기한 대로 발음하는 것이 원칙이에요. 하지만 모든 것에는 예외가 있죠. 발음이 헷갈리기 쉬운 단어들은 발음을 따로 적어 두었으니 꼭 소리 내어 읽어 보세요. 표지의 QR코드를 찍으면 한국어 원어민의 발음이 담긴 MP3 파일을 다운로드받을 수 있어요!

🚩 이 책에 사용된 기호

㈜ 유의어	㉂ 반의어	⬆ 높임말	⬇ 낮춤말

명 명사 = N	동 동사 = V	형 형용사 = A	수 수사	대 대명사
의 의존 명사	부 부사	관 관형사	감 감탄사	

목차

1급 — 3

01일차	가게~것	11일차	슈퍼마켓~아기
02일차	게임~그러니까	12일차	아내~어느
03일차	그러면~나가다	13일차	어디~영어
04일차	나다~누나	14일차	영화~운동화
05일차	눈1~돕다	15일차	운전~읽다
06일차	동생~맛있다	16일차	입~전화번호
07일차	맞다~뭐	17일차	점심~지난해
08일차	미안하다~별로	18일차	지내다~치마
09일차	병1~사이	19일차	친구~편지
10일차	사전~쉽다	20일차	표~힘들다

2급 — 123

21일차	가끔~건너가다	36일차	소포~시간표
22일차	건너다~공장	37일차	시계~쓰다
23일차	공짜~그날	38일차	쓰레기~어깨
24일차	그냥~긴장	39일차	어둡다~영수증
25일차	길이~남녀	40일차	영하~운전사
26일차	남다~느리다	41일차	울음~이분
27일차	늘~도로	42일차	이불~자꾸
28일차	도시~똑똑하다	43일차	자동판매기~저번
29일차	똑바로~멈추다	44일차	저분~조용히
30일차	메다~미끄러지다	45일차	졸다~지루하다
31일차	미래~방송국	46일차	지르다~참다
32일차	방향~부분	47일차	찾아가다~치료
33일차	부인~사거리	48일차	치약~팔리다
34일차	사계절~서양	49일차	펴다~햇빛
35일차	서쪽~소파	50일차	행동~힘

부록 — 303

찾아보기 — 309

초급
텍스트북

TOPIK I

1. TOPIK 1급과 2급에 자주 나오는 단어를 각각 가나다순으로 정리하였습니다.

2. 체크 박스(☐)에 자신 있게 표시(☑)할 수 있을 때까지 반복해서 공부하세요.

3. 앞말에 따라 달라지는 '조사'의 형태를 참고하여 문장의 형식을 확인하세요.

	앞말에 받침이 있을 때	앞말에 받침이 없을 때
N이/가	꽃잎이 빨갛다	열매가 빨갛다
	소년이 웃는다	소녀가 웃는다
N을/를	달을 보다	해를 보다
	밥을 먹다	딸기를 먹다
N와/과	달과 해	해와 달
	빵과 우유	우유와 빵
N(으)로	집으로 가다	학교로 가다
	앞말이 사람(동물)일 때	앞말이 사람(동물)이 아닐 때
N에/에게/께	선생님에게 제출하다	학교에 제출하다
	선생님께 제출하다	–

MP3 다운로드 경로 안내

www.sdedu.co.kr 접속 > 학습자료실 클릭 > MP3 클릭 > '쏙쏙 한국어 어휘왕' 검색

오늘 공부할 어휘입니다. 알고 있는 단어에 ☑ 해 보세요.

☐ 가게 명	☐ 가격 명	☐ 가구 명
☐ 가깝다 형	☐ 가다 동	☐ 가르치다 동
☐ 가방 명	☐ 가볍다 형	☐ 가수 명
☐ 가요 명	☐ 가운데 명	☐ 가을 명
☐ 가장 부	☐ 가족 명	☐ 가지다 동
☐ 갈아타다 동	☐ 감기 명	☐ 감사 명
☐ 값 명	☐ 같다 형	☐ 같이 부
☐ 개 의	☐ 거기 대	☐ 거실 명
☐ 건강 명	☐ 건너편 명	☐ 건물 명
☐ 걷다 동	☐ 걸다 동	☐ 것 의

✎ 다음 페이지에서 자세히 공부해 볼까요?

01 가게 명

store / 小店 / cửa hàng
명동에는 옷 가게와 신발 가게가 많이 있습니다.
집 근처에 있는 가게에 가서 과일을 좀 샀어요.

> ⊕ 마트

02 가격 명

price / 价格 / giá cả
과일 가격이 지난주보다 많이 올랐습니다.
동대문 시장에서 이 옷을 싼 가격에 샀어요.

> ⊕ 값

03 가구 명

furniture / 家具 / đồ nội thất
방에 있는 가구들이 너무 오래됐습니다.
이사를 하면 가구를 모두 바꾸려고 해요.

04 가깝다 형

[가깝따]

가깝고, 가까워서,
가까우면, 가깝습니다

close / 近，亲近(= 要好) / gần(= gũi), thân
우리 집은 학교에서 가깝습니다.
그 친구는 저와 가장 가까운 친구예요.

> ㉗ 멀다

05 가다 동

가고, 가서,
가면, 갑니다

go / 去 / đi
저는 매일 학교에 갑니다.
방학을 하면 저는 고향에 가려고 해요.

> ㉗ 오다
> • N1에 가다

06 가르치다 동

가르치고, 가르쳐서,
가르치면, 가르칩니다

① teach ② tell / ① 教 ② 告诉 / dạy, cho biết
① 선생님은 우리에게 한국어를 가르쳐 주십니다. ㉗ 배우다
② 그는 나에게 전화번호를 가르쳐 주지 않았어요. ⊕ 말하다, 알리다

> • N1에게 N2을/를 가르치다

07 가방 명

bag / 包 / túi xách

제 책은 **가방** 안에 있습니다.
제 친구는 큰 **가방**을 들고 있는 사람이에요.

• 가방을 들다, 가방을 메다

08 가볍다 형
[가볍따]
가볍고, 가벼워서,
가벼우면, 가볍습니다

light / 轻，轻微 / nhẹ

가방이 작고 **가볍습니다**.
건강을 위해서 매일 **가벼운** 운동을 하는 것이 좋아요.

🔄 무겁다
• 몸이 가볍다, 마음이 가볍다

09 가수 명

singer / 歌手 / ca sĩ

제일 좋아하는 **가수**가 누구입니까?
제 친구는 **가수**처럼 노래를 잘 불러요.

10 가요 명

Korean popular song / 歌曲 / nhạc đại chúng

저는 **가요** 프로그램 보는 것을 좋아합니다.
유튜브에서 인기 **가요**를 들어요.

🔁 노래, 대중가요

11 가운데 명

center, middle / 里，中间 / chính giữa, ở giữa

거실 **가운데**에 책상이 하나 놓여 있었습니다.
은행은 우체국과 편의점 **가운데**에 있어요.

🔁 중간, 사이

12 가을 명

fall / 秋天 / mùa thu

봄과 여름이 가고 **가을**이 왔습니다.
가을이 되면 날씨가 시원해질 거예요.

• 봄-여름-가을-겨울

13 가장 부

most, -est / 最 / nhất

괄호 안에 **가장** 알맞은 말을 고르십시오.
한국에서 **가장** 높은 산은 어디에 있어요?

㊌ 제일

14 가족 명

family / 家庭 / gia đình

한국에 사는 건 좋지만 고향의 **가족**들이 그립습니다.
저희 **가족**은 모두 고향에 있어요.

15 가지다 동

가지고, 가져서,
가지면, 가집니다

① bring, carry, take ② have / ① 拿 ② 拥有 / đem đi

① 오늘 공부할 책을 **가지고** 도서관에 갔습니다.
② 네가 **가지고** 싶은 것은 다 사 줄게.

• 가지고 가다, 가지고 오다

16 갈아타다 동

갈아타고, 갈아타서
갈아타면, 갈아탑니다

transfer / 換乘 / đổi chuyến

버스를 두 번이나 **갈아타야** 합니다.
길이 너무 막혀서 지하철로 **갈아탔어요.**

• 버스를 지하철로 갈아타다
• 갈아타다, 갈아입다, 갈아 신다

17 감기 명

cold(= flu) / 感冒 / bệnh cảm

감기에 안 걸리려면 손을 자주 씻어야 합니다.
요즘 **감기**가 유행이에요.

• 감기에 걸리다, 감기가 들다

18 감사 명

gratitude / 感谢 / lòng biết ơn, sự cảm ơn

선생님께 **감사**의 마음을 전하려고 왔습니다.
어버이날에 부모님께 **감사** 편지를 썼어요.

㊌ 고마움
• 감사하다, 감사드리다

---

19 값 명

[갑]

price / 价格 / giá cả

물건 **값**이 많이 올랐습니다.

값이 비싸니까 좀 깎아 주세요.

> 🔄 가격

---

20 같다 형

[갇따]

같고, 같아서,
같으면, 같습니다

same, like / 相同，像…一样 / bằng, giống

우리 반 친구들의 나이가 모두 **같습니다**.

저는 우리 아빠 **같은** 사람을 만나고 싶어요.

> 🔄 똑같다   🔁 다르다

---

21 같이 부

[가치]

together / 一起 / cùng nhau

주말에 친구하고 **같이** 시내에 갔습니다.

친구들이 모두 오면 그때 **같이** 출발해요.

> 🔄 함께   🔁 따로

---

22 개 의

piece, unit / 个（量词）/ cái

편의점에서 우유 두 **개**를 샀습니다.

이거 한 **개**에 얼마예요?

> • 한 개-두 개-세 개-네 개-다섯 개

---

23 거기 대

there / 那里 / chỗ đó

우리는 지난주에 친구가 말한 **거기**에 갔다 왔습니다.

제가 지금 **거기**로 갈게요. 조금만 기다리세요.

> 🔄 그곳
> • 여기-저기-거기

---

24 거실 명

living room / 客厅 / phòng khách

거실에는 소파와 텔레비전이 있습니다.

거실에서 가족들과 같이 이야기를 해요.

25 건강 명

health / 健康 / sức khỏe

저는 **건강**을 위해서 매일 30분씩 운동을 합니다.

고기보다는 채소를 먹는 것이 **건강**에 더 좋아요.

- 건강하다, 건강을 지키다

26 건너편 명

opposite side / 对过 / đối diện

학교 **건너편**에서 부모님이 기다리고 계셨습니다.

편의점은 길 **건너편**에 있어요.

⊕ 맞은편

27 건물 명

building / 建筑物 / tòa nhà

이곳에는 높은 **건물**이 많습니다.

우리 교실은 이 **건물** 7층에 있어요.

⊕ 빌딩
- 건물을 짓다, 건물을 세우다

28 걷다 동

[걷따]

걷고, 걸어서,
걸으면, 걷습니다

walk / 走 / đi bộ

저는 매일 한 시간씩 집까지 **걷습니다**.

어제 너무 많이 **걸어서** 다리가 아파요.

⊕ 걸어가다   ⊖ 뛰다
- 걷다–뛰다–날다

29 걸다 동

걸고, 걸어서,
걸면, 겁니다

hang / 挂 / treo, mắc

아버지는 지금 가족사진을 벽에 **걸고** 계십니다.

옷걸이에 옷을 **걸어** 놓았어요.

30 것 의

[걷]

something / 代指事物或现象（依存名词）/ cái

백화점에는 사고 싶은 **것**이 정말 많습니다.

저는 사진 찍는 **것**을 좋아해요.

- A–(으)ㄴ 것, V–는 것

오늘 공부할 어휘입니다. 알고 있는 단어에 ☑ 해 보세요.

☐ 게임 [명]	☐ 겨울 [명]	☐ 계속 [부]
☐ 계시다 [동]	☐ 계절 [명]	☐ 계획 [명]
☐ 고기 [명]	☐ 고르다 [동]	☐ 고맙다 [형]
☐ 고프다 [형]	☐ 고향 [명]	☐ 곳 [명]
☐ 공부 [명]	☐ 공원 [명]	☐ 공책 [명]
☐ 공항 [명]	☐ 과일 [명]	☐ 괜찮다 [형]
☐ 교실 [명]	☐ 교통 [명]	☐ 구경 [명]
☐ 구두 [명]	☐ 국적 [명]	☐ 권 [의]
☐ 귀 [명]	☐ 그 [관], [대]	☐ 그것 [대]
☐ 그래 [감]	☐ 그래서 [부]	☐ 그러니까 [부]

✒ 다음 페이지에서 자세히 공부해 볼까요?

01 **게임** 명

game / 游戏 / game

여러 사람들이 모여서 재미있는 **게임**을 했습니다.
주말에 친구들과 PC방에 가서 컴퓨터 **게임**을 하기로 했어요.

- 게임(을) 하다

02 **겨울** 명

winter / 冬天 / mùa đông

가을이 가고 **겨울**이 왔습니다.
한국의 **겨울**은 눈이 많이 내려요.

- 봄-여름-가을-겨울

03 **계속** 부

continuously / 一直 / suốt, liên tục

요즘 장마철이라서 한 달 내내 **계속** 비가 내리고 있습니다.
방학이지만 동아리 모임이 있어서 **계속** 학교에 나가야 돼요.

반 그만
- 계속하다, 계속되다

04 **계시다** 동

계시고, 계셔서,
계시면, 계십니다

(honorific) stay / 在 / ở

교수님은 지금 댁에 **계셔서** 만날 수 없습니다.
저의 부모님은 고향에 **계세요**.

- '있다'의 높임말

05 **계절** 명

season / 季节 / mùa

가을은 독서의 **계절**입니다.
제가 제일 좋아하는 **계절**은 봄이에요.

- 사계절(봄-여름-가을-겨울)

06 **계획** 명

plan / 计划 / kế hoạch

친구들과 여행 **계획**을 세웠습니다.
주말에 무엇을 할지 **계획**이 있어요?

- 계획(을) 하다, 계획을 세우다, 계획이 있다, 계획이 없다

07 고기 명

meat / 肉 / thịt

저는 **고기**보다 야채를 더 좋아합니다.
햄버거를 만들려고 **고기**를 샀어요.

- 돼지고기, 소고기, 닭고기, 양고기

08 고르다 동

고르고, 골라서,
고르면, 고릅니다

choose, pick / 选择，挑选 / chọn, lựa

다음 〈보기〉에서 알맞은 단어를 **고르십시오.**
마음에 드는 물건을 **골랐는데** 너무 비싸요.

🔁 선택하다

09 고맙다 형
[고맙따]

고맙고, 고마워서,
고마우면, 고맙습니다

thankful / 感谢 / cảm ơn

선생님, 친절하게 설명해 주셔서 **고맙습니다.**
부모님께는 항상 **고마운** 마음을 가지고 있어요.

🔁 감사하다

10 고프다 형

고프고, 고파서,
고프면, 고픕니다

hungry / 饿 / đói

아기는 배가 **고프면** 웁니다.
아침을 안 먹어서 너무 배가 **고파요.**

🔄 부르다
- 배(가) 고프다

11 고향 명

hometown / 故乡 / quê hương

설날에는 많은 사람들이 **고향**에 갑니다.
저는 10년 후에는 **고향**에서 살고 싶어요.

12 곳 명
[곧]

place / 地方 / nơi, chỗ

저는 사람들이 많은 **곳**을 안 좋아합니다.
민수 씨가 살고 있는 **곳**은 어떤 **곳**이에요?

🔁 장소
- 이곳-그곳-저곳

2 일차

13 공부 명

study / 学习 / việc học

한국어 **공부**는 재미있지만 어렵습니다.
제 동생은 **공부**를 아주 잘해요.

- 공부(를) 하다

14 공원 명

park / 公园 / công viên

저는 **공원**에서 자주 산책을 합니다.
이번 주말에 한강 **공원**에 갈까요?

15 공책 명

notebook / 笔记本 / cuốn vở

책상 위에 책과 **공책**이 있습니다.
숙제하려고 **공책** 한 권을 샀어요.

- 🔁 노트

16 공항 명

airport / 机场 / sân bay

부모님이 한국에 오셔서 **공항**에 가야 합니다.
학교에서 **공항**까지 어떻게 가야 돼요?

17 과일 명

fruit / 水果 / trái cây

시장에는 여러 가지 **과일**이 있습니다.
제일 좋아하는 **과일**이 뭐예요?

18 괜찮다 형

[괜찬타]

괜찮고, 괜찮아서,
괜찮으면, 괜찮습니다

nice, okay / 不错，还好 / đàng hoàng, đã đỡ hơn

그 사람은 **괜찮은** 사람입니다.
약을 먹었으니까 곧 **괜찮을** 거예요.

- V-아/어도 괜찮다
- 음료수를 마셔도 괜찮다

19 교실 명

classroom / 教室 / lớp học

친구는 **교실**에 있습니다.
9시까지 **교실**로 오세요.

20 교통 명

transportation / 交通 / giao thông

집에서 지하철역이 가까워서 **교통**이 편합니다.
출퇴근 시간에는 **교통**이 너무 복잡해요.

21 구경 명

watch, sightseeing / 欣赏 / xem, ngắm

주말에 벚꽃 **구경**을 하러 갔습니다.
제주도에서 바다 **구경**도 하고 낚시도 했어요.

• 구경(을) 하다, 구경(을) 가다

22 구두 명

shoes / 皮鞋 / giày tây

결혼식에 가려고 **구두**를 신었습니다.
굽이 낮은 **구두**로 바꿔 주세요.

23 국적 명
[국쩍]

nationality / 国籍 / quốc tịch

저는 대한민국 **국적**을 가지고 있습니다.
엄마와 아빠는 **국적**이 달라요.

24 권 의

volume, book / 册（量词）/ cuốn, quyển

공책을 한 **권** 샀습니다.
책 한 **권**에 얼마예요?

• 한 권, 두 권, 세 권, 네 권, 다섯 권

25 귀 명

ear / 耳朵 / tai

너무 시끄러워서 **귀**를 막았습니다.

귀가 아파서 병원에 갔어요.

---

26 그 관, 대

that, he / 那(冠词)，他（代名词）/ đó(= đấy), người đó(= anh ta)

관 **그** 책 좀 저에게 주십시오.

대 **그**는 좋은 사람인 것 같군요.

• 이-그-저

---

27 그것 대

[그걷]

that / 那个 / cái đấy

가: 이것은 무엇입니까?

나: **그것**은 선풍기예요.

• 그것은(그건), 그것이(그게), 그것을(그걸)
• 이것-그것-저것

---

28 그래 감

okay / 好, 嗯 / đồng ý, ừ

가: 수업 끝나고 같이 도서관에 가자.

나: **그래**. 같이 가자.

⊕ 응

---

29 그래서 부

so(= therefore) / 所以 / vì thế

어제 많이 아팠습니다. **그래서** 학교에 못 갔습니다.

다음 주에 시험이 있어요. **그래서** 열심히 공부해야 돼요.

---

30 그러니까 부

so / 所以 / vì vậy

열심히 공부할게요. **그러니까** 걱정하지 마세요.

내일 주말이에요. **그러니까** 같이 야구 구경하러 가요.

• 그러니까 + -(으)세요, -(으)ㄹ까요, -(으)ㅂ시다

오늘 공부할 어휘입니다. 알고 있는 단어에 ☑ 해 보세요.

☐ 그러면 [부]   ☐ 그런데 [부]   ☐ 그럼 [부]

☐ 그렇다 [형]   ☐ 그렇지만 [부]   ☐ 그릇 [명]

☐ 그리고 [부]   ☐ 그리다 [동]   ☐ 그림 [명]

☐ 그저께 [부], [명]   ☐ 그쪽 [대]   ☐ 극장 [명]

☐ 근처 [명]   ☐ 글 [명]   ☐ 글쎄요 [감]

☐ 기간 [명]   ☐ 기다리다 [동]   ☐ 기분 [명]

☐ 기쁘다 [형]   ☐ 기숙사 [명]   ☐ 기차 [명]

☐ 길 [명]   ☐ 길다 [형]   ☐ 깨끗하다 [형]

☐ 꼭 [부]   ☐ 꽃 [명]   ☐ 끄다 [동]

☐ 끝나다 [동]   ☐ 나 [대]   ☐ 나가다 [동]

✐ 다음 페이지에서 자세히 공부해 볼까요?

01 그러면 부

then, if you do (so) / 那样就 / vậy thì, nếu làm thế

약을 먹고 쉬세요. **그러면** 좀 좋아질 겁니다.
사무실에 가 보세요. **그러면** 선생님을 만날 수 있어요.

유 그럼

02 그런데 부

① by the way ② however(= but) / 可是 / ① nhưng mà ② tuy nhiên

① 어서 와요. **그런데** 무슨 일 있었어요?
② 열심히 공부했어요. **그런데** 시험을 잘 못 봤어요.

유 근데

03 그럼 부

if so, then / 那么 / thế thì, nếu vậy

가: 오늘 몸이 좀 안 좋아요.
나: **그럼**, 오늘은 푹 쉬고 다음에 가요.

유 그러면

04 그렇다 형
[그러타]

그렇고, 그래서,
그러면, 그렇습니다

so(= like that) / 那样 / như thế

가: 머리를 **그렇게** 자르니까 멋있네요.
나: 고마워요. 이렇게 처음 잘라 봐요.

• 이렇다-그렇다-저렇다

05 그렇지만 부
[그러치만]

but / 但是 / nhưng mà

친구는 학교에 매일 옵니다. **그렇지만** 열심히 공부하지 않습니다.
저는 혼자 살아요. **그렇지만** 외롭지 않아요.

유 하지만

06 그릇 명
[그른]

bowl, dish / 碗，容器 / cái bát

밥을 먹고 나서 **그릇**을 정리했습니다.
집에 예쁜 **그릇**이 많네요.

07 그리고 부

and / ① 而且 ② 然后 / ① và ② rồi

① 주말에 운동을 했습니다. **그리고** 산책도 했습니다.
② 숙제를 다 끝냈어요. **그리고** 텔레비전을 봤어요.

08 그리다 동

그리고, 그려서,
그리면, 그립니다

draw / 画 / vẽ

저는 그림 **그리는** 것을 좋아합니다.
종이에 가족들의 얼굴을 **그렸어요**.

09 그림 명

painting / 画 / bức tranh

지난주에 **그림** 전시회에 다녀왔습니다.
제 친구는 **그림**을 정말 잘 그려요.

10 그저께 부, 명

the day before yesterday / 前天 / hôm kia

부 이건 **그저께** 만든 음식입니다.
명 **그저께** 저녁에 친구한테 전화가 왔어요.

유 전전날, 그제　　　　　　　　 반 모레
• 그저께-어제-오늘-내일-모레

11 그쪽 대

there / 那边 / đằng kia

제가 **그쪽**으로 가겠습니다.
그쪽에는 사람들이 몇 명 있어요?

• 이쪽-그쪽-저쪽

12 극장 명
[극짱]

theater, cinema / 剧场 / rạp hát

주말에 작은 **극장**에서 연극을 봤습니다.
영화를 보러 **극장**에 가려고 해요.

유 영화관

13 근처 명

near, nearby / 附近 / gần, nơi gần

저는 학교 **근처**에 살고 있습니다.
지하철역이 **근처**에 있어서 교통이 편해요.

> 유 주변

14 글 명

passage, piece of writing / 文章 / chữ, bài viết

다음 **글**을 읽고 질문에 답하십시오.
저는 좋은 **글**을 쓰고 싶어요.

15 글쎄요 감

well, let me see / 难说 / để xem

가: 이 글의 내용을 이해했어요?
나: **글쎄요**. 잘 모르겠는데요.

16 기간 명

period / 期间 / thời gian

시험 **기간**이라서 도서관에 자리가 없습니다.
방학 **기간**에 뭘 할 거예요?

17 기다리다 동

기다리고, 기다려서,
기다리면, 기다립니다

wait / 等待 / chờ, đợi

가게 주인은 손님이 오기를 **기다리고** 있습니다.
친구를 기다렸지만 끝까지 오지 않았어요.

18 기분 명

mood / 心情，情绪 / tâm trạng

시험에 합격해서 **기분**이 매우 좋습니다.
저는 **기분**이 나쁘면 음악을 들어요.

> • 기분이 들다

19 기쁘다 형
기쁘고, 기뻐서,
기쁘면, 기쁩니다

glad, pleased / 高兴 / vui
장학금을 받아서 **기쁩니다**.
방학 기간에 고향에 가게 돼서 정말 **기뻐요**.

🔼 즐겁다　　　　　　🔽 슬프다

20 기숙사 명
[기숙싸]

dormitory / 宿舍 / ký túc xá
저는 학교 **기숙사**에서 생활하고 있습니다.
제 **기숙사** 룸메이트는 외국인이에요.

21 기차 명

train / 火车 / xe lửa
부산까지 **기차**를 타고 갔습니다.
서울에서 부산까지 **기차**로 얼마나 걸려요?

22 길 명

street, path / 道路，马路 / đường (sá)
길이 막히니까 지하철을 탑시다.
길을 건너면 편의점이 나올 거예요.

• 길을 묻다, 길을 잃어버리다

23 길다 형
길고, 길어서,
길면, 깁니다

long / 长 / dài, lâu
머리가 **길어서** 짧게 잘랐습니다.
새로 산 바지 길이가 너무 **길어요**.

🔽 짧다

24 깨끗하다 형
[깨끄타다]
깨끗하고, 깨끗해서,
깨끗하면, 깨끗합니다

clean / 干净 / sạch (sẽ)
청소를 해서 방이 **깨끗합니다**.
아이는 **깨끗한** 옷으로 갈아입었어요.

🔽 더럽다, 지저분하다

25 꼭 [부]

be sure to / 一定，刚好 / nhất định

약속을 했으면 꼭 지켜야 합니다.
다음 방학에는 꼭 고향에 갈 거예요.

- 꼭 맞다

26 꽃 [명]
[꼳]

flower / 花 / bông hoa

산책하는 길에 꽃이 많이 피어 있습니다.
저는 꽃 중에서 장미를 제일 좋아해요.

- 꽃이 피다

27 끄다 [동]

끄고, 꺼서,
끄면, 끕니다

turn off / 关闭 / tắt, dập

밖에 나갈 때에는 불을 꺼야 합니다.
휴대폰을 모두 끄고 가방에 넣어 주세요.

🔄 켜다

28 끝나다 [동]
[끈나다]

끝나고, 끝나서,
끝나면, 끝납니다

finish, end, over / 结束 / kết thúc

이번 학기가 드디어 끝났습니다.
수업이 끝나고 전화할게요.

🔁 마치다   🔄 시작하다
- N이/가 끝나다, N을/를 끝내다
- 일이 끝나다, 일을 끝내다

29 나 [대]

I / 我 / tôi

나는 좋은 선생님이 되고 싶습니다.
나 널 좋아해. 너는 어때?

🔼 저

30 나가다 [동]

나가고, 나가서,
나가면, 나갑니다

go out / 出去 / đi ra

학생들은 모두 운동장으로 나갔습니다.
주말에 밖에 나가서 친구를 만났어요.

🔄 들어가다
- N(으)로 나가다, N에 나가다, N을/를 나가다
- 밖으로 나가다, 밖에 나가다, 집을 나가다

" 오늘 공부할 어휘입니다. 알고 있는 단어에 ☑ 해 보세요. "

□ 나다 [동]   □ 나라 [명]   □ 나무 [명]

□ 나쁘다 [형]   □ 나오다 [동]   □ 나중 [명]

□ 날 [명]   □ 날씨 [명]   □ 날짜 [명]

□ 남동생 [명]   □ 남자 [명]   □ 남편 [명]

□ 낮 [명]   □ 낮다 [형]   □ 내 [대]

□ 내년 [명]   □ 내리다 [동]   □ 내일 [명], [부]

□ 너 [대]   □ 너무 [부]   □ 넓다 [형]

□ 넣다 [동]   □ 년 [의]   □ 노래 [명]

□ 노래방 [명]   □ 놀다 [동]   □ 농구 [명]

□ 높다 [형]   □ 누구 [대]   □ 누나 [명]

✎ 다음 페이지에서 자세히 공부해 볼까요?

01 **나다** 〔동〕

나고, 나서,
나면, 납니다

have (time) / 得（时间）/ có được

요즘 바빠서 전혀 시간이 **나지** 않습니다.
저는 시간이 **나면** 보통 영화를 봐요.

• 소리가 나다, 화가 나다, 짜증이 나다

02 **나라** 〔명〕

country / 国家 / đất nước

세계 여러 **나라**에서 독감이 유행입니다.
어느 **나라**에서 오셨어요?

🔄 국가

03 **나무** 〔명〕

wood, tree / 树 / gỗ, cây

이 책상은 **나무**로 만들었습니다.
한국에서 4월 5일은 **나무**를 심는 날이에요.

04 **나쁘다** 〔형〕

나쁘고, 나빠서,
나쁘면, 나쁩니다

bad, unhealthy / 恶劣，有害 / xấu, có hại

오늘 날씨가 **나쁩니다**.
담배는 건강에 **나쁘니까** 피우지 마세요.

🔄 좋다
• 기분이 나쁘다, 공기가 나쁘다

05 **나오다** 〔동〕

나오고, 나와서,
나오면, 나옵니다

come to / 出来，来 / đi đến

친구는 약속 장소에 **나오지** 않았습니다.
요즘 아파서 학교에 못 **나오는** 친구들이 많아요.

🔄 들어오다
• N(으)로 나오다, N에 나오다, N을/를 나오다, N이/가 나오다
• 밖으로 나오다, 밖에 나오다, 집을 나오다, 단어가 (책에) 나오다

06 **나중** 〔명〕

next time, later / 之后，过后 / sau này

이 일부터 먼저 끝내고 그 일은 **나중**에 하겠습니다.
지금은 바쁘니까 **나중**에 연락할게요.

🔄 다음   🔄 먼저

07 날 명

day / 日子 / ngày

비가 오는 **날** 그 사람을 처음 만났습니다.

오늘은 쉬는 **날**이라서 회사에 안 가요.

08 날씨 명

weather / 天气 / thời tiết

오늘은 **날씨**가 따뜻합니다.

날씨가 좋은데 산책하러 갈까요?

09 날짜 명

date, day(s) / 日期 / thời gian, ngày tháng

회의 **날짜**와 시간을 정해야 합니다.

친구하고 약속한 **날짜**를 잊어버렸어요.

10 남동생 명

younger brother / 弟弟 / em trai

저는 **남동생**이 하나 있습니다.

한 명밖에 없는 **남동생**이 외국에 살고 있어요.

　반　여동생

11 남자 명

man / 男人 / nam giới

우리 반에는 **남자**가 5명 있습니다.

저는 아직 **남자** 친구가 없어요.

　반　여자

12 남편 명

husband / 丈夫 / chồng

제 **남편**은 좋은 사람입니다.

언제 처음 **남편**을 만났어요?

　반　아내

13 낮 명
[낟]

daytime, afternoon / 白天 / ban ngày

여름에는 밤보다 **낮**이 더 깁니다.
낮에 낮잠을 자서 잠이 안 와요.

> 반 밤

14 낮다 형
[낟따]
낮고, 낮아서,
낮으면, 낮습니다

short, low / 低 / thấp

산은 **낮지만** 올라가는 길은 힘듭니다.
이 건물은 다른 건물보다 더 **낮아요**.

> 반 높다
> • 굽이 낮다, 온도가 낮다, 습도가 낮다, 성적이 낮다, 월급이 낮다

15 내 대

I, my / 我的 / tôi

이것은 **내**가 만든 음식입니다.
내가 보낸 편지 받았어?

> 높 제   반 네

16 내년 명

next year / 明年 / năm sau

내년에 대학교에 입학할 겁니다.
두 사람은 **내년** 봄에 결혼하기로 했어요.

> 반 작년
> • 작년−올해−내년

17 내리다 동
내리고, 내려서,
내리면, 내립니다

①, ③ fall(= drop) ② get out / ①, ② 下 ③ 降 / ① rơi ②, ③ xuống

① 요즘 장마라서 비가 자주 **내립니다**.
② 버스에서 **내려서** 집까지 걸어갔습니다.
③ 과일 값이 지난주보다 **내렸어요**.

> • N이/가 내리다
> • 비가 내리다, 값이 내리다

18 내일 명, 부

tomorrow / 明天 / ngày mai

명 **내일**까지 신청서를 내면 됩니다.
부 오늘은 너무 늦었으니까 **내일** 이야기해요.

> 높 다음날   반 어제
> • 그저께−어제−오늘−내일−모레

19 너 대

you / 你 / bạn, cậu

나는 **너**를 이해할 수 없어.
너는 나중에 무슨 일을 하고 싶어?

반 나

20 너무 부

too / 过于 / rất

날씨가 **너무** 덥습니다.
너무 걱정하지 마세요.

유 매우, 아주, 너무나

21 넓다 형

[널따]

넓고, 넓어서,
넓으면, 넓습니다

broad, wide / 宽 / rộng

운동장이 **넓습**니다.
방이 **넓어**서 살기 편해요.

반 좁다
• 길이 넓다, 마음이 넓다

22 넣다 동

[너타]

넣고, 넣어서,
넣으면, 넣습니다

put, add / 放 / bỏ vào, cho vào

가방에 책을 **넣었**습니다.
국에 소금을 **넣어** 주세요.

반 꺼내다, 빼다

23 년 의

year(s) / 年（量词）/ năm

한국에 온 지 벌써 3**년**이 됐습니다.
10**년** 후의 나는 어떤 모습일까?

• 년-월-일

24 노래 명

song / 歌曲 / bài hát

저는 **노래**를 잘 부릅니다.
시간이 나면 한국 **노래**를 부르러 노래방에 가요.

• 노래(를) 하다, 노래를 부르다, 노래를 듣다

25 노래방 명

[Noraebang] singing room / 歌厅 / phòng karaoke

저는 **노래방**에 자주 갑니다.
요즘은 **노래방**에 혼자 가는 사람이 많아요.

> • 노래방, 빨래방, 게임방, 만화방, 찜질방

26 놀다 동

놀고, 놀아서,
놀면, 놉니다

play / 玩 / chơi

노래방에서 재미있게 **놀았습니다**.
우리 집에 **놀러** 오세요.

> 반 일하다
> • N와/과 놀다
> • 친구와 놀다

27 농구 명

basketball / 篮球 / bóng rổ

저는 **농구**를 좋아합니다.
남자 친구는 **농구**를 잘해요.

> • 농구(를) 하다

28 높다 형
[놉따]

높고, 높아서,
높으면, 높습니다

tall, high / 高 / cao

도시에 있는 빌딩들은 **높습니다**.
산이 **높아서** 올라가기가 힘들어요.

> 반 낮다
> • 굽이 높다, 온도가 높다, 습도가 높다, 성적이 높다, 월급이 높다

29 누구 대

who, whom, whose / 谁 / ai

이건 **누구**의 사진입니까?
어제 **누구**를 만났어요?

30 누나 명

elder sister / 姐姐 / chị gái

저는 **누나**가 한 명 있습니다.
우리 **누나**는 회사원이에요.

> 반 동생

" 오늘 공부할 어휘입니다. 알고 있는 단어에 ☑ 해 보세요. "

- □ 눈¹ 몡
- □ 눈² 몡
- □ 뉴스 몡

- □ 늦다 혱, 통
- □ 다 부
- □ 다녀오다 통

- □ 다니다 통
- □ 다르다 혱
- □ 다리¹ 몡

- □ 다시 부
- □ 다음 몡
- □ 단어 몡

- □ 닫다 통
- □ 달 몡, 의
- □ 달다 혱

- □ 담배 몡
- □ 대답 몡
- □ 대사관 몡

- □ 대학교 몡
- □ 대학생 몡
- □ 대화 몡

- □ 더 부
- □ 덥다 혱
- □ 도서관 몡

- □ 도와주다 통
- □ 도착 몡
- □ 돈 몡

- □ 돌아가다 통
- □ 돌아오다 통
- □ 돕다 통

✎ 다음 페이지에서 자세히 공부해 볼까요?

01 눈¹ 명

eye / 眼睛 / mắt

내 친구는 **눈**이 정말 예쁩니다.
저는 **눈**이 작은 남자를 좋아해요.

• 눈이 좋다, 눈이 크다, 눈이 작다, 눈이 맑다, 눈을 감다, 눈을 뜨다

02 눈² 명

snow / 雪 / tuyết

하얀 **눈**이 하루 종일 내리고 있습니다.
눈이 많이 와서 길이 미끄러워요.

03 뉴스 명

news / 新闻 / tin tức

TV **뉴스**를 보면 세계의 소식을 알 수 있습니다.
운전하면서 라디오 **뉴스**를 들어요.

04 늦다 형, 동
[늗따]
늦고, 늦어서,
늦으면, 늦습니다

late / 晩 / muộn

형 길이 막혀서 평소보다 **늦게** 도착했습니다.
동 수업 시간에 매일 **늦는** 사람이 있어요.

유 지각하다   반 이르다, 빠르다

05 다 부

all / 全部 / tất cả

숙제를 **다** 하고 나서 친구를 만났습니다.
저는 배운 것을 **다** 알고 있어요.

유 모두, 전부

06 다녀오다 동
다녀오고, 다녀와서,
다녀오면, 다녀옵니다

(go and) come back / 去一趟 / đi…về

휴가 **다녀와서** 말씀드리겠습니다.
방학 때 고향에 **다녀오려고** 해요.

유 갔다 오다

07 다니다 동

다니고, 다녀서,
다니면, 다닙니다

attend, work, go / 去 / đi học

제가 **다니는** 학교는 한국대학교입니다.
제 남동생은 회사에 **다니고** 여동생은 병원에 **다녀요**.

• N에 다니다

08 다르다 형

다르고, 달라서,
다르면, 다릅니다

different / 不同 / khác

저와 누나는 성격이 아주 **다릅니다**.
문화가 **달라서** 배우는 것이 많아요.

반 같다

09 다리¹ 명

leg / 腿 / chân

저 모델은 **다리**가 아주 깁니다.
축구를 하다가 **다리**를 다쳤어요.

• 머리-목-어깨-가슴-팔-손-허리-배-다리-무릎-발

10 다시 부

again / 再次 / lặp lại

그 사람을 꼭 **다시** 만나고 싶습니다.
이 영화는 **다시** 봐도 재미있어요.

유 또, 또다시

11 다음 명

next / 下一个 / sau đó

다음에는 제가 먼저 하겠습니다.
우리 **다음**에 만나요.

유 나중   반 먼저

12 단어 명

word / 词语 / từ vựng

한국어를 잘하려면 **단어**를 외워야 합니다.
이 **단어**가 무슨 뜻인지 아세요?

13 닫다 동
[닫따]
닫고, 닫아서,
닫으면, 닫습니다

close / 关 / đóng

비가 올 때에는 창문을 **닫아야** 합니다.
은행이 문을 **닫았을** 테니까 내일 가세요.

반 열다

14 달 명, 의

month(s) / 月（份，量词）/ tháng

명 이번 **달**에 부모님이 한국에 오실 겁니다.
의 고향에서 두 **달** 동안 한국어를 공부했어요.

15 달다 형
달고, 달아서,
달면, 답니다

sweet / 甜 / ngọt

저는 **단** 음식을 싫어합니다.
이 초콜릿이 너무 **달아요**.

반 쓰다
· 달다, 시다, 쓰다, 짜다, 싱겁다

16 담배 명

cigarette / 香烟 / thuốc lá

저는 **담배**를 피우는 것을 싫어합니다.
담배는 건강에 안 좋아요.

· 담배를 피우다, 담배를 끊다

17 대답 명

answer / 回答 / câu trả lời

친구를 불렀는데 **대답**을 하지 않았습니다.
묻는 말에 **대답**이 없어서 답답했어요.

· 대답(을) 하다, 대답을 듣다

18 대사관 명

embassy / 大使馆 / đại sứ quán

비자 때문에 **대사관**에 가려고 합니다.
외국 여행을 갈 때에는 **대사관** 전화번호를 알아야 해요.

19 대학교 명
[대학꾜]

university / 大学 / trường đại học

올해 **대학교**에 입학하려고 합니다.
제 동생은 지금 **대학교**에 다니고 있어요.

· 대학교에 입학하다, 대학교에 들어가다, 대학교를 졸업하다

20 대학생 ^명
[대학쌩]

college student / 大学生 / sinh viên

대학생들은 방학 때 아르바이트를 많이 합니다.
저는 빨리 **대학생**이 되고 싶어요.

> • 초등학생-중학생-고등학생-대학생

21 대화 ^명

dialogue, conversation / 对话 / đối thoại

질문에 맞게 **대화**를 만드십시오.
아이들에게는 **대화**가 많이 필요해요.

> 유 이야기
> • 대화(를) 하다, 대화를 나누다, 대화가 통하다

22 더 ^부

more / 再 / thêm nữa

저는 산보다 바다를 **더** 좋아합니다.
한국보다 우리 고향이 **더** 더워요.

> 반 덜
> • N1보다 N2이/가 더 V/A, N1보다 N2을/를 더 V/A

23 덥다 ^형
[덥따]
덥고, 더워서,
더우면, 덥습니다

hot / 热 / nóng

올해 여름은 정말 **덥습니다**.
날씨가 너무 **더워서** 에어컨을 켰어요.

> 반 춥다
> • 덥다-따뜻하다-시원하다-쌀쌀하다-춥다

24 도서관 ^명

library / 图书馆 / thư viện

저는 친구하고 **도서관**에 자주 갑니다.
도서관에 들어가려면 학생증이 있어야 돼요.

25 도와주다 ^동
도와주고, 도와줘서,
도와주면, 도와줍니다

help / 帮助 / giúp cho

그동안 많이 **도와주셔서** 정말 감사합니다.
힘들 때 **도와주는** 친구가 좋은 친구라고 생각해요.

> • N을/를 도와주다
> • 친구를 도와주다

26 도착 명

arrival / 到达 / sự đến nơi

비행기 **도착** 시간은 12시 20분입니다.
주차장에 차가 들어오면 **도착**을 알리는 소리가 나요.

> 유 출발
> • 도착(을) 하다, 도착(이) 되다

27 돈 명

money / 钱 / tiền

돈을 아끼려고 외식을 하지 않고 있습니다.
나중에 **돈**이 많이 생기면 세계 여행을 가고 싶어요.

> • 돈을 쓰다, 돈을 모으다, 돈을 벌다, 돈이 들다

28 돌아가다 동

돌아가고, 돌아가서,
돌아가면, 돌아갑니다

① go back ② turn and go ③ pass away / ① 回去 ② 转弯
③ 去世 / ① quay về ② đi vòng lại ③ mất(= chết)

① 대학교를 졸업하면 고향으로 **돌아갈** 겁니다.
② 쭉 가다가 사거리에서 왼쪽으로 **돌아가세요.**
③ 할아버지께서는 어제 **돌아가셨어요.**

> 반 돌아오다
> • N(으)로 돌아가다, N에 돌아가다
> • 고향으로 돌아가다, 고향에 돌아가다

29 돌아오다 동

돌아오고, 돌아와서,
돌아오면, 돌아옵니다

① come back ② detour / 回来 / ① quay về đây ② đi vòng tới,
đi vòng đến

① 자식들이 모두 고향으로 **돌아왔습니다.**
② 이 길이 공사 중이라서 다른 길로 **돌아왔어요.**

> 반 돌아가다
> • N(으)로 돌아오다, N에 돌아오다
> • 고향으로 돌아오다, 고향에 돌아오다

30 돕다 동

[돕따]

돕고, 도와서,
도우면, 돕습니다

help / 帮助 / trợ giúp

사람들은 서로 **도우면서** 삽니다.
주변에 어려운 사람들이 있으면 **도와요.**

> • N을/를 돕다
> • 친구를 돕다

" 오늘 공부할 어휘입니다. 알고 있는 단어에 ☑ 해 보세요. "

□ 동생 명   □ 동안 명   □ 되다 동

□ 뒤 명   □ 드라마 명   □ 드리다 동

□ 듣다 동   □ 들다¹ 동   □ 들다² 동

□ 들어가다 동   □ 들어오다 동   □ 등산 명

□ 따뜻하다 형   □ 딸 명   □ 때 명

□ 또 부   □ 마리 의   □ 마시다 동

□ 마음 명   □ 만나다 동   □ 만들다 동

□ 많다 형   □ 많이 부   □ 말¹ 명

□ 말다 동   □ 말씀 명   □ 맑다 형

□ 맛 명   □ 맛없다 형   □ 맛있다 형

✎ 다음 페이지에서 자세히 공부해 볼까요?

01 동생 명

younger brother, younger sister / 弟弟，妹妹 / em

제 **동생**은 고향에 있습니다.
한국에 친한 **동생**이 두 명 있어요.

반 형, 누나, 언니, 오빠

02 동안 명

during / 期间 / trong

방학 **동안** 제주도를 여행했습니다.
저는 하루에 네 시간 **동안** 한국어를 배워요.

03 되다 동

되고, 되어서(돼서),
되면, 됩니다

become / 到，成为 / đến, trở thành

봄이 지나고 더운 여름이 **되었습니다**.
저는 커서 가수가 **되고** 싶은데 부모님은 싫어해요.

• N이/가 되다

04 뒤 명

back / 后面 / phía sau

우리 집 **뒤**에는 공원이 있습니다.
영희 씨 **뒤**에 앉은 사람이 우리 오빠예요.

반 앞

05 드라마 명

drama / 电视剧 / phim dài tập

저는 한국 **드라마**를 정말 좋아합니다.
저는 **드라마**를 보면서 한국 문화를 알게 되었어요.

06 드리다 동

드리고, 드려서,
드리면, 드립니다

(honorific) give / 给（'주다'的敬语），问候 / tặng, biếu

부모님께 생신 선물을 **드렸습니다**.
할머니께 안부 전화를 **드렸어요**.

• '주다'의 높임말
• N1께 N2을/를 드리다
• 인사를 드리다, 말씀을 드리다, 전화를 드리다

07 듣다 〔동〕
[듣따]
듣고, 들어서,
들으면, 듣습니다

① listen ② follow, listen to / 听 / ① nghe ② nghe lời
① 저는 음악 **듣는** 것을 좋아합니다.
② 아이들은 어른들의 말을 잘 안 **들어요.**

• 소식을 듣다. 칭찬을 듣다. 수업을 듣다

08 들다¹ 〔동〕
듣고, 들어서,
들면, 듭니다

hold, carry / 拎 / cầm, nâng
한 남자가 꽃을 **들고** 서 있습니다.
큰 가방을 **들고** 있는 사람이 저예요.

• 손을 들다

09 들다² 〔동〕
들고, 들어서,
들면, 듭니다

cost / 花费 / tốn
혼자 살면 생활비가 많이 **듭니다.**
교통비가 많이 **들어서** 가까운 곳으로 이사했어요.

• N이/가 들다
• 돈이 들다

10 들어가다 〔동〕
[드러가다]
들어가고, 들어가서,
들어가면, 들어갑니다

enter / 进去 / đi vào
집으로 빨리 **들어가야** 합니다.
밖은 추우니까 안으로 **들어가세요.**

(반) 나가다
• N에 들어가다, N(으)로 들어가다
• 회사에 들어가다, 학교로 들어가다

11 들어오다 〔동〕
들어오고, 들어와서,
들어오면, 들어옵니다

come in / 进来 / lại đây
이쪽으로 **들어오시면** 됩니다.
오늘은 집에 일찍 **들어올게요.**

(반) 나오다
• N에 들어오다, N(으)로 들어오다
• 회사에 들어오다, 학교로 들어오다

12 등산 〔명〕

hike / 登山 / leo núi
제 취미는 **등산**입니다.
저는 시간이 날 때마다 **등산**을 가요.

• 등산(을) 하다. 등산을 가다

35

13 따뜻하다 형
[따뜨타다]
따뜻하고, 따뜻해서,
따뜻하면, 따뜻합니다

warm / 暖和 / ấm áp

오늘은 날씨가 **따뜻합니다.**
방이 **따뜻해서** 나가기가 싫어요.

> 반 춥다, 시원하다
> • 마음이 따뜻하다
> • 덥다–따뜻하다–시원하다–쌀쌀하다–춥다

14 딸 명

daughter / 女儿 / con gái

어머니는 **딸**을 하나 낳았습니다.
우리 집은 **딸**이 셋인데 성격이 다 달라요.

> 반 아들

15 때 명

during, when / …的时候 / lúc, khi

저는 방학 **때** 아르바이트를 할 겁니다.
기분이 안 좋을 **때** 이 음악을 들어 보세요.

> • N 때, V/A–(으)ㄹ 때

16 또 부

once more, again / 又 / lại, nữa

이번에도 **또** 똑같은 사고가 났습니다.
어제도 하루 종일 놀았는데, 오늘 **또** 놀고 있어?

> 유 다시, 또다시

17 마리 의

head (counting animal noun) / 只（量词） / con

집에는 귀여운 강아지가 두 **마리** 있습니다.
고양이를 몇 **마리** 키우고 있어요?

18 마시다 동
마시고, 마셔서,
마시면, 마십니다

drink, breathe in / 喝，呼吸 / uống, hít vào

지난 주말에 친구를 만나서 커피를 **마셨습니다.**
등산을 하면 좋은 공기를 **마실** 수 있어서 좋아요.

19 마음 명

heart (be warm-hearted) / 心 / tâm tính, lòng, tâm trạng

제 친구는 **마음**이 따뜻합니다.
내가 준 선물이 **마음**에 들어요?

• 마음에 들다. 마음이 가볍다. 마음이 무겁다

20 만나다 동

만나고, 만나서,
만나면, 만납니다

① meet ② date / ① 见面 ② 交往 / ① gặp ② quen

① 이번 주말에는 시내에서 친구를 **만납**니다.
② 남자 친구와 헤어졌고 요즘은 **만나**는 사람이 없어요.

반 헤어지다
• N을/를 만나다, N와/과 만나다
• 친구를 만나다. 친구와 만나다

21 만들다 동

만들고, 만들어서,
만들면, 만듭니다

have, make / 做 / làm ra, làm

질문에 맞게 대화를 **만드십시오**.
어머니께서는 가족들을 위해 음식을 **만들고** 계세요.

22 많다 형
[만타]

많고, 많아서,
많으면, 많습니다

plentiful(= many, a lot of) / 多 / đông đảo, nhiều

지하철에는 등산을 가는 사람들이 **많습니다**.
오늘은 할 일이 **많으니까** 다음에 만나요.

반 적다

23 많이 부
[마니]

many, much, a lot of / 多 / nhiều

한국어를 잘하려면 연습을 **많이** 해야 합니다.
밥을 너무 **많이** 먹어서 배가 불러요.

반 조금

24 말¹ 명

speaking, speak, talk / 话 / lời (nói)

교수님의 **말**이 너무 빨라서 알아듣지 못했습니다.
말을 잘하려면 책을 많이 읽어야 돼요.

높 말씀
• 말(을) 하다. 말을 듣다

37

6
일차

25 말다 동

don't / 不要 / đừng

이곳에 쓰레기를 버리지 **마십시오**.
너무 걱정하지 **말고** 편하게 생각하세요.

- V-지 말다

26 말씀 명

(honorific) words / 话 / (kính ngữ) lời (nói)

부모님의 **말씀**을 듣고 죄송한 마음이 들었습니다.
선배님들이 와서 도움이 되는 **말씀**을 해 주셨어요.

- '말'의 높임말
- 말씀(을) 하다, 말씀을 듣다, 말씀을 드리다

27 맑다 형
[막따]
맑고, 맑아서,
맑으면, 맑습니다

clear / 晴，清澈 / quang đãng, trong lành

오늘은 날씨가 매우 **맑습니다**.
등산을 가면 **맑은** 공기를 마실 수 있어요.

- 반 흐리다
- 하늘이 맑다, 물이 맑다, 목소리가 맑다

28 맛 명
[맏]

taste / 味道 / vị, hương vị

국에 소금을 많이 넣어서 **맛**이 짭니다.
저는 레몬처럼 신 **맛**을 좋아해요.

- 맛(이) 있다, 맛(이) 없다, 맛이 좋다

29 맛없다 형
[마덥따]
맛없고, 맛없어서,
맛없으면, 맛없습니다

taste bad / 不好吃 / dở (món ăn), không ngon

제가 만든 요리는 정말 **맛없습니다**.
식당의 음식이 너무 **맛없어서** 그냥 나왔어요.

- 반 맛있다

30 맛있다 형
[마싣따/마딛따]
맛있고, 맛있어서,
맛있으면, 맛있습니다

be delicious / 好吃 / ngon

유명한 요리사가 만든 **맛있는** 음식을 먹고 싶습니다.
오랜만에 고향 음식을 먹으니까 너무 **맛있었어요**.

- 반 맛없다

오늘 공부할 어휘입니다. 알고 있는 단어에 ☑ 해 보세요.

- ☐ 맞다 [동]
- ☐ 매일 [부]
- ☐ 맵다 [형]
- ☐ 머리 [명]
- ☐ 먹다 [동]
- ☐ 먼저 [부]
- ☐ 멀다 [형]
- ☐ 멋있다 [형]
- ☐ 메뉴 [명]
- ☐ 며칠 [명]
- ☐ 명 [의]
- ☐ 몇 [관]
- ☐ 모두 [부]
- ☐ 모레 [부], [명]
- ☐ 모르다 [동]
- ☐ 모자 [명]
- ☐ 목 [명]
- ☐ 목욕탕 [명]
- ☐ 몸 [명]
- ☐ 못 [부]
- ☐ 못하다 [동]
- ☐ 무겁다 [형]
- ☐ 무슨 [관]
- ☐ 무엇 [대]
- ☐ 문 [명]
- ☐ 문화 [명]
- ☐ 묻다 [동]
- ☐ 물 [명]
- ☐ 물건 [명]
- ☐ 뭐 [대]

✎ 다음 페이지에서 자세히 공부해 볼까요?

01 맞다 동
[맏따]
맞고, 맞아서,
맞으면, 맞습니다

be correct, be right / 对 / đúng

질문에 **맞는** 답을 고르십시오.
잘 생각해 보니까 네 말이 **맞는** 것 같아.

🔄 틀리다
- N이/가 맞다, N에 맞다, N와/과 맞다
- 답이 맞다, 입에 맞다, 생각과 맞다

02 매일 부

every day / 每天 / mỗi ngày

우리는 **매일** 네 시간씩 한국어를 배웁니다.
저는 **매일** 식사 후에 가벼운 산책을 하고 있어요.

🔄 날마다

03 맵다 형
[맵따]
맵고, 매워서,
매우면, 맵습니다

spicy / 辣 / cay

한국 음식은 고향 음식보다 **매운** 편입니다.
김치를 처음 먹었을 때는 **매웠지만** 지금은 익숙해졌어요.

04 머리 명

head / 头 / đầu

머리가 아프면 약을 먹는 것이 좋습니다.
내 친구는 **머리**가 좋아서 단어를 금방 외워요.

- 머리가 복잡하다, 머리가 가볍다, 머리를 자르다, 머리를 하다
- 머리-목-어깨-가슴-팔-손-허리-배-다리-무릎-발

05 먹다 동
[먹따]
먹고, 먹어서,
먹으면, 먹습니다

eat / 吃 / ăn

밥을 많이 **먹어서** 배가 부릅니다.
주말에 친구들과 같이 고향 음식을 **먹었어요.**

- 나이를 먹다

06 먼저 부

first / 首先 / trước (tiên)

아침에 일어나면 **먼저** 세수를 합니다.
밥을 먹기 전에 **먼저** 손을 씻고 오세요.

🔄 우선   🔄 다음, 나중

07 멀다 [형]

멀고, 멀어서,
멀면, 멉니다

distant, far (away) / 远 / xa

집에서 회사까지 **멉니다**.
지하철역이 **멀어서** 시내로 나가기가 불편해요.

〔반〕 가깝다

08 멋있다 [형]
[머싣따/머딛따]

멋있고, 멋있어서,
멋있으면, 멋있습니다

cool, amazing / 帅气，善良，大方 / đẹp

양복을 입으니까 너무 **멋있습니다**.
얼굴보다 마음이 더 **멋있는** 사람이 진짜 **멋있는** 사람이에요.

〔유〕 멋지다   〔반〕 멋없다

09 메뉴 [명]

menu / 菜单 / thực đơn

식당에서 **메뉴**를 고르고 주문을 했습니다.
사장님, 여기 **메뉴** 좀 갖다 주세요. 〔유〕 메뉴판

• 메뉴를 정하다, 메뉴를 고르다

10 며칠 [명]

the date, a few days / 几号，几天 / ngày mấy, mấy ngày

오늘이 몇 월 **며칠**입니까?
며칠 동안 아파서 계속 잠만 잤어요.

11 명 [의]

person, people (counting word for people) / 名（量词）/ người

우리 학교에는 외국인이 백 **명**쯤 있습니다.
저는 한국 친구가 한 **명**도 없어요.

〔유〕 사람

12 몇 [관]
[면]

what, how, many, some / 几 / mấy

지금 **몇** 시입니까?
하루에 **몇** 개의 단어를 외우는 게 좋을까요?

• 몇 개, 몇 번, 몇 살, 몇 시, 몇 장

13 모두 [부]

all / 全部 / tất cả

오늘 해야 할 일을 **모두** 끝냈습니다.
제 친구들은 **모두** 마음이 따뜻해요.

🔄 다, 전부

14 모레 [부], [명]

the day after tomorrow / 后天 / ngày kia

[부] 오늘 오지 마시고 **모레** 오세요.
[명] 내일까지 일하고 **모레**부터 휴가예요.

🔄 그제, 그저께
- 그저께-어제-오늘-내일-모레

15 모르다 [동]

not know, not understand / 不知道 / không biết

이것을 어떻게 만드는지 잘 **모르겠습니다**.
이 단어가 무슨 뜻인지 **모르면** 물어보세요.

모르고, 몰라서,
모르면, 모릅니다

🔄 알다

16 모자 [명]

hat / 帽子 / nón, mũ

벽에 **모자**가 걸려 있습니다.
저는 **모자**를 좋아해서 집에 10개나 있어요.

- 모자를 쓰다, 모자를 벗다

17 목 [명]

neck, throat / 脖子, 喉咙 / cổ, họng

친구는 **목**이 길어서 예쁩니다.
감기에 걸려서 **목**이 너무 아파요.

- 머리-목-어깨-가슴-팔-손-허리-배-다리-무릎-발

18 목욕탕 [명]

bathhouse / 澡堂 / nhà tắm

예전에는 주말마다 엄마하고 같이 **목욕탕**에 갔습니다.
요즘에는 **목욕탕**에 찜질방도 생겨서 좋아요.

19 몸 명

body / 身体 / cơ thể

운동을 한 후 **몸**을 씻으러 욕실로 들어갔습니다.
몸에 좋은 음식보다는 골고루 먹는 것이 더 중요해요.

- 몸이 건강하다, 몸이 아프다, 몸이 좋다, 몸에 좋다

20 못 부

[몯]

not / 不能 / không … được

어제 몸이 아파서 학교에 **못** 갔습니다.
요즘 밤마다 옆집이 너무 시끄러워서 잠을 **못** 자요.

21 못하다 동

[모타다]

못하고, 못해서,
못하면, 못합니다

① cannot ② be incapable, not know / 不能 / không thể

① 저는 매운 음식을 먹지 **못합니다**.
② 저는 영어는 **못하지만** 한국어는 아주 잘해요. 반 잘하다

- V–지 못하다

22 무겁다 형

[무겁따]

무겁고, 무거워서,
무거우면, 무겁습니다

heavy / 沉重 / nặng

가방이 너무 **무거워** 보입니다.
이 책은 너무 **무거워서** 못 들겠어요.

반 가볍다
- 몸이 무겁다, 마음이 무겁다

23 무슨 관

what, what kind of / 什么 / gì

무슨 영화를 좋아하는지 물어봤습니다.
얼굴이 안 좋아 보여요. **무슨** 일이 있어요?

- 무슨 N

24 무엇 대

[무얻]

what, something / 什么 / gì

어제 **무엇**을 했습니까?
오늘 수업이 끝나고 **무엇**을 할 거예요?

유 뭐
- 뭐(무엇), 뭘(무엇을)

43

25 문 명

door / 门 / cửa

나올 때 **문**을 잘 잠갔습니다.

문이 열려 있어서 시끄러워요. 좀 닫아 주세요.

- 문을 열다, 문을 닫다, 문을 잠그다

26 문화 명

culture / 文化 / văn hóa

나라마다 **문화**가 달라서 당황할 때가 있습니다.

저는 한국 **문화**를 좋아해서 한국에 왔어요.

27 묻다 동

[묻따]

묻고, 물어서,
물으면, 묻습니다

ask, inquire / 问 / hỏi

선생님께 문제의 답을 **물었습니다**.

친구에게 어떤 선물이 좋을지 **물었는데** 대답을 안 했어요.

유 물어보다　　　　　　　　　 반 대답하다

- 길을 묻다, 가격을 묻다

28 물 명

water / 水 / nước

운동을 할 때에는 **물**을 자주 마셔야 합니다.

주말에 강에 갔는데 **물**이 정말 깨끗했어요.

29 물건 명

thing, stuff, belonging / 东西 / vật dụng

시장에 가서 필요한 **물건**들을 샀습니다.

다른 사람의 **물건**을 마음대로 만지면 안 돼요.

30 뭐 대

what / 什么 / gì

이번 방학에 **뭐** 할 거예요?

어제 누구를 만나서 **뭐** 했는지 말해 줘.

유 무엇

- 뭐(무엇), 뭘(무엇을)

오늘 공부할 어휘입니다. 알고 있는 단어에 ☑ 해 보세요.

☐ 미안하다 [형]　　☐ 미용실 [명]　　☐ 밑 [명]

☐ 바꾸다 [동]　　☐ 바다 [명]　　☐ 바람 [명]

☐ 바로 [부]　　☐ 바쁘다 [형]　　☐ 바지 [명]

☐ 박물관 [명]　　☐ 밖 [명]　　☐ 반¹ [명]

☐ 반² [명]　　☐ 반갑다 [형]　　☐ 받다 [동]

☐ 발 [명]　　☐ 밤 [명]　　☐ 밥 [명]

☐ 방 [명]　　☐ 방학 [명]　　☐ 배¹ [명]

☐ 배² [명]　　☐ 배우 [명]　　☐ 배우다 [동]

☐ 백 [수], [관]　　☐ 백화점 [명]　　☐ 버스 [명]

☐ 번 [의]　　☐ 번호 [명]　　☐ 별로 [부]

✎ 다음 페이지에서 자세히 공부해 볼까요?

01 미안하다 [형]

미안하고, 미안해서,
미안하면, 미안합니다

sorry / 对不起 / xin lỗi

늦어서 **미안합니다**. 모두 일찍 왔네요.
미안하지만, 사전 좀 빌려줄 수 있어요?

⊕ 죄송하다

02 미용실 [명]

a beauty salon / 美发店 / tiệm làm tóc

주말에 **미용실**에서 머리를 잘랐습니다.
미용실에는 머리를 하는 사람들이 많이 있어요.

03 밑 [명]

[믿]

bottom / 下面 / dưới

책상 **밑**에 가방이 있습니다.
우리 집 **밑**에 사는 사람이 이사를 갔어요.

⊕ 아래   ⊖ 위

04 바꾸다 [동]

바꾸고, 바꿔서,
바꾸면, 바꿉니다

exchange, change / 改变，换 / thay (đổi)

바지를 치마로 **바꾸려고** 왔습니다.
만 원을 잔돈으로 **바꿔** 줄 수 있어요?

⊕ 교환하다
• N을/를 N(으)로 바꾸다, N을/를 N와/과 바꾸다
• 구두를 운동화로 바꾸다, 구두를 운동화와 바꾸다
• 기분을 바꾸다, 분위기를 바꾸다, 자리를 바꾸다

05 바다 [명]

sea / 大海 / biển

기분을 바꾸려고 **바다**에 갔습니다.
여름에는 **바다**에서 수영도 하고 생선회도 먹어요.

06 바람 [명]

wind / 风 / gió

어제 **바람**도 많이 불고 비도 많이 왔습니다.
바다에 가니까 **바람**이 많이 불었어요.

• 바람을 쐬다, 바람을 맞다

07 바로 부

right away, immediately / 立即 / ngay

침대에 눕자마자 **바로** 잠이 들었습니다.

집에 도착하면 **바로** 전화해 주세요.

유 곧, 즉시

---

08 바쁘다 형

바쁘고, 바빠서,
바쁘면, 바쁩니다

busy / 忙 / bận

요즘 일이 많아서 매우 **바쁩니다**.

회사 일이 **바빠서** 정신이 없어요.

---

09 바지 명

pants / 裤子 / quần

저는 치마보다 **바지**가 더 편합니다.

민수 씨는 까만 **바지**에 하얀 티셔츠를 입었어요.

• 바지를 입다, 바지를 벗다

---

10 박물관 명

[방물관]

museum / 博物馆 / bảo tàng

이 **박물관**은 월요일마다 쉽니다.

박물관에 가면 옛날 물건들을 볼 수 있어요.

---

11 밖 명

[박]

outside / 外面 / bên ngoài

저는 **밖**에 나가는 걸 좋아합니다.

비가 많이 오니까 **밖**에 나가지 말자.

유 바깥   반 안

---

12 반¹ 명

half / 一半 / một nửa

집에서 학교까지 한 시간 **반**쯤 걸립니다.

피자가 너무 커서 **반**밖에 못 먹고 남겼어요.

13 반² 명

class / 班级 / lớp học

우리 **반** 친구들은 모두 친절하고 착합니다.

저하고 제일 친한 친구는 다른 **반**에서 공부해요.

---

14 반갑다 형

[반갑따]

반갑고, 반가워서,
반가우면, 반갑습니다

glad, joyful, nice, pleasure / 高兴 / hân hạnh, vui mừng

만나서 **반갑습니다**. 저는 김민수라고 합니다.

오랜만에 친구를 만나서 너무 **반가웠어요**.

> 😀 기쁘다, 즐겁다

---

15 받다 동

[받따]

받고, 받아서,
받으면, 받습니다

get / 收 / nhận

고향에 있는 친구에게서 편지를 **받았습니다**.

이번 생일에 부모님께 **받은** 선물은 잊지 못할 거예요.

> 🔄 주다
> • 전화를 받다, 월급을 받다, 사랑을 받다

---

16 발 명

foot / 脚 / chân

새 신발을 신고 걸어서 **발**이 아픕니다.

선물 받은 운동화가 **발**에 잘 맞아요.

> • 발을 밟다, 발로 차다
> • 머리–목–어깨–가슴–팔–손–허리–배–다리–무릎–발

---

17 밤 명

night / 晚上 / buổi tối

밤이 되면 어두워서 무섭습니다.

요즘 일이 많아서 **밤**에 늦게 자요.

> 🔄 낮

---

18 밥 명

meal, food / 饭 / cơm

배가 고프니까 **밥**부터 먹고 일을 시작합시다.

엄마가 해 주신 **밥**이 너무 그리워요.

> 🔼 진지
> • 밥을 먹다, 밥을 하다

---

19 방 명

room / 房间 / phòng

제가 지금 살고 있는 **방**은 원룸입니다.
기숙사의 **방**은 좁아서 불편하기 때문에 원룸으로 이사했어요.

- 방을 구하다

20 방학 명

vacation / 放假 / kỳ nghỉ

대학생들은 **방학** 때 아르바이트를 많이 합니다.
이번 **방학**에는 친구하고 제주도 여행을 가기로 했어요.

- 방학(을) 하다, 방학이 되다, 방학을 기다리다

21 배¹ 명

stomach, belly / 肚子 / bụng

어제 매운 음식을 먹어서 **배**가 아픕니다.
밥을 많이 먹으면 **배**가 나와요.

- 배(가) 고프다, 배(가) 부르다
- 머리–목–어깨–가슴–팔–손–허리–배–다리–무릎–발

22 배² 명

boat / 船 / tàu

제주도에 갈 때 **배**를 타고 갔습니다.
태풍 때문에 오늘은 **배**를 탈 수 없어요.

- 배를 타다, 배에서 내리다

23 배우 명

actor, actress / 演员 / diễn viên

그 **배우**의 연기가 너무 좋았습니다.
이 영화에 나오는 **배우** 이름이 뭐예요?

- 영화배우, 연극배우

24 배우다 동

배우고, 배워서,
배우면, 배웁니다

learn / 学习 / học

요즘 태권도를 **배우는데** 정말 재미있습니다.
저는 매일 네 시간씩 한국어를 **배우고** 있어요. 유 공부하다

반 가르치다

25 백 수, 관

hundred / 一百 / một trăm
수 오십에 오십을 더하면 **백**입니다.
관 그 할머니의 연세는 **백** 살이 넘으셨어요.

- 일-십-**백**-천-만

26 백화점 명
[배콰점]

department store / 百货商店 / trung tâm mua sắm
백화점의 물건들은 좀 비싼 편입니다.
내일이 친구 생일이라서 **백화점**에서 선물을 샀어요.

27 버스 명

bus / 公共汽车 / xe buýt
저는 **버스**를 타고 학교에 다닙니다.
길이 막히니까 **버스** 말고 지하철 타자.

- **버스**를 타다, **버스**에서 내리다, **버스**를 놓치다

28 번 의

time(s) / 次（量词） / lần
단어를 외울 때에는 여러 **번** 쓰면서 외워야 합니다.
시내에 가려면 몇 **번** 버스를 타야 해요?

29 번호 명

number / 号 / số
토픽 시험을 볼 때 자기의 수험 **번호**를 알아야 합니다.
여기에 외국인등록증에 있는 **번호**를 쓰세요.

30 별로 부

not especially, not really / 不怎么 / không tốt
저는 운동을 **별로** 좋아하지 않습니다.
이 식당의 음식은 맛이 **별로** 없어요.

- **별로** V/A-지 않다, **별로** V/A-지 못하다, **별로** 안 V/A, N이/가 **별로** 없다

오늘 공부할 어휘입니다. 알고 있는 단어에 ☑ 해 보세요.

□ 병¹ 명   □ 병² 명   □ 병원 명

□ 보내다 동   □ 보다 동   □ 보통 부, 명

□ 볼펜 명   □ 봄 명   □ 부르다¹ 동

□ 부모님 명   □ 부엌 명   □ 부탁 명

□ 분¹ 의   □ 분² 의   □ 불 명

□ 불다 동   □ 비 명   □ 비싸다 형

□ 비행기 명   □ 빌리다 동   □ 빠르다 형

□ 빨리 부   □ 빵 명   □ 사귀다 동

□ 사다 동   □ 사람 명   □ 사랑 명

□ 사무실 명   □ 사용 명   □ 사이 명

✎ 다음 페이지에서 자세히 공부해 볼까요?

01 병¹ 명

disease / 病 / bệnh (tật)

어머니의 **병**이 빨리 낫기를 바랍니다.
요즘 못 고치는 **병**은 없어요.

- 병이 나다, 병이 들다, 병에 걸리다

02 병² 명

bottle / 瓶子 / bình

꽃을 **병**에 꽂아 놓았습니다.
사장님, 여기 맥주 한 **병** 주세요.

03 병원 명

hospital / 医院 / bệnh viện

사고가 나서 **병원**에서 치료를 받고 있습니다.
할머니께서 병에 걸리셔서 **병원**에 입원하셨어요.

04 보내다 동

보내고, 보내서,
보내면, 보냅니다

send / 汇，寄 / gửi

부모님께서 등록금을 **보내** 주셨습니다.
친구에게 이메일을 **보냈지만** 아직 답장이 없어요.

- N1에게 N2을/를 보내다
- 친구에게 이메일을 보내다
- 편지를 보내다, 문자를 보내다, 돈을 보내다

05 보다 동

보고, 봐서,
보면, 봅니다

watch, see / 看 / xem, nhìn

주말에 친구하고 같이 영화를 **봤습니다**.
길을 건널 때에는 신호등을 잘 **보고** 건너세요.

- 시험을 보다, 거울을 보다, 아이를 보다

06 보통 부, 명

be average, be usual, be normal, usually / 通常，一般般 /
thông thường, bình thường

부 주말에는 **보통** 산책을 하거나 영화를 봅니다.
명 아기들은 먹으면 바로 자는 것이 **보통**이에요.

07 볼펜 명

ballpoint pen / 圆珠笔 / bút bi

제 이름을 **볼펜**으로 크게 써 놓았습니다.
미안하지만 **볼펜** 좀 빌려 주세요.

08 봄 명

spring / 春天 / mùa xuân

봄이 되니까 날씨가 따뜻해졌습니다.
저는 꽃이 피는 **봄**을 좋아해요.

• 봄-여름-가을-겨울

09 부르다¹ 동

부르고, 불러서,
부르면, 부릅니다

① call out for ② sing / ① 叫 ② 唱 / ① gọi ② hát

① 친구 이름을 **불렀는데** 그냥 지나가 버렸습니다.
② 노래방에서 유행하는 노래를 **불렀어요**. 😀 하다

10 부모님 명

(honorific) parents / 父母 / bố mẹ

부모님께서는 모두 고향에 살고 계십니다.
저는 **부모님**께 전화를 자주 드려요.

• '부모'의 높임말

11 부엌 명
[부억]

kitchen / 厨房 / nhà bếp

아내가 **부엌**에서 식사 준비를 하고 있습니다.
기숙사에는 모두 같이 사용하는 공용 **부엌**이 있어요.

😀 주방

12 부탁 명

request / 请求 / sự nhờ vã

부탁을 한 가지 드리겠습니다.
저의 마지막 **부탁**을 꼭 들어주세요.

• 부탁(을) 하다, 부탁을 받다, 부탁을 들어주다

13 분¹ 의

(honorific) person / 位（量词）, 人 / vị, người

손님이 두 **분** 오셨습니다.
그 **분**은 아주 좋은 **분**이세요.

- '사람'의 높임말

14 분² 의

minute(s) / 分（量词）/ phút

지금 시간은 12시 40**분**입니다.
저는 보통 30**분** 동안 식사를 해요.

- 시-분-초

15 불 명

fire / 火，火灾 / ngọn lửa

날씨가 건조해서 **불**이 나기 쉽습니다.
소방관이 **불**을 끄고 있어요.

- **불**(이) 나다, **불**을 끄다, **불**을 조심하다

16 불다 동

불고, 불어서,
불면, 붑니다

blow / ① 刮（风）② 吹（风）/ thổi

① 오늘은 바람이 **불어서** 좀 시원합니다.
② 파티 준비를 하려고 풍선을 여러 개 **불었어요**.

- 태풍이 **불다**, 촛불을 **불다**, 나팔을 **불다**

17 비 명

rain / 雨 / mắc, đất

한 달 동안 **비**가 계속 오고 있습니다.
비 때문에 옷이 모두 젖었어요.

- **비**가 내리다, **비**가 그치다, **비**를 맞다

18 비싸다 형

비싸고, 비싸서,
비싸면, 비쌉니다

expensive / 贵 / đắt

장마 기간에는 야채 값이 **비쌉니다**.
가격은 좀 **비쌌지만** 너무 마음에 들었어요.

- 반 싸다

19 비행기 명

airplane / 飞机 / máy bay

한국에 올 때 **비행기**를 타고 왔습니다.
베이징에서 출발한 **비행기**가 인천에 도착했어요.

- • 비행기를 타다, 비행기에서 내리다, 비행기가 출발하다

20 빌리다 동

빌리고, 빌려서,
빌리면, 빌립니다

borrow, rent / 借 / mượn

도서관에서 책을 **빌리려면** 학생증이 있어야 합니다.
친구에게 돈을 **빌려서** 등록금을 냈어요.

- 반 **빌려주다**
- • N1(장소)에서 N2을/를 빌리다, N1(사람)에게(서) N2을/를 빌리다

21 빠르다 형

빠르고, 빨라서,
빠르면, 빠릅니다

fast / 快 / nhanh

지하철이 버스보다 더 **빠릅니다**.
말이 너무 **빨라서** 못 알아들었어요.

- 반 **느리다**
- • 시간이 빠르다, 행동이 빠르다

22 빨리 부

quickly / 快 / nhanh

너무 **빨리** 걸어서 따라갈 수 없습니다.
시간이 너무 **빨리** 지나가는 것 같아요.

- 반 **천천히**

23 빵 명

bread / 面包 / bánh mì

저는 맛있는 **빵**을 만들고 싶습니다.
제가 **빵**을 좋아해서 친구들이 '**빵**순이'라고 불러요.

24 사귀다 동

사귀고, 사귀어서,
사귀면, 사귑니다

go out with(= date), get along with(= become friends) / 交，交
往 / quen, kết bạn

요즘 **사귀는** 여자 친구가 없습니다.
영희 씨는 성격이 활발해서 친구를 잘 **사귀어요**.

- • N을/를 사귀다, N와/과 사귀다
- • 여자 친구를 사귀다, 여자 친구와 사귀다

25 사다 동

사고, 사서,
사면, 삽니다

buy / 买 / mua

우리 집은 보통 시장에서 물건을 **삽니다**.
요즘은 인터넷으로 물건을 **사기가** 편해졌어요.

반 팔다

26 사람 명

person, people / 人 / người

제 친구는 중국 **사람**입니다.
이곳에는 여러 **사람**이 함께 살고 있어요.

27 사랑 명

love / 爱 / tình yêu

자식에 대한 부모의 **사랑**은 남녀의 **사랑**과는 다릅니다.
사랑을 많이 받은 사람은 **사랑**을 줄 줄 알아요.

• 사랑(을) 하다, 사랑을 받다, 사랑을 주다

28 사무실 명

office / 办公室 / văn phòng

기숙사 신청은 **사무실**에서 하시면 됩니다.
과장님은 어제 **사무실**에서 늦게까지 일을 했어요.

29 사용 명

use / 使用 / việc sử dụng

수업 시간에는 휴대폰 **사용** 금지입니다.
처음 보는 물건이라서 **사용** 방법을 모르겠어요.

유 이용
• 사용(을) 하다, 사용(이) 되다

30 사이 명

between / 之间 / khoảng cách, khoảng giữa

화장실은 편의점과 커피숍 **사이**에 있습니다.
12시부터 1시 **사이**에 점심을 먹어야 돼요.

" **오늘 공부할 어휘입니다. 알고 있는 단어에 ☑ 해 보세요.** "

☐ 사전 명   ☐ 사진 명   ☐ 산 명

☐ 산책 명   ☐ 살¹ 의   ☐ 살다 동

☐ 생각 명   ☐ 생신 명   ☐ 생일 명

☐ 생활 명   ☐ 샤워 명   ☐ 서른 수, 관

☐ 서점 명   ☐ 선물 명   ☐ 선생님 명

☐ 설명 명   ☐ 세수 명   ☐ 소개 명

☐ 소금 명   ☐ 손 명   ☐ 손님 명

☐ 쇼핑 명   ☐ 수업 명   ☐ 수영 명

☐ 수영장 명   ☐ 수첩 명   ☐ 숙제 명

☐ 술 명   ☐ 쉬다 동   ☐ 쉽다 형

✎ 다음 페이지에서 자세히 공부해 볼까요?

01 **사전** 명

dictionary / 辞典 / từ điển

요즘에는 인터넷 **사전**을 많이 이용합니다.

모르는 단어를 **사전**에서 찾았어요.

> • 사전을 찾다, 사전을 보다

02 **사진** 명

photo / 照片 / hình ảnh

맛있는 음식을 먹을 때마다 **사진**을 찍습니다.

이 사진은 제주도 여행 때 찍은 **사진**이에요.

> • 사진을 찍다, 사진 촬영을 하다

03 **산** 명

mountain / 山 / núi

한국에는 **산**이 많습니다.

주말에 **산**을 오르는 사람이 많아요.

> • 산을 오르다, 산에서 내려오다, 산이 높다, 산이 낮다

04 **산책** 명

stroll / 散步 / việc đi dạo

점심 식사 후에 보통 30분씩 **산책**을 합니다.

매일 강아지를 데리고 공원으로 **산책**을 나가요.

> • 산책(을) 하다, 산책을 나가다

05 **살**¹ 의

years old / 岁（量词）/ tuổi

한국에서는 태어나자마자 나이를 한 **살** 먹습니다.

성년이 되려면 나이가 스무 **살**이 되어야 해요.

> • 열 살–스무 살–서른 살–마흔 살–쉰 살–예순 살–일흔 살–여든 살–아흔 살–백 살

06 **살다** 동

살고, 살아서,
살면, 삽니다

live / ① 生活 ② 活 / sống

① 저는 서울에 있는 작은 원룸에 **살고** 있습니다.

② 우리 할아버지께서는 백 살까지 **사셨어요.** 반 죽다

> • N에 살다, N에서 살다
> • 고향에 살다, 고향에서 살다

07 생각 명

thought / 想，想法 / việc nghĩ đến

아플 때에는 고향에 계신 어머니 **생각**이 많이 납니다.
항상 좋은 **생각**을 하면 좋은 일만 생길 거예요.

- 생각(을) 하다, 생각(이) 되다, 생각이 나다, 생각이 들다

08 생신 명

(honorific) birthday / 壽辰 / sinh nhật

할머니, **생신** 축하드립니다.
주말이 어머니 **생신**이라서 식당을 예약했어요.

- '생일'의 높임말

09 생일 명

birthday / 生日 / sinh nhật

지난주 수요일이 제 **생일**이었습니다.
생일에 친구들을 초대해서 파티를 하려고 해요.

🈁 생신

10 생활 명

life / 生活 / cuộc sống, sinh hoạt

한국 **생활**이 정말 재미있습니다.
기숙사 **생활**이 좀 불편하지만 친구들이 있어서 외롭지 않아요.

- 생활(을) 하다
- 대학 생활, 외국 생활, 유학 생활

11 샤워 명

shower / 淋浴 / việc tắm (rửa)

운동을 하고 **샤워**를 하면 기분이 좋습니다.
따뜻한 물로 **샤워**를 하면 잠이 잘 와요.

- 샤워(를) 하다

12 서른 수, 관

thirty / 三十 / ba mươi

수 내년이면 제 나이도 **서른**입니다.
관 교실에 **서른** 명이 넘는 학생이 앉아 있어요.

- 열-스물-서른-마흔-쉰-예순-일흔-여든-아흔-백

59

13 서점 명

bookstore / 书店 / nhà sách

학교 안에 있는 **서점**에서 책을 샀습니다.

우리 집 근처에는 **서점**이 많아요.

> 유 책방

14 선물 명

gift / 礼物 / món quà

부모님 생신 때 **선물**을 보내 드렸습니다.

친구의 생일 **선물**을 사러 백화점에 갔어요.

> • 선물(을) 하다, 선물을 주다, 선물을 받다

15 선생님 명

(honorific) teacher / 老师 / thầy giáo, cô giáo

우리 어머니는 영어 **선생님**이십니다.

우리 **선생님**은 한국어를 재미있게 가르치세요.

> 유 교사   반 학생

16 설명 명

explanation / 说明 / việc giải thích, sự giải thích

선생님의 **설명**을 듣고 이해할 수 있었습니다.

부모님께 늦은 이유에 대해서 **설명**을 해 드렸어요.

> • 설명(을) 하다, 설명을 듣다

17 세수 명

washing up / 洗脸 / việc rửa mặt

저는 아침에 일어나면 먼저 **세수**를 합니다.

수업 시간에 너무 졸리면 **세수**를 해 보세요.

> • 세수(를) 하다

18 소개 명

introduction / 介绍 / sự giới thiệu

우리는 친구의 **소개**로 만나서 결혼하게 되었습니다.

오늘은 수업 첫날이니까 각자 **소개**를 해 보세요.

> • 소개(를) 하다, 소개를 받다

19 소금 명

salt / 盐 / muối

소금은 맛이 짭니다.
너무 싱거우면 **소금**을 넣어 보세요.

20 손 명

hand / 手 / tay

아르바이트를 하다가 **손**을 다쳤습니다.
남자 친구와 데이트할 때 **손**을 잡고 다녀요.

• 머리-목-어깨-가슴-팔-손-허리-배-다리-무릎-발

21 손님 명

(honorific) guest / 客人 / khách (hàng)

식당에는 **손님**이 하나도 없었습니다.
가게에는 옷을 구경하는 **손님**들이 많았어요.

유 고객   반 주인

22 쇼핑 명

shopping / 购物 / việc mua sắm

저는 **쇼핑**을 좋아해서 시내에 자주 나갑니다.
인터넷으로 **쇼핑**을 하면 시간을 절약할 수 있어요.

• 쇼핑(을) 하다

23 수업 명

lesson / 课 / tiết học

보통 9시에 **수업**을 시작합니다.
수업 시간에는 친구하고 떠들면 안 됩니다.

유 강의
• 수업(을) 하다, 수업을 듣다, 수업을 받다

24 수영 명

swimming / 游泳 / việc bơi lội

저는 **수영**을 좋아해서 바다에 자주 갑니다.
민수 씨는 **수영** 선수처럼 **수영**을 아주 잘해요.

• 수영(을) 하다

25 수영장 명

swimming pool / 游泳馆 / hồ bơi

저는 한강에 있는 **수영장**에 자주 갑니다.
아이들은 **수영장**에서 노는 것을 좋아해요.

26 수첩 명

pocket notebook / 手册 / sổ tay

회의 내용을 **수첩**에 메모했습니다.
수첩에 잊어버리면 안 되는 것들을 써 놓았어요.

27 숙제 명
[숙쩨]

homework / 作业 / bài tập

선생님께 **숙제**를 냈습니다.
오늘 **숙제**가 너무 많아서 친구를 만날 수 없어요.

> ⊕ 과제
> • 숙제(를) 하다, 숙제를 내다, 숙제를 검사하다

28 술 명

alcohol, liquor / 酒 / rượu

친구를 만나면 술을 마시면서 이야기합니다.
건강이 안 좋아져서 좋아하는 **술**을 끊기로 했어요.

29 쉬다 동

rest, take a rest / 休息 / nghỉ ngơi

주말에는 보통 집에서 **쉽니다**.
힘들면 조금만 **쉬었다가** 다시 할까요?

쉬고, 쉬어서,
쉬면, 쉽니다

> 反 일하다

30 쉽다 형
[쉽따]

easy / 容易 / dễ (dàng)

다른 사람을 돕는 것은 **쉽지** 않은 일입니다.
이 책에는 그림이 많아서 이해하기가 **쉬워요**.

쉽고, 쉬워서,
쉬우면, 쉽습니다

> 反 어렵다, 힘들다
> • V-기(가) 쉽다

오늘 공부할 어휘입니다. 알고 있는 단어에 ☑ 해 보세요.

☐ 슈퍼마켓 [명]	☐ 스물 [수]	☐ 스키 [명]
☐ 슬프다 [형]	☐ 시 [의]	☐ 시간 [명], [의]
☐ 시다 [형]	☐ 시원하다 [형]	☐ 시작 [명]
☐ 시장 [명]	☐ 시청 [명]	☐ 시키다 [동]
☐ 시험 [명]	☐ 식당 [명]	☐ 식사 [명]
☐ 신다 [동]	☐ 신문 [명]	☐ 신발 [명]
☐ 실례 [명]	☐ 싫다 [형]	☐ 싫어하다 [동]
☐ 십 [수], [관]	☐ 싱겁다 [형]	☐ 싸다¹ [형]
☐ 쓰다¹ [동]	☐ 쓰다² [동]	☐ 쓰다³ [형]
☐ 씨 [의]	☐ 씻다 [동]	☐ 아기 [명]

✎ 다음 페이지에서 자세히 공부해 볼까요?

01 슈퍼마켓 명
[슈퍼마켇]

supermarket / 超市 / siêu thị

슈퍼마켓에서 빵과 우유를 샀습니다.
과일은 학교 근처에 있는 **슈퍼마켓**에서 사면 싸요.

🔁 슈퍼, 마트

02 스물 수

twenty / 二十 / hai mươi

한국에서는 **스물**이 넘어야 결혼을 할 수 있습니다.
저는 **스물**에 해외여행을 처음 해 봤어요.

• 열-스물-서른-마흔-쉰-예순-일흔-여든-아흔-백

03 스키 명

skiing / 滑雪 / việc trượt tuyết

겨울에 **스키**를 타러 스키장에 갔습니다.
저는 **스키**를 배운 적이 없어요.

• 스키를 타다

04 슬프다 형
슬프고, 슬퍼서,
슬프면, 슬픕니다

sad / 悲伤 / buồn

이 영화를 보고 **슬퍼서** 울었습니다.
지금까지 가장 **슬픈** 일은 그 사람과 헤어진 일이에요.

🔄 기쁘다

05 시 의

o'clock, time / 点（量词）/ giờ

오후 한 **시**까지 오시면 됩니다.
지금 몇 **시**예요?

• 시-분-초

06 시간 명, 의

time, hour / 时间，小时（量词）/ tiếng, giờ

명 수업 **시간**에 떠들면 안 됩니다.
의 하루에 두 **시간** 동안 한국어를 공부해요.

07 시다 [형]

시고, 시어서,
시면, 십니다

sour / 酸 / chua

레몬이 **십니다**.
저는 **신** 과일을 좋아해요.

- 달다, 시다, 쓰다, 짜다, 싱겁다

08 시원하다 [형]

시원하고, 시원해서,
시원하면, 시원합니다

cool / 涼爽 / mát (mẻ)

산에 올라가면 바람이 불고 **시원합니다**.
운동을 한 후에 **시원한** 물을 마시면 좋아요.

- 덥다–따뜻하다–시원하다–쌀쌀하다–춥다

09 시작 [명]

start / 开始 / sự bắt đầu

시작이 중요합니다.
영화관에는 영화 **시작** 전에 들어가야 해요.

(반) 끝
- 시작(을) 하다, 시작(이) 되다

10 시장 [명]

market / 市场 / chợ

마트보다 **시장**에서 파는 과일이 더 쌉니다.
어렸을 때 어머니와 같이 **시장**에 가는 것을 좋아했어요.

11 시청 [명]

city hall / 市政府 / tòa thị chính

서울 **시청**에는 시민을 위한 도서관이 있습니다.
제 아내는 **시청** 공무원으로 일하고 있어요.

12 시키다 [동]

시키고, 시켜서,
시키면, 시킵니다

order / 点（菜）/ gọi(= đặt)

오늘 집들이라서 음식을 많이 **시켰습니다**.
김치찌개를 **시켰는데** 같이 먹을까요?

(유) 주문하다

13 시험 명

test, exam / 考试 / thi (cử)

한국어능력**시험**을 보는 외국인이 많이 있습니다.
다음 주에 **시험**이 있어서 여행을 갈 수 없어요.

> • 시험이 있다. 시험을 보다

14 식당 명
[식땅]

cafeteria, restaurant / 食堂，饭店 / nhà ăn, quán ăn

학생 **식당**은 싸고 맛있습니다.
이 근처에 맛있는 **식당**을 알려 주세요.

15 식사 명
[식싸]

meal / 餐 / bữa ăn

아침 **식사**로 빵과 우유를 먹었습니다.
식사 시간은 항상 즐거워요.

> • 식사(를) 하다

16 신다 동
[신따]
신고, 신어서
신으면, 신습니다

wear (footwears) / 穿（鞋，袜子） / mang

신발을 벗지 말고 **신고** 들어가십시오.
산에 갈 때는 운동화나 등산화를 **신으세요**.

> 반 벗다

17 신문 명

newspaper / 报纸 / báo

요즘은 **신문**을 보는 사람이 많지 않습니다.
저는 주로 인터넷에서 **신문** 기사를 읽어요.

> • 신문을 보다, 신문을 읽다

18 신발 명

shoes / 鞋 / giày dép

신발 가게에 다양한 **신발**이 있습니다.
저는 편한 **신발**을 신고 일해요.

> • 신발을 신다, 신발을 벗다

19 실례 명

rudeness / 失礼 / sự thất lễ
그동안 **실례**가 많았습니다.
실례지만 길 좀 물어봐도 될까요?

• 실례(를) 하다, 실례(가) 되다

20 싫다 형
[실타]
싫고, 싫어서,
싫으면, 싫습니다

hate, dislike / 不愿意，不喜欢 / ghét
비가 와서 나가기 **싫습니다**.
싫은 사람과 같이 있으면 불편해요.

반 **좋다**
• N이/가 싫다, V-기(가) 싫다
• 매운 음식이 싫다, 공부하기가 싫다

21 싫어하다 동
[시러하다]
싫어하고, 싫어해서,
싫어하면, 싫어합니다

(do not) hate, dislike / 讨厌 / ghét
싫어하는 음식이 있습니까?
나는 그 사람을 **싫어하지** 않아요.

반 **좋아하다**
• N을/를 싫어하다
• 매운 음식을 싫어하다

22 십 수, 관

ten / 十 / mười
수 오 더하기 오는 **십**입니다.
관 아버지는 **십** 년 동안 기타를 배우고 계십니다.

23 싱겁다 형
[싱겁따]
싱겁고, 싱거워서,
싱거우면, 싱겁습니다

bland, tasteless, flat / 淡 / nhạt
할아버지께서 드시는 음식은 **싱겁습니다**.
좀 **싱거우니까** 소금을 넣으세요.

반 **짜다**
• 달다, 시다, 쓰다, 짜다, 싱겁다

24 싸다¹ 형
싸고, 싸서,
싸면, 쌉니다

cheap / 便宜 / rẻ
세일할 때 백화점에 가면 물건을 **싸게** 살 수 있습니다.
시장에 가면 **싸고** 좋은 물건이 많아요.

반 **비싸다**

67

25 쓰다¹ 동

쓰고, 써서,
쓰면, 씁니다

write / 写 / viết

책에 이름을 크게 **썼습니다**.
요즘에는 편지를 **쓰는** 사람이 많지 않아요.

26 쓰다² 동

쓰고, 써서,
쓰면, 씁니다

use / 用 / sử dụng

수업할 때 노트북을 **씁니다**.
다 **쓴** 물건은 제자리에 정리해 주세요.

😀 사용하다

27 쓰다³ 형

쓰고, 써서,
쓰면, 씁니다

bitter / 味苦 / đắng

몸에 좋은 약은 입에 **씁니다**.
이 음식은 너무 **써서** 먹기가 힘들어요.

🔄 달다
• 달다, 시다, 쓰다, 짜다, 싱겁다

28 씨 의

Mr., Ms., Mrs., Miss. / 先生，女士（依存名词）/ anh, chị

가: 영희 **씨**는 어느 나라 사람입니까?
나: 저는 한국 사람이에요. 쿠엔 **씨**는 어느 나라 사람이에요?

29 씻다 동

[씯따]

씻고, 씻어서,
씻으면, 씻습니다

wash / 洗 / rửa

손을 **씻지** 않으면 감기에 걸리기 쉽습니다.
저는 집에 돌아오면 먼저 손과 발을 **씻어요**

30 아기 명

baby / 婴幼儿 / em bé

아기가 태어난 지 1년이 됐습니다.
저는 **아기**를 좋아해요.

오늘 공부할 어휘입니다. 알고 있는 단어에 ☑ 해 보세요.

□ 아내 몡 □ 아니다 혱 □ 아래 몡

□ 아르바이트 몡 □ 아름답다 혱 □ 아버지 몡

□ 아이 몡 □ 아이스크림 몡 □ 아저씨 몡

□ 아주 부 □ 아주머니 몡 □ 아직 부

□ 아침 몡 □ 아파트 몡 □ 아프다 혱

□ 안¹ 몡 □ 안² 부 □ 안경 몡

□ 안내¹ 몡 □ 안녕히 부 □ 앉다 동

□ 알다 동 □ 알리다 동 □ 앞 몡

□ 야구 몡 □ 약¹ 관 □ 약² 몡

□ 약국 몡 □ 약속 몡 □ 어느 관

다음 페이지에서 자세히 공부해 볼까요?

01 아내 [명]

wife / 妻子 / vợ

제 **아내**는 일본 사람입니다.
저는 **아내**와 딸이 있어요.

(반) 남편

02 아니다 [형]

아니고, 아니어서
아니면, 아닙니다

be not, no / 不是 / không phải

저는 학생이 **아니고** 회사원입니다.
그것은 제 것이 **아니에요**.

• N이/가 아닙니다

03 아래 [명]

under, bottom / 下面 / phía dưới, ở dưới

의자 **아래** 가방이 있습니다.
이 건물 **아래**에 마트가 있어서 편리해요.

(유) 밑   (반) 위

04 아르바이트 [명]

part-time job / 兼职 / làm thêm

이 식당에서 일하는 **아르바이트** 학생이 친절합니다.
저는 주말에 다섯 시간 동안 **아르바이트**를 하고 있어요.

(유) 파트타임
• 아르바이트(를) 하다

05 아름답다 [형]
[아름답따]

아름답고, 아름다워서
아름다우면, 아름답습니다

beautiful / 美丽 / đẹp

한강의 야경은 **아름답습니다**.
제주도에 가면 **아름다운** 바닷가를 볼 수 있어요.

06 아버지 [명]

father / 爸爸 / bố, ba

저의 **아버지**와 어머니는 고향에 계십니다.
제 **아버지**는 키가 크고 친절하세요.

(반) 어머니

07 아이 명

child / 孩子 / đứa trẻ

이 **아이**는 몇 살입니까?

방 안에서 **아이**가 울고 있어요.

반 어른

08 아이스크림 명

ice cream / 冰淇淋 / kem

여름에는 **아이스크림**을 많이 먹습니다.

아이들은 **아이스크림**을 좋아해요.

09 아저씨 명

middle-aged man, mister / 叔叔 / chú

아저씨는 나이가 많은 남자를 말합니다.

한국 드라마 중에서 '나의 **아저씨**'라는 드라마를 좋아해요.

반 아주머니

10 아주 부

very / 非常 / rất

이번 여름은 **아주** 덥습니다.

저는 아이스크림을 **아주** 좋아해서 매일 먹어요.

유 매우

11 아주머니 명

middle aged woman, ma'am / 阿姨 / cô, dì, bà

아주머니는 나이가 많은 여자를 말합니다.

집주인 **아주머니**가 아주 친절해요.

유 아줌마　　　　　　반 아저씨

12 아직 부

still, yet / 还在，尚且 / vẫn chưa

아버지께서는 **아직** 주무십니다.

저는 **아직** 한국어를 잘 못해요.

유 아직도

13 아침 명

morning, breakfast / 早晨，早餐 / buổi sáng, bữa ăn sáng

저는 매일 **아침**마다 한 시간씩 운동을 합니다.
저는 **아침**에 일찍 일어나요.

- 아침-점심-저녁
- 아침을 먹다

14 아파트 명

apartment / 住宅楼 / chung cư

한국에는 높은 **아파트**가 많습니다.
제가 사는 **아파트**는 크고 깨끗해요.

15 아프다 형

painful, sick, hurt / 疼 / đau

아프고, 아파서
아프면, 아픕니다

아침에 머리가 **아파서** 약을 먹었습니다.
그렇게 많이 **아프면** 집에서 쉬는 게 어때요?

16 안¹ 명

inside / 里面 / bên trong

교실 **안**에 누가 있습니까?
가방 **안**에 책하고 지갑이 있어요.

유 속   반 밖

17 안² 부

not / 不 / không

오늘은 주말이라서 학교에 **안** 갑니다.
아침을 아직 **안** 먹어서 배가 고파요.

- 안 V/A

18 안경 명

glasses / 眼镜 / mắt kính

책상 위에 **안경**이 있습니다.
할아버지께서는 **안경**을 끼고 책을 읽고 계세요.

- 안경을 끼다, 안경을 쓰다, 안경을 벗다

19 **안내**¹ 명

guide, instruction, announcement / 咨询，通知 / sự hướng dẫn, sự chỉ dẫn

백화점 안에는 **안내**를 해 주는 곳이 있습니다.
안내 방송을 잘 들어 주세요.

• 안내(를) 하다, 안내를 받다

20 **안녕히** 부

good (night), good (bye) / 安好 / một cách an lành

할머니께 아침에 "**안녕히** 주무셨어요?"라고 인사했습니다.
수업이 끝나고 선생님께 "**안녕히** 계세요."라고 인사했어요.

• 안녕히 가세요, 안녕히 계세요, 안녕히 주무세요.

21 **앉다** 동
[안따]
앉고, 앉아서,
앉으면, 앉습니다

sit / 坐 / ngồi

어머니는 소파에 **앉아서** 텔레비전을 보고 있습니다.
여러분 모두 의자에 **앉으세요**.

반 일어서다

22 **알다** 동
알고, 알아서,
알면, 압니다

know / 会，认识 / biết, quen biết

한국어 단어를 많이 **알면** 한국말을 잘 할 수 있습니다.
아는 사람이 있으면 소개해 주세요.

반 모르다

23 **알리다** 동
알리고, 알려서,
알리면, 알립니다

tell, inform / 告诉 / cho biết

오늘 날씨를 **알려** 드리겠습니다.
전화번호와 주소를 **알려** 주세요.

유 가르치다, 말하다

24 **앞** 명
[압]

front / 前面 / phía trước

학교 **앞**에 커피숍이 많이 있습니다.
집 **앞**에는 편의점이 있고 뒤에는 공원이 있어서 좋아요.

반 뒤

25 야구 몡

baseball / 棒球 / bóng chày

한국에서는 스포츠 중에서 **야구**가 인기가 많습니다.
저는 주말마다 친구들과 **야구**를 해요.

• 야구를 하다. 야구 구경을 하다

26 약¹ 관

about, approximately / 大约 / khoảng

기차는 **약** 10분 후에 출발합니다.
저는 한국에 온 지 **약** 두 달이 됐어요.

⊕ 한

27 약² 몡

medicine, drug / 药 / thuốc

몸에 좋은 **약**은 입에 씁니다.
약은 하루에 세 번 식후에 드세요.

• 약을 먹다. 약을 바르다

28 약국 몡
[약꾹]

pharmacy, drugstore / 药店 / nhà thuốc

병원 옆에 **약국**이 있습니다.
약을 사러 **약국**에 갔어요.

29 약속 몡
[약쏙]

appointment / 约定 / cuộc hẹn

오늘 친구와 **약속**이 있습니다.
약속 시간이 몇 시예요?

• 약속이 있다. 약속이 없다. 약속(을) 하다

30 어느 관

which / 哪个 / nào

그 사람은 **어느** 나라 사람입니까?
노란색과 빨간색 중에서 **어느** 색을 좋아해요?

• 어느 N

오늘 공부할 어휘입니다. 알고 있는 단어에 ☑ 해 보세요.

☐ 어디 [대] ☐ 어떻다 [형] ☐ 어렵다 [형]

☐ 어머니 [명] ☐ 어서 [부] ☐ 어제 [명], [부]

☐ 언니 [명] ☐ 언제 [대], [부] ☐ 얼굴 [명]

☐ 얼마 [명] ☐ 얼마나 [부] ☐ 없다 [형]

☐ 에어컨 [명] ☐ 여권 [명] ☐ 여기 [대]

☐ 여동생 [명] ☐ 여러 [관] ☐ 여러분 [대]

☐ 여름 [명] ☐ 여자 [명] ☐ 여행 [명]

☐ 여행사 [명] ☐ 역 [명] ☐ 연극 [명]

☐ 연습 [명] ☐ 연필 [명] ☐ 열다 [동]

☐ 열쇠 [명] ☐ 열심히 [부] ☐ 영어 [명]

✎ 다음 페이지에서 자세히 공부해 볼까요?

쏙쏙 어휘왕

13일차, 어서 오세요.

01 어디 [대]

where / 哪里 / đâu

지금까지 여행한 곳 중에서 **어디**가 가장 좋았습니까?
근처에 지하철역이 **어디**에 있어요?

02 어떻다 [형]
[어떠타]

어떻고, 어때서

what kind of, how / 什么样，怎么样 / như thế nào

어떤 영화를 좋아합니까?
오늘 기분이 **어때요**?

03 어렵다 [형]
[어렵따]

어렵고, 어려워서
어려우면, 어렵습니다

difficult / 难 / khó

한국어가 **어렵지만** 재미있습니다.
시험 문제가 **어려워서** 시험을 잘 못 봤어요.

> 반 **쉽다**

04 어머니 [명]

mother / 妈妈 / mẹ

저는 **어머니**와 함께 살고 있습니다.
제 **어머니**는 선생님이십니다.

> 반 아버지

05 어서 [부]

welcome, come on, with pleasure, please / 请，快 / xin mời, …đi nào, …đi nhé

식당 주인이 "**어서** 오세요."라고 인사를 했습니다.
어머니는 식사 준비를 끝낸 후에 손님들에게 "**어서** 드세요."라고 말했어요.

> • 어서 오세요, 어서 드세요

06 어제 [명], [부]

yesterday / 昨天 / hôm qua

[명] **어제**는 비가 왔지만 오늘은 비가 오지 않습니다.
[부] 저는 **어제** 친구를 만났어요.

> 유 어저께
> • 그저께-어제-오늘-내일-모레

07 언니 명

elder sister / 姐姐 / chị

저는 **언니**가 한 명 있습니다.
언니와 함께 쇼핑을 했어요.

> (반) 동생

08 언제 대, 부

when / 什么时候 / bao giờ, hồi nào, chừng nào

대 **언제**부터 **언제**까지 유학 생활을 했습니까?
부 한국에 **언제** 왔어요?

09 얼굴 명

face / 脸 / khuôn mặt

아이는 **얼굴**이 너무 귀엽게 생겼습니다.
한국 사람들은 작은 **얼굴**을 좋아하는 것 같아요.

10 얼마 명

how many, how much / 多少 / bao nhiêu

이 옷은 **얼마**입니까?
지금 돈이 **얼마** 있어요?

11 얼마나 부

how ~ / 多少，多么 / bao lâu, biết bao

집에서 학교까지 **얼마나** 걸립니까?
여기에서 **얼마나** 기다렸어요?

12 없다 형
[업따]
없고, 없어서,
없으면, 없습니다

be no, not have / 没有 / không có

교실에 학생들이 **없습니다**.
돈이 **없어서** 아르바이트를 하고 있어요.

> (반) 있다
> • N1이/가 N2에 없다

13 **에어컨** 명

air conditioner / 空调 / máy lạnh

날씨가 더워서 **에어컨**을 켰습니다.
집에 **에어컨**이 없어서 너무 더워요.

14 **여권** 명
[여꿘]

passport / 护照 / hộ chiếu

비행기를 타기 전에 **여권**을 준비해야 합니다.
여권을 만들려고 사진을 찍었어요.

15 **여기** 대

here, this / 这里 / ở đây

찾으시는 물건은 **여기** 있습니다.
여기가 어디예요?

유 이곳
• 여기-거기-저기

16 **여동생** 명

younger sister / 妹妹 / em gái

저는 **여동생**과 남동생이 있습니다.
제 **여동생**은 정말 귀엽게 생겼어요.

반 남동생

17 **여러** 관

many, several / 多 / nhiều

학교에는 **여러** 나라 사람들이 있습니다.
과일 가게에는 **여러** 가지 과일이 있어요.

18 **여러분** 대

everyone / 诸位 / quý vị

여러분! 공연에 와 주셔서 감사합니다.
학생 **여러분**! 입학을 축하해요.

19 여름 명

summer / 夏天 / mùa hè

여름에는 덥고 비가 많이 옵니다.
저는 **여름**에 친구들과 바다에 갈 거예요.

- 봄-여름-가을-겨울

20 여자 명

woman, female / 女 / con gái, nữ

저는 **여자** 친구를 사귀고 싶습니다.
저 **여자**는 노래를 정말 잘 하네요.

⑪ 남자

21 여행 명

travel, trip / 旅行 / du lịch

요즘에는 국내 **여행**을 하는 사람이 많습니다.
나는 방학에 **여행**을 가려고 해요.

- 여행(을) 하다, 여행을 가다, 여행을 떠나다

22 여행사 명

travel agency / 旅行社 / công ty du lịch

제 언니는 **여행사**에서 일합니다.
여행사에서 비행기표와 호텔을 예약했어요.

23 역 명

stop, station / 火车站 / trạm

이번 **역**은 어디입니까?
백화점에 가려면 다음 **역**에서 내리세요.

24 연극 명

play, drama / 戏剧 / diễn kịch, đóng kịch

주말에 여자 친구와 **연극**을 보러 극장에 가기로 했습니다.
이 **연극**은 몇 시에 시작해요?

- 연극(을) 하다, 연극을 보다

25 연습 명

practice, exercise / 练习 / luyện tập

단어를 공부한 후에 **연습** 문제를 풀어 보십시오.
요즘 저는 피아노 **연습**을 하고 있어요.

- 연습(을) 하다

26 연필 명

pencil / 铅笔 / viết chì

필통 안에 **연필**하고 지우개가 있습니다.
요즘은 **연필**을 쓰는 사람이 많지 않아요.

27 열다 동

열고, 열어서,
열면, 엽니다

open / 开门（营业），开 / mở

저희 가게는 매일 아침 9시에 문을 **엽니다.**
창문을 좀 **열어** 주세요.

반 닫다

28 열쇠 명

[열쐬]

key / 钥匙 / chìa khóa

열쇠를 잃어버렸습니다.
열쇠는 항상 지갑 안에 있어요.

29 열심히 부

[열씸히]

hard, diligently / 专心致志地 / siêng năng, một cách chăm chỉ

모든 일을 **열심히** 해야 합니다.
저는 한국어를 **열심히** 공부하고 있어요.

30 영어 명

English / 英语 / tiếng Anh

제 남동생은 **영어**를 가르칩니다.
저는 **영어** 공부를 열심히 하고 있어요.

오늘 공부할 어휘입니다. 알고 있는 단어에 ☑ 해 보세요.

☐ 영화 명	☐ 영화관 명	☐ 영화배우 명
☐ 옆 명	☐ 예쁘다 형	☐ 오늘 명, 부
☐ 오다 동	☐ 오른쪽 명	☐ 오빠 명
☐ 오전 명	☐ 오후 명	☐ 올라가다 동
☐ 올해 명	☐ 옷 명	☐ 왜 부
☐ 외국 명	☐ 외국어 명	☐ 외국인 명
☐ 왼쪽 명	☐ 요리 명	☐ 요일 명
☐ 요즘 명	☐ 우리 대	☐ 우산 명
☐ 우유 명	☐ 우체국 명	☐ 우표 명
☐ 운동 명	☐ 운동장 명	☐ 운동화 명

✎ 다음 페이지에서 자세히 공부해 볼까요?

01 영화 ^명

film, movie / 电影 / phim

어떤 **영화**를 좋아하십니까?
저는 **영화** 보는 것을 좋아해요.

02 영화관 ^명

movie theater / 电影院 / rạp chiếu phim

영화를 보러 **영화관**에 갔습니다.
방학이라서 **영화관**에 사람이 많아요.

> 🔄 극장

03 영화배우 ^명

actor, actress / 电影演员 / diễn viên điện ảnh

좋아하는 **영화배우**가 있습니까?
영화관에서 **영화배우**를 봤는데 너무 예뻤어요.

04 옆 ^명
[엽]

beside, next to / 旁边 / kế bên, bên cạnh

병원 **옆**에 약국이 있습니다.
항상 너의 **옆**에 있을게.

05 예쁘다 ^형

예쁘고, 예뻐서
예쁘면, 예쁩니다

pretty, beautiful / 漂亮 / đẹp

모자가 너무 **예뻐서** 샀습니다.
내가 본 사람 중에 그 배우가 가장 **예뻐요**.

06 오늘 ^명,^부

today / 今天 / hôm nay

^명 **오늘**부터 한국어 수업을 시작합니다.
^부 민수 씨는 **오늘** 뭐 해요?

> • 그저께-어제-오늘-내일-모레

TOPIK I

07 오다 [동]

오고, 와서
오면, 옵니다

come, visit / 来 / về đến

오늘 친구가 우리 집에 **옵니다**.
집에 친구가 **와서** 맛있는 요리를 만들었어요.

> (반) 가다
> • N에 오다, N(으)로 오다
> • 집에 오다, 집으로 오다

08 오른쪽 [명]

right / 右边 / bên phải

책 **오른쪽**에 안경이 있습니다.
저기 **오른쪽**에 있는 사람은 누구예요?

> (반) 왼쪽

09 오빠 [명]

older brother, elder brother / 哥哥 / anh trai

저는 **오빠**와 언니가 있습니다.
제 **오빠**는 지금 회사에 다녀요.

> (반) 동생

10 오전 [명]

morning / 上午 / buổi sáng

저는 회사에서 **오전** 9시부터 오후 6시까지 일을 합니다.
저는 **오전**에 약 한 시간 동안 산책을 해요.

> (반) 오후

11 오후 [명]

afternoon / 下午 / buổi chiều

오전에는 시간이 있지만 **오후**에는 시간이 없습니다.
저는 **오후** 6시부터 밤 12시까지 아르바이트를 해요.

> (반) 오전

12 올라가다 [동]

올라가고, 올라가서
올라가면, 올라갑니다

go up / 登 / leo lên

산에 **올라가면** 바람이 불어서 시원합니다.
서점에 가려면 한 층 더 **올라가세요**.

> (반) 내려가다
> • N(으)로 올라가다, N에 올라가다
> • 산으로 올라가다, 산에 올라가다

13 올해 명

this year / 今年 / năm nay

올해 저는 스무 살이 됐습니다.
올해 계획을 세웠어요?

• 재작년-작년-올해-내년-후년

---

14 옷 명
[옫]

clothes / 衣服 / áo

이 **옷**은 백화점에서 샀습니다.
오늘 입은 **옷**이 너무 예쁘네요.

• 옷을 입다, 옷을 벗다

---

15 왜 부

why / 为什么 / tại sao

왜 한국어를 공부합니까?
그 영화배우를 **왜** 좋아해요?

---

16 외국 명

foreign country / 外国 / nước ngoài

요즘은 **외국**으로 여행을 가는 사람이 많습니다.
저는 어렸을 때 **외국**에서 살아서 한국어를 잘 못해요.

---

17 외국어 명
[외구거]

foreign language / 外国语 / ngoại ngữ

저는 **외국어** 배우는 것을 좋아합니다.
민수 씨는 무슨 **외국어**를 할 수 있어요?

---

18 외국인 명
[외구긴]

foreigner / 外国人 / người nước ngoài

외국어를 배우려면 **외국인**과 이야기를 많이 해야 합니다.
외국인에게 인기 있는 한국 음식은 치킨이에요.

19 왼쪽 _명

left / 左边 / bên trái

여기에서 **왼쪽**으로 돌아가면 됩니다.

이 사진에서 제 **왼쪽**은 오빠, 오른쪽은 언니예요.

> 반 오른쪽

20 요리 _명

cooking, food, cuisine / 烹饪, 菜肴 / nấu ăn, ẩm thực

저는 **요리**를 어머니에게 배웠습니다.

가장 맛있게 만들 수 있는 **요리**는 삼계탕이에요.

> • 요리(를) 하다, 요리를 만들다

21 요일 _명

day of the week / 星期 / thứ

이 식당은 **요일**마다 메뉴가 다릅니다.

오늘이 무슨 **요일**이지요?

> • 월요일-화요일-수요일-목요일-금요일-토요일-일요일

22 요즘 _명

these days / 最近 / dạo này

요즘 인기 있는 영화가 뭐예요?

요즘 한국어능력시험을 준비하고 있습니다.

> 유 최근, 요즈음

23 우리 _대

we / 我们 / chúng ta

우리는 어렸을 때부터 친구입니다.

우리 같이 여행 갈까요?

> 낮 저희

24 우산 _명

umbrella / 雨伞 / cái ô

오늘은 비가 오니까 **우산**을 가져가십시오.

우산은 신발장 옆에 있어요.

> • 우산을 쓰다

25 우유 명

milk / 牛奶 / sữa

우유를 마시면 건강에 좋습니다.
저는 매일 아침 **우유**를 마셔요.

26 우체국 명

post office / 邮局 / bưu điện

편지와 소포를 보내려고 **우체국**에 갔습니다.
우체국에 가려면 사거리에서 오른쪽으로 가세요.

27 우표 명

(postage) stamp / 邮票 / con tem

제 취미는 **우표**를 모으는 것입니다.
편지를 보내려면 봉투에 **우표**를 붙이세요.

28 운동 명

exercise / 运动 / sự tập luyện thể thao

건강해지려면 **운동**을 해야 합니다.
저는 매일 오전에 **운동**을 해요.

• 운동(을) 하다

29 운동장 명

stadium / 运动场 / sân vận động

운동장에서 학생들이 야구를 하고 있습니다.
저는 매일 오후에 **운동장**에 가서 운동을 해요.

30 운동화 명

sneakers / 运动鞋 / giày thể thao

운동할 때는 **운동화**를 신어야 발이 아프지 않습니다.
친구 생일 선물로 예쁜 **운동화**를 샀어요.

• 운동화를 신다, 운동화를 벗다

오늘 공부할 어휘입니다. 알고 있는 단어에 ☑ 해 보세요.

□ 운전 명	□ 울다 동	□ 웃다 동
□ 원 의	□ 월 의	□ 위 명
□ 유명하다 형	□ 은행 명	□ 음료수 명
□ 음식 명	□ 음악 명	□ 의사 명
□ 의자 명	□ 이¹ 관, 대	□ 이것 대
□ 이따가 부	□ 이름 명	□ 이번 명
□ 이야기 명	□ 이유 명	□ 이쪽 대
□ 인분 의	□ 인사 명	□ 인터넷 명
□ 일¹ 명	□ 일² 의	□ 일어나다 동
□ 일주일 명	□ 일찍 부	□ 읽다 동

✎ 다음 페이지에서 자세히 공부해 볼까요?

01 운전 명

driving / 驾驶 / việc lái xe

음주 **운전**은 절대 하면 안 됩니다.
운전을 할 때는 스마트폰을 보지 마세요.

- 운전(을) 하다

02 울다 동

울고, 울어서
울면, 웁니다

cry / 哭，叫 / khóc

아이가 **울고** 있습니다.
여자 친구가 **울면** 어떻게 해야 할지 모르겠어요.

반 웃다
- N이/가 울다

03 웃다 동

[욷따]

웃고, 웃어서
웃으면, 웃습니다

smile, laugh / 笑 / cười

많이 **웃으면** 복이 옵니다.
그녀는 **웃는** 모습이 예뻐요.

반 울다
- N이/가 웃다
- 아이가 웃다

04 원 의

[Won] A Korean monetary unit / 韩元（货币单位）/ đơn vị
tiền tệ của Hàn Quốc

한국의 택시 기본요금은 사천 **원**입니다.
이 식당은 삼겹살 1인분에 만 이천 **원**이에요.

05 월 의

month / 月（量词）/ tháng

두 사람은 5**월**에 결혼할 겁니다.
한국에서는 7**월**에 비가 많이 와요.

- 년-월-일

06 위 명

top / 上面 / ở trên, phía trên

식탁 **위**에 음료수가 있습니다.
아버지 배 **위**에서 강아지가 자고 있어요.

반 아래, 밑

07 유명하다 형

famous / 有名 / nổi tiếng

제주도는 한라산이 **유명합니다**.
유명한 연예인을 본 적이 있어요?

08 은행 명

bank / 银行 / ngân hàng

월말에는 **은행**에 사람이 많습니다.
은행에 가서 돈을 찾았어요.

09 음료수 명
[음뇨수]

drinks / 饮料 / nước giải khát

저는 물보다 **음료수**를 더 많이 마십니다.
콜라와 주스가 있는데 무슨 **음료수**를 드릴까요?

10 음식 명

food / 食物 / thức ăn

오늘은 아버지 생신이라서 **음식**을 많이 준비했습니다.
저는 맛있는 **음식**을 먹으면 기분이 좋아져요.

- 음식을 하다, 음식을 만들다

11 음악 명

music / 音乐 / âm nhạc

클래식, 팝, 가요 중에서 어떤 **음악**을 좋아합니까?
제 취미는 **음악** 감상이에요.

12 의사 명

doctor / 医生 / bác sĩ

그 병원의 **의사** 선생님은 유명한 사람입니다.
병원에서 일하는 **의사**와 간호사는 너무 바빠서 쉴 시간이 없어요.

15
일차

13 의자 명

chair, stool / 椅子 / cái ghế

교실에 책상과 **의자**가 몇 개 있습니까?
이제 수업을 시작할 거니까 모두 **의자**에 앉아 주세요.

14 이¹ 관, 대

this / 这 / này

관 **이** 사람은 누구입니까?
대 **이**보다 더 좋은 것은 없습니다.

- 이-그-저

15 이것 대
[이걷]

this / 这个 / cái này

가: **이것**은 무엇입니까?
나: 그것은 한국어 어휘책이에요.

- 이것-그것-저것

16 이따가 부

later / 稍后 / lát nữa

수업 끝나고 **이따가** 가겠습니다.
이따가 전화할게요.

⊕ 나중에   ⊖ 아까

17 이름 명

name / 名字 / tên

이름이 무엇입니까?
그 유명한 의사 선생님의 **이름**이 뭐예요?

⊕ 성함

18 이번 명

this time / 这次 / lần này

이번에는 시험에 꼭 합격하고 싶습니다.
이번 여행은 국내로 가려고 해요.

- 지난-이번-다음

19 이야기 _명

story, talk / 谈话，故事 / nói chuyện, câu chuyện

외국어를 잘 하려면 외국 친구와 **이야기**를 많이 하십시오.
어렸을 때 할머니께서는 재미있는 **이야기**를 많이 해 주셨어요.

> • 이야기(를) 하다, 이야기를 듣다

20 이유 _명

reason, cause, grounds / 理由，原因 / lý do, cớ

한국어를 공부하는 **이유**가 무엇입니까?
그 콘서트에 가는 **이유**는 유명한 가수가 많이 나오기 때문이에요.

> ⊕ 원인

21 이쪽 _대

this (way) / 这边 / bên này, lối này

에어컨이 **이쪽**에 있으니까 **이쪽**으로 오십시오.
이쪽은 좀 시끄러우니까 저쪽으로 갈까요?

> • 이쪽-그쪽-저쪽

22 인분 _의

(chiefly of food) a portion / 份儿（量词） / phần, suất

이 식당은 삼겹살 일 **인분**에 만 이천 원입니다.
두 사람이 갈비 삼 **인분**을 먹었어요.

23 인사 _명

greeting / 打招呼 / sự chào hỏi

그들은 웃으면서 **인사**를 합니다.
수업 시작 전에 선생님께 "안녕하세요."라고 **인사**를 했어요.

> • 인사(를) 하다, 인사를 받다

24 인터넷 _명
[인터넫]

internet / 互联网 / internet

이 호텔은 **인터넷**을 무료로 사용할 수 있습니다.
인터넷이 안 되니까 너무 불편해요.

> • 인터넷(을) 하다, 인터넷이 되다

25 일¹ 명

job, work / 工作，事情 / việc, công việc

일 때문에 스트레스를 받습니다.
요즘 **일**이 많아서 바빠요.

- 일(을) 하다

26 일² 의

day(s) / 天（量词）/ ngày

휴가는 2**일**부터 7**일**까지입니다.
장마철이라서 삼 **일** 동안 계속 비가 내려요.

- 년-월-일

27 일어나다 동

일어나고, 일어나서
일어나면, 일어납니다

① wake up ② stand up / ① 起床 ② 起身 / ① thức dậy ② đứng dậy

① 일찍 자고 일찍 **일어나는** 것이 건강에 좋습니다. ㉫ 자다
② 사장님이 들어오셔서 의자에서 **일어나서** 인사를 했어요. ㉫ 앉다

- N이/가 일어나다
- 학생이 일어나다

28 일주일 명

[일쭈일]

a week / 一周 / một tuần

월요일부터 일요일까지 **일주일** 내내 일을 했습니다.
일주일 동안 여행을 했어요.

29 일찍 부

early / 提早 / sớm

학교에 지각하지 말고 **일찍** 오십시오.
일찍 일어나면 하루가 길어서 할 수 있는 일이 많아요.

㉫ 늦게

30 읽다 동

[익따]

읽고, 읽어서,
읽으면, 읽습니다

read / 读 / đọc

어머니께서는 오빠의 편지를 **읽고** 울었습니다.
아이는 책 **읽는** 것을 좋아해요.

오늘 공부할 어휘입니다. 알고 있는 단어에 ☑ 해 보세요.

☐ 입 [명]	☐ 입다 [동]	☐ 있다 [형]
☐ 자다 [동]	☐ 자동차 [명]	☐ 자전거 [명]
☐ 자주 [부]	☐ 작년 [명]	☐ 작다 [형]
☐ 잔 [명]	☐ 잘 [부]	☐ 잘못 [부], [명]
☐ 잘하다 [동]	☐ 잠 [명]	☐ 잠깐 [부], [명]
☐ 잠시 [부], [명]	☐ 잡수시다 [동]	☐ 장소 [명]
☐ 재미없다 [형]	☐ 재미있다 [형]	☐ 저¹ [대]
☐ 저² [관]	☐ 저것 [대]	☐ 저기 [대]
☐ 저녁 [명]	☐ 저쪽 [대]	☐ 적다¹ [형]
☐ 전공 [명]	☐ 전화 [명]	☐ 전화번호 [명]

✍ 다음 페이지에서 자세히 공부해 볼까요?

01 입 명

mouth / 嘴挑食 / miệng

민수는 눈도 크고 **입**도 큽니다.
그녀는 **입**이 커서 웃을 때 예뻐요.

• 입이 크다, 입이 작다, 입이 짧다

02 입다 동
[입따]
입고, 입어서,
입으면, 입습니다

put on, wear / 穿 / mặc

한국 사람은 명절에 한복을 **입습**니다.
날씨가 추워서 따뜻한 옷을 **입고** 나갔어요.

반 벗다

03 있다 형
[읻따]
있고, 있어서,
있으면, 있습니다

be, exist, have / 有 / có

책상 위에 가방이 **있습**니다.
다음 주에는 시험이 **있어요**.

반 없다
• N1에 N2이/가 있다

04 자다 동
자고, 자서,
자면, 잡니다

sleep / 睡觉 / ngủ

어제 늦게 **자서** 피곤합니다.
저는 보통 6시간 정도 **자요**.

유 잠자다
• 잠(을) 자다

05 자동차 명

car / 汽车 / xe ô tô

도로에 **자동차**가 많아서 길이 막힙니다.
저는 큰 **자동차**를 사고 싶어요.

유 차
• 자동차를 타다, 자동차에서 내리다

06 자전거 명

bicycle / 自行车 / xe đạp

저는 학교에 **자전거**를 타고 갑니다.
집에 **자전거**가 한 대 있어요.

• 자전거를 타다, 자전거에서 내리다

07 자주 [부]

often, frequently / 经常 / thường xuyên, hay

저는 산을 좋아해서 **자주** 등산을 합니다.
요즘 바빠서 친구를 **자주** 못 만나요.

> **⊕ 종종**
> • 전혀-가끔-때때로-자주-늘-언제나-항상

08 작년 [명]
[장년]

last year / 去年 / năm ngoái

저는 **작년**에 한국에 왔습니다.
작년부터 한국어를 배우기 시작했어요.

> **⊕ 지난해**
> • 작년-올해-내년

09 작다 [형]
[작따]
작고, 작아서,
작으면, 작습니다

short, small / 矮，小 / nhỏ, thấp, chật

형은 키가 큰데 저는 키가 **작습니다**.
옷이 좀 **작은**데 더 큰 사이즈 있어요?

> **⊖ 크다**

10 잔 [명]

mug, cup, glass / 杯子，杯（量词）/ ly, cốc

친구가 술을 제 **잔**에 따라 주었습니다.
저는 일어난 후에 먼저 물을 한 **잔** 마셔요.

11 잘 [부]

well / 好好地 / ngon, tốt

잘 먹고 **잘** 자야 건강합니다.
저는 한국에서 **잘** 지내고 있어요.

> **⊖ 못**
> • 잘 하다, 잘 되다

12 잘못 [부], [명]
[잘몯]

wrong, mistake, fault / 错误地，不对 / nhầm, lỗi (làm)

[부] 답을 **잘못** 써서 틀렸습니다. ⊖ 잘
[명] 동생은 **잘못**이 없습니다. 모두 다 제 **잘못**입니다.

> • 잘못(을) 하다, 잘못이 크다, 잘못이 많다, 잘못이 있다, 잘못이 없다, 잘못을 고치다, 잘못을 뉘우치다

13 잘하다 동

do sth well / 做得好 / giỏi

잘하고, 잘해서,
잘하면, 잘합니다

그는 운동도 **잘하고** 요리도 **잘합니다**.
새로 온 아르바이트생이 일을 아주 **잘해요**.

> 반 못하다
> • 잘하다–잘 못하다–못하다

14 잠 명

sleep / 觉 / giấc ngủ

낮에 자는 **잠**을 낮잠이라고 합니다.
저는 **잠**이 많아서 일찍 자요.

> • 잠(을) 자다, 잠(이) 오다, 잠(이) 들다, 잠이 깨다

15 잠깐 부, 명

for a little while, a little / 一会儿，片刻 / một lát, một chút

부 **잠깐** 기다리십시오.
명 **잠깐**이라도 시간을 내 주세요.

> 유 잠시

16 잠시 부, 명

for a little while, a little / 暂时，一会儿 / chốc lát, một chút

부 **잠시** 실례하겠습니다.
명 **잠시**만 쉴까요?

> 유 잠깐

17 잡수시다 동
[잡쑤시다]

(honorific) eat / 用餐（"잡수다"的敬称）/ mời dùng

잡수시고, 잡수셔서,
잡수시면, 잡수십니다

할아버지께서 진지를 **잡수시고** 계십니다.
차린 것은 많이 없지만 맛있게 **잡수세요**.

> 유 드시다
> • '먹다'의 높임말

18 장소 명

place / 场所 / nơi(= chỗ), địa điểm

오늘 모이는 **장소**는 회사 근처 커피숍입니다.
약속 **장소**는 정했어요?

19 재미없다 형
[재미업따]
재미없고, 재미없어서,
재미없으면, 재미없습니다

not interesting, boring / 没意思 / dở, không thú vị

영화가 너무 **재미없어서** 잠이 들었습니다.
친구의 이야기가 **재미없을** 때는 어떻게 해요?

반 재미있다

---

20 재미있다 형
[재미읻따]
재미있고, 재미있어서,
재미있으면, 재미있습니다

interesting / 有趣 / hay, thú vị

재미있는 사람과 같이 있으면 즐겁습니다.
이 만화는 **재미있어서** 보는 사람이 많아요.

반 재미없다

---

21 저¹ 대

(polite) I / 我 / tôi

저는 한국 사람입니다.
저에게 말씀해 주세요.

유 나

---

22 저² 관

that / 那个 / kia, nọ

저 사람은 누구입니까?
저기 있는 **저** 옷 너무 예쁘지?

• 이-그-저

---

23 저것 대

that, those / 那个 / cái kia

가: **저건** 뭐예요?
나: **저건** 선풍기예요.

• 저것은(저건), 저것이(저게), 저것을(저걸)
• 이것-그것-저것

---

24 저기 대

(over) there / 那里 / lối kia, đằng kia

제가 일하는 곳은 **저기**입니다.
저기에 쉴 수 있는 장소가 있어요.

유 저곳
• 여기-거기-저기

25 저녁 ^명

evening, dinner / 晚上，晚餐 / buổi tối, bữa tối

오늘 **저녁**에 약속이 있습니다.
저는 보통 7시쯤 **저녁**을 먹어요.

- 아침-점심-저녁
- 저녁을 먹다

26 저쪽 ^대

that side, over there / 那边 / hướng kia, đằng kia

우체국은 **저쪽**에 있습니다.
저쪽에 자리가 있으니 **저쪽**으로 갈까요?

- 이쪽-그쪽-저쪽

27 적다¹ ^형
[적따]

적고, 적어서,
적으면, 적습니다

few, little / 少 / ít

이 일은 월급이 **적습니다**.
밥 양이 **적어서** 한 그릇 더 먹었어요.

반 **많다**

28 전공 ^명

major, specialty / 专业 / chuyên ngành

제 **전공**은 한국어 교육입니다.
무슨 **전공**을 공부하고 싶어요?

- 전공(을) 하다

29 전화 ^명

call, phone call / 电话 / điện thoại

고향에 계신 부모님께 **전화**로 안부를 묻습니다.
친구에게 **전화**를 걸었지만 받지 않았어요.

- 전화(를) 하다, 전화를 걸다, 전화를 받다

30 전화번호 ^명

phone number / 电话号码 / số điện thoại

전화번호가 몇 번입니까?
요즘은 **전화번호**를 외우기가 어려워요.

오늘 공부할 어휘입니다. 알고 있는 단어에 ☑ 해 보세요.

☐ 점심 명	☐ 정류장 명	☐ 정말 부, 명
☐ 제 대	☐ 제일 부, 명	☐ 조금 부, 명
☐ 조용하다 형	☐ 졸업 명	☐ 좀 부
☐ 종업원 명	☐ 좋다 형	☐ 좋아하다 동
☐ 죄송하다 형	☐ 주 의, 명	☐ 주다 동
☐ 주로 부	☐ 주말 명	☐ 주무시다 동
☐ 주부 명	☐ 주소 명	☐ 주인 명
☐ 주일 의, 명	☐ 준비 명	☐ 중 의
☐ 지갑 명	☐ 지금 부, 명	☐ 지나다 동
☐ 지난달 명	☐ 지난주 명	☐ 지난해 명

✎ 다음 페이지에서 자세히 공부해 볼까요?

01 **점심** 명

afternoon, lunch / 中午，午餐 / buổi trưa, bữa trưa

점심에 잠깐 낮잠을 잤습니다.
점심은 보통 학교 식당에서 먹어요.

- 아침-점심-저녁
- 점심을 먹다

02 **정류장** 명

stop, station / （公交）车站 / trạm

택시 **정류장**에 택시를 기다리는 사람이 많습니다.
학교 앞 버스 **정류장**에서 만날까요?

- 버스 정류장, 택시 정류장

03 **정말** 부, 명

really(= very), fact, true / 确实，真的 / rất, sự thật

부 저 농구 선수는 키가 **정말** 크네요. 유 아주, 정말로, 참으로
명 농담이 아니고 **정말**이야. 유 참말

04 **제** 대

(polite) I, my / 我，我的 / em, tôi

제가 가장 좋아하는 사람은 당신입니다.
이것은 **제** 거예요.

유 내   반 네

05 **제일** 부, 명

best / 最，第一 / nhất, số một

부 민수는 우리 반에서 키가 **제일** 큽니다. 유 가장
명 열심히 노력해서 세계 **제일**이 될 거야. 유 최고

06 **조금** 부, 명

a little, a little while / 稍微，一会儿 / hơi, một chút

부 **조금** 싱거워서 소금을 더 넣었습니다. 유 다소, 약간
명 쉬었다가 **조금** 후에 시작해요. 유 잠시

07 조용하다 형

조용하고, 조용해서,
조용하면, 조용합니다

quiet / 安静 / yên tĩnh

도서관이 **조용해서** 공부하기 좋습니다.
저는 시끄러운 곳보다 **조용한** 곳을 좋아해요.

> 반 시끄럽다

08 졸업 명

graduation / 毕业 / sự tốt nghiệp

대학교 **졸업** 후 유학을 가려고 합니다.
졸업 시험은 잘 봤어요?

> 반 입학
> • 졸업(을) 하다

09 좀 부

① a little ② please / ① 稍微（ "조금"的略语）② 劳驾 /
① hơi ② xin(= làm ơn)

① 물가가 **좀** 비싸네요. 유 조금
② 문 **좀** 닫아 주세요.

10 종업원 명

employee / 工作人员 / nhân viên phục vụ

이 식당의 **종업원**은 아주 친절합니다.
이 가게는 무인 가게라 **종업원**이 없어요.

11 좋다 형

[조타]

좋고, 좋아서,
좋으면, 좋습니다

good, nice / 好 / tốt

날씨가 정말 **좋습니다**.
좋은 사람 있으면 소개해 주세요.

> 반 나쁘다
> • N이/가 좋다

12 좋아하다 동

[조아하다]

좋아하고, 좋아해서,
좋아하면, 좋아합니다

like / 喜欢 / thích

저는 한국 음식을 **좋아합니다**.
좋아하는 과일은 뭐예요?

> 반 싫어하다
> • N을/를 좋아하다

13 죄송하다 혱

죄송하고, 죄송해서,
죄송하면, 죄송합니다

be sorry, apologize / 抱歉 / xin lỗi

늦어서 **죄송합니다**.

죄송하지만, 이 펜 좀 쓸 수 있을까요?

😊 미안하다

14 주 의, 명

week(s) / 周(时间单位)，每周 / tuần, một tuần

의 회사에 들어간 후 삼 **주** 동안 교육을 받았습니다.

명 저는 **주** 3회 수영을 배우고 있어요.

15 주다 동

주고, 줘서,
주면, 줍니다

give / 给 / cho

나는 친구에게 선물을 **줬습니다**.

선물은 받는 기쁨도 있지만 **주는** 기쁨도 있어요.

반 받다

16 주로 부

usually / 一般，主要 / chủ yếu, thông thường

저는 **주로** 학생 식당에서 밥을 먹습니다.

저는 시간이 있으면 **주로** 영화를 봐요.

17 주말 명

weekend / 周末 / cuối tuần

주말에 주로 무엇을 합니까?

주말 즐겁게 보내세요.

18 주무시다 동

주무시고, 주무셔서,
주무시면, 주무십니다

(honorific) sleep / 就寝（"자다"的敬称）/ (kính ngữ) ngủ

할아버지는 지금 방에서 **주무십니다**.

할머니, 안녕히 **주무세요**.

• '자다'의 높임말

19 주부 명

homemaker / 主妇 / nội trợ

저는 이제 십 년차 **주부**입니다.
주부를 위한 노래 교실에서 노래를 배우고 있어요.

🔄 가정주부

20 주소 명

address / 地址 / địa chỉ

받으실 **주소**를 말씀해 주십시오.
이사한 후에 **주소**가 바뀌었어요.

21 주인 명

owner, master / 主人 / chủ nhân, người chủ

이 식당 **주인**은 정말 친절합니다.
주인과 종업원의 사이가 좋아요.

22 주일 의, 명

weeks / 星期（量词） / tuần

의 이번 학기도 몇 **주일** 안 남았습니다.
명 이달 마지막 **주일**에 여행을 갈 거예요.

23 준비 명

preparation / 准备 / sự chuẩn bị, việc chuẩn bị

요즘 동생은 결혼 **준비**로 바쁩니다.
발표 **준비**는 잘했어요?

• 준비(를) 하다, 준비가 되다

24 중 의

① among ② during / 中(依存名词) / ① trong số ② đang(= trong khi)

① 과일 **중**에서 무슨 과일을 좋아합니까?
② 지금은 수업 **중**입니다.

25 지갑 명

wallet / 钱包 / cái ví
가방 안에 **지갑**이 있습니다.
친구 생일선물로 **지갑**을 줬어요.

26 지금 부, 명

now / 现在 / bây giờ
부 저는 **지금** 회의 중입니다.
명 **지금**부터 시작이에요.

27 지나다 동

지나고, 지나서,
지나면, 지납니다

pass / ① 过去 ② 过去的 / ① trôi qua ② qua
① 한국에 온 지 벌써 1년이 **지났습니다.** 유 넘다
② 이미 **지난** 일이니까 잊어버리세요.

28 지난달 명

last month / 上个月 / tháng trước
지난달부터 한국어를 공부하고 있습니다.
전기 요금이 **지난달**보다 많이 나왔어요.

> 유 전달
> • 지난달-이번 달-다음 달

29 지난주 명

last week / 上周 / tuần trước
저는 **지난주**에 친구를 만났습니다.
지난주부터 지금까지 계속 비가 오고 있어요.

> 유 전주
> • 지난주-이번 주-다음 주

30 지난해 명

last year / 去年 / năm ngoái
지난해 결혼을 했습니다.
저는 **지난해** 대학교를 졸업했어요.

> 유 작년
> • 지난해-이번 해-다음 해

오늘 공부할 어휘입니다. 알고 있는 단어에 ☑ 해 보세요.

☐ 지내다 동   ☐ 지우개 명   ☐ 지하철 명

☐ 지하철역 명   ☐ 직업 명   ☐ 직원 명

☐ 질문 명   ☐ 집 명   ☐ 짜다 형

☐ 찍다 동   ☐ 참 부   ☐ 창문 명

☐ 찾다 동   ☐ 책 명   ☐ 책상 명

☐ 처음 명   ☐ 천 관, 수   ☐ 천천히 부

☐ 청소 명   ☐ 초대 명   ☐ 추다 동

☐ 축구 명   ☐ 축하 명   ☐ 출발 명

☐ 춤 명   ☐ 춥다 형   ☐ 취미 명

☐ 층 명   ☐ 치다 동   ☐ 치마 명

✎ 다음 페이지에서 자세히 공부해 볼까요?

01 지내다 ^동

지내고, 지내서,
지내면, 지냅니다

be on certain terms, live / 相处，过日子 / trải qua, sống

반 친구들과 사이좋게 **지내고** 싶습니다.
그동안 어떻게 **지냈어요?**

02 지우개 ^명

eraser / 橡皮擦 / cục tẩy

책상 위에 연필과 **지우개**가 있습니다.
글자를 잘못 써서 **지우개**로 지웠어요.

03 지하철 ^명

subway / 地铁 / tàu điện ngầm

출퇴근 시간에는 버스보다 **지하철**을 타는 것이 좋습니다.
한국은 **지하철**을 타기가 편해요.

• 지하철을 타다, 지하철에서 내리다

04 지하철역 ^명
[지하철력]

subway station / 地铁站 / ga tàu điện ngầm

여기에서 제일 가까운 **지하철역**은 어디입니까?
친구와 **지하철역** 앞에서 만나기로 했어요.

05 직업 ^명

job / 职业 / nghề nghiệp

직업이 무엇입니까?
세상에는 다양한 **직업**이 있어요.

06 직원 ^명

employee / 职员 / nhân viên

회사에 새로운 **직원**이 들어왔습니다.
이 회사는 **직원**이 아주 많아요.

07 질문 명

question / 提问 / câu hỏi

궁금한 것이 있으신 분은 **질문**을 해 주시기 바랍니다.
강의가 끝난 후 **질문**과 답변을 듣는 시간이 준비되어 있어요.

> 반 답변
> • 질문(을) 하다. 질문에 대답하다

08 집 명

house / 家 / nhà

저는 밖에 나가는 것보다 **집**에 있는 것을 좋아합니다.
집에서 지하철역이 가까워서 편해요.

09 짜다 형

짜고, 짜서,
짜면, 짭니다

salty / 咸 / mặn

짠 음식은 건강에 좋지 않습니다.
국에 소금을 많이 넣어서 **짜요**.

> 반 싱겁다
> • 달다, 시다, 쓰다, 짜다, 싱겁다

10 찍다 동

[찍따]

찍고, 찍어서,
찍으면, 찍습니다

① take (a picture) ② stamp / ① 照 ② 盖章 / ① chụp ② đóng
(dấu)

① 저는 사진 **찍는** 것을 좋아합니다.
② 서류에 도장을 **찍었어요**.

11 참 부

truly, really / 实在是 / quả là, quả thật, đúng là, thật là

산에서 보니 **참** 경치가 좋습니다.
이번 여름은 **참** 덥네요.

> 유 참으로, 정말

12 창문 명

window / 窗户 / cửa sổ

너무 더운데 **창문**을 좀 열어도 됩니까?
창문 밖 경치가 예쁘네요.

> • 창문을 열다, 창문을 닫다

13 찾다 [동]

[찯따]

찾고, 찾아서,
찾으면, 찾습니다

find, look for, look up / 寻找，查找 / tìm

잃어버린 지갑을 **찾았습니다.**

모르는 단어가 있으면 이 책에서 **찾으세요.**

---

14 책 [명]

book / 书 / sách

책을 사러 서점에 갔습니다.

저는 **책** 읽는 것을 좋아해요.

---

15 책상 [명]

[책쌍]

desk / 书桌 / bàn

교실에 **책상**과 의자가 있습니다.

책상 위에 책과 지우개가 있어요.

---

16 처음 [명]

first, beginning / 初次，开始 / lần đầu, lúc đầu

처음 뵙겠습니다. 만나서 반갑습니다.

나는 그를 **처음** 봤을 때부터 좋아했어요.

⟨반⟩ 마지막

---

17 천 [관], [수]

thousand / 一千 / một ngàn, nghìn

[관] 사과 한 개에 **천** 원입니다.

[수] 9999에서 1을 더하면 **천**이에요.

• 일-십-백-**천**-만-십만-백만-천만

---

18 천천히 [부]

slowly / 慢慢地 / từ từ

빨리 하면 실수할 수 있으니까 **천천히** 하십시오.

박물관에서 **천천히** 걸으면서 구경했어요.

⟨반⟩ 빨리

---

19 청소 명

cleaning / 打扫 / việc dọn dẹp

청소를 끝내고 나니까 기분이 좋았습니다.
화장실 **청소**가 제일 힘들어요.

- 청소(를) 하다

20 초대 명

invitation / 邀请 / sự mời, lời mời

오늘 강연해 주실 **초대** 손님을 모시겠습니다.
결혼식에 **초대**를 받아서 다녀왔어요.

- 초대(를) 하다, 초대를 받다

21 추다 동

추고, 춰서,
추면, 춥니다

dance / 跳 / nhảy

그는 음악을 들으면서 춤을 **춥니다**.
춤을 **추면** 기분이 좋아져요.

🅤 춤추다

22 축구 명
[축꾸]

soccer / 足球 / bóng đá

이번 주말에 **축구** 시합이 있습니다.
아버지는 **축구** 선수예요.

- 축구(를) 하다, 축구 구경을 하다

23 축하 명
[추카]

celebration / 祝贺 / sự chúc mừng

결혼 **축하** 파티를 하려고 합니다.
생일 **축하** 케이크를 준비했어요.

- 축하(를) 하다, 축하를 받다

24 출발 명

departure / 出发 / sự xuất phát

기차 **출발** 시각이 언제입니까?
버스가 곧 **출발**을 할 거니까 자리에 앉아 주세요.

🅐 도착
- 출발(을) 하다

25 춤 명

dance / 舞 / điệu nhảy

저는 일주일에 한 번 **춤**을 배우고 있습니다.
춤이 다이어트에도 도움이 돼요.

🌐 댄스
· 춤(을) 추다

26 춥다 형
[춥따]
춥고, 추워서,
추우면, 춥습니다

cold / 冷 / lạnh

여름은 덥고 겨울은 **춥습니다**.
너무 **추워서** 따뜻한 옷을 입었어요.

🔄 덥다
· 덥다–따뜻하다–시원하다–쌀쌀하다–춥다

27 취미 명

hobby / 兴趣 / sở thích

취미가 무엇입니까?
제 **취미**는 독서예요.

28 층 명

floor, story / 层（量词）/ tầng

사무실은 7**층**에 있습니다.
그 사람은 나와 같은 **층**에 살고 있어요.

29 치다 동
치고, 쳐서,
치면, 칩니다

① play ② clap / ① 打 ② 拍 / ① đánh ② vỗ

① 저는 탁구 **치는** 것을 좋아합니다.
② 공연이 끝난 후에 관객들은 모두 일어서서 박수를 **쳤어요**.

· 테니스를 치다, 기타를 치다, 피아노를 치다

30 치마 명

skirt / 裙子 / váy

더워서 짧은 **치마**를 입었습니다.
결혼식 초대를 받아서 예쁜 **치마**를 입고 다녀왔어요.

· 치마를 입다, 치마를 벗다

오늘 공부할 어휘입니다. 알고 있는 단어에 ☑ 해 보세요.

- ☐ 친구 명
- ☐ 친절하다 형
- ☐ 친하다 형

- ☐ 칠판 명
- ☐ 침대 명
- ☐ 카드 명

- ☐ 카메라 명
- ☐ 커피 명
- ☐ 컴퓨터 명

- ☐ 켜다¹ 동
- ☐ 코 명
- ☐ 콘서트 명

- ☐ 크다 형
- ☐ 키 명
- ☐ 타다 동

- ☐ 탁구 명
- ☐ 태권도 명
- ☐ 택시 명

- ☐ 터미널 명
- ☐ 테니스 명
- ☐ 텔레비전 명

- ☐ 퇴근 명
- ☐ 특별하다¹ 형
- ☐ 특히 부

- ☐ 티셔츠 명
- ☐ 파티 명
- ☐ 팔 명

- ☐ 팔다 동
- ☐ 편의점 명
- ☐ 편지 명

✑ 다음 페이지에서 자세히 공부해 볼까요?

01 친구 명

friend / 朋友 / bạn (bè)

저는 반 **친구**들과 사이좋게 지내고 있습니다.
주말에 **친구**와 춤을 추러 클럽에 갈 거예요.

- 친구를 만나다, 친구를 사귀다

02 친절하다 형

kind / 亲切 / thân thiện

친절하고, 친절해서
친절하면, 친절합니다

제 친구는 정말 **친절한** 사람입니다.
그는 동료들에게 **친절해서** 인기가 많아요.

반 불친절하다

03 친하다 형

close (to) / 要好 / thân thiết, thân (nhau)

친하고, 친해서,
친하면, 친합니다

민수는 저와 가장 **친한** 친구입니다.
영희와 민수는 어렸을 때부터 **친하게** 지냈어요.

04 칠판 명

blackboard, whiteboard / 黑板 / cái bảng, bảng đen

선생님은 **칠판**에 글씨를 썼습니다.
교실에 큰 **칠판**이 하나 있어요.

05 침대 명

bed / 床 / giường

너무 피곤해서 일찍 **침대**에 누웠습니다.
아이는 **침대**에서 책을 읽고 있어요.

06 카드 명

card / 卡片 / thẻ, thiệp

연말에 친구에게 보낼 **카드**를 썼습니다.
어머니가 생신이라서 축하 **카드**를 썼어요.

- 카드를 쓰다, 카드를 보내다, 카드를 주다, 카드를 받다

07 카메라 명

camera / 相机 / camera

저는 사진 찍는 것을 좋아해서 **카메라**에 관심이 많습니다.
주로 휴대폰 **카메라**로 사진을 찍어요.

🔁 사진기

08 커피 명

coffee / 咖啡 / cà phê

한국 사람들은 **커피**를 많이 마십니다.
커피를 마시러 커피숍에 갔어요.

09 컴퓨터 명

computer / 计算机 / máy vi tính

컴퓨터로 할 수 있는 일이 아주 많습니다.
컴퓨터 게임을 하느라고 잠을 잘 못 잤어요.

• 컴퓨터(를) 하다

10 켜다¹ 동

켜고, 켜서,
켜면, 켭니다

turn on, switch on / 开 / bật, vặn đèn

컴퓨터를 **켜**고 일을 시작했습니다.
방이 어두우니까 불 좀 **켜** 주세요.

🔁 끄다

11 코 명

nose, snout, muzzle, trunk / 鼻子 / mũi, vòi

코끼리 **코**는 아주 깁니다.
축구를 하다가 넘어져서 **코**를 다쳤어요.

12 콘서트 명

concert / 音乐会 / buổi hòa nhạc

친한 친구와 **콘서트**에 가기로 했습니다.
콘서트 티켓을 컴퓨터로 예약했어요.

13 크다 형

크고, 커서
크면, 큽니다

tall, big / 高，大 / lớn, to

형은 저보다 키가 **큽니다**.
저는 **큰** 집에서 살고 싶어요.

> 반 작다

14 키 명

height / 个子 / chiều cao

보통 농구 선수들은 **키**가 큽니다.
병원에서 아이의 **키**와 몸무게를 쟀어요.

> • 키가 크다, 키가 작다, 키를 재다

15 타다 동

타고, 타서,
타면, 탑니다

ride / 乘（车），骑（自行车）/ cưỡi

늦어서 회사에 택시를 **타고** 왔습니다.
친구와 공원에서 자전거를 **탔어요**.

> • 버스를 타다, 지하철을 타다

16 탁구 명

[탁꾸]

table tennis / 乒乓球 / bóng bàn

저는 어렸을 때 **탁구**를 배웠습니다.
이번 주말에 **탁구** 시합이 있어서 연습하고 있어요.

> • 탁구를 치다

17 태권도 명

[태꿘도]

[Taekwondo] a traditional Korean martial arts / 跆拳道 / võ taekwondo

학교 축제 때 **태권도** 공연을 봤는데 너무 멋있었습니다.
한국에서는 **태권도**를 배우는 아이들이 많아요.

> • 태권도를 하다

18 택시 명

taxi / 出租车 / tắc xi

택시 정류장에 **택시**를 기다리는 사람이 많이 있습니다.
요즘은 앱으로 **택시**를 부를 수 있어서 편해요.

> • 택시를 타다, 택시를 잡다, 택시를 부르다

19 **터미널** 명

terminal / 终点站 / bến xe

터미널 앞에는 택시가 많습니다.
휴가철이라서 고속버스 **터미널**이 복잡해요.

- 고속버스 터미널, 시외버스 터미널

20 **테니스** 명

(lawn) tennis / 网球 / quần vợt

테니스는 인기가 많은 운동입니다.
저는 주말마다 **테니스**를 배우고 있어요.

- 테니스를 치다

21 **텔레비전** 명

television / 电视 / ti vi

집에 있으면 종일 **텔레비전**을 켜 놓습니다.
저는 **텔레비전**을 잘 보지 않아요.

22 **퇴근** 명

leaving work, getting off work / 下班 / tan làm, tan ca, tan sở

저는 9시에 출근을 해서 5시에 **퇴근**을 합니다.
퇴근 후에 집에서 텔레비전을 보면서 쉬어요.

- 반 출근
- 퇴근(을) 하다

23 **특별하다**¹ 형
[특뼐하다]
특별하고, 특별해서,
특별하면, 특별합니다

special / 特别 / đặc biệt

그 사람은 나에게 **특별한** 사람입니다.
나는 그에게 **특별한** 관심을 갖고 있어요.

24 **특히** 부
[트키]

particularly, especially / 尤其 / đặc biệt là

이 도로는 항상 복잡한데 **특히** 출퇴근 시간이면 더 막힙니다.
나는 과일을 좋아하는데 **특히** 딸기를 좋아해요.

25 티셔츠 명

T-shirt / T恤 / áo thun

저는 주로 편한 바지에 편한 **티셔츠**를 입습니다.
생일 선물로 **티셔츠**를 받았어요.

> 유 티
> • 티셔츠를 입다, 티셔츠를 벗다

26 파티 명

party / 派对 / tiệc

친한 친구의 결혼 **파티**가 있습니다.
파티에 갈 때 옷을 예쁘게 입고 갔어요.

> 유 잔치
> • 파티(를) 하다

27 팔 명

arm / 胳膊 / cánh tay

짐이 무거워서 **팔**이 아픕니다.
그 농구선수는 키도 크지만 **팔**이 아주 기네요.

> • 머리-목-어깨-가슴-팔-손-허리-배-다리-무릎-발

28 팔다 동

팔고, 팔아서,
팔면, 팝니다

sell / 卖 / bán

프리마켓에 가면 물건을 **파는** 사람이 많습니다.
집에 있는 헌책을 중고 서점에 **팔았어요.**

> 반 사다

29 편의점 명
[펴늬점/펴니점]

convenience store / 便利店 / cửa hàng tiện ích

편의점은 24시간 이용할 수 있어서 편합니다.
물은 집 근처 **편의점**에서 사요.

30 편지 명

letter / 书信 / lá thư

여행을 가서 친한 친구에게 **편지**를 보냈습니다.
요즘은 SNS 때문에 **편지**를 쓰는 사람이 많지 않은 것 같아요.

> • 편지를 쓰다, 편지를 받다, 편지를 보내다, 편지를 부치다

오늘 공부할 어휘입니다. 알고 있는 단어에 ☑ 해 보세요.

☐ 표 명   ☐ 프로그램 명   ☐ 피곤하다 형

☐ 피아노 명   ☐ 피우다 동   ☐ 필요하다 형

☐ 필통 명   ☐ 하다 동   ☐ 하루 명

☐ 하숙집 명   ☐ 하지만 부   ☐ 학교 명

☐ 학생 명   ☐ 학생증 명   ☐ 한가하다 형

☐ 한복 명   ☐ 할머니 명   ☐ 할아버지 명

☐ 함께 부   ☐ 형 명   ☐ 호텔 명

☐ 혼자 명, 부   ☐ 화장실 명   ☐ 회사 명

☐ 회사원 명   ☐ 회의 명   ☐ 후 명

☐ 휴가 명   ☐ 흐리다 형   ☐ 힘들다 형

✎ 다음 페이지에서 자세히 공부해 볼까요?

01 표 명

ticket / 票 / vé

영화를 보기 위해서 **표**를 예매했습니다.
표가 없어서 콘서트를 못 봤어요.

윤 티켓

02 프로그램 명

program, (TV) show / 节目 / chương trình

재미있는 **프로그램**을 소개하겠습니다.
제가 좋아하는 **프로그램**은 '런닝맨'이에요.

03 피곤하다 형

피곤하고, 피곤해서,
피곤하면, 피곤합니다

tired / 疲惫 / mệt (mỏi)

어제 잠을 잘 못 자서 **피곤합니다**.
요즘 너무 바빠서 **피곤해요**.

04 피아노 명

piano / 钢琴 / đàn piano

저는 어렸을 때 **피아노**를 배웠습니다.
아이는 **피아노**를 치면서 노래를 부르고 있어요.

• 피아노를 연주하다, 피아노를 치다

05 피우다 동

피우고, 피워서,
피우면, 피웁니다

smoke / 吸烟 / hút (thuốc lá)

학교 안에서 담배를 **피우면** 안 됩니다.
여기에서 담배를 좀 **피워도** 될까요?

06 필요하다 형
[피료하다]

필요하고, 필요해서
필요하면, 필요합니다

necessary / 必要 / cần

일을 할 때 노트북이 **필요합니다**.
해외여행을 가려면 여권이 **필요해요**

반 필요없다

07 필통 명

pencil case / 笔筒，文具盒 / hộp bút

필통 안에 연필과 지우개가 있습니다.

가방에서 **필통**을 꺼냈어요.

08 하다 동

하고, 해서,
하면, 합니다

do / 做 / làm

주말에 보통 무엇을 **합니까**?

지금 **하는** 일은 재미있어요?

- 공부(를) 하다, 운동(을) 하다, 청소(를) 하다, 산책(을) 하다

09 하루 명

(one) day / 一天 / một ngày

하루 24시간이 너무 짧습니다.

어제는 **하루** 종일 비가 왔어요.

- 🌐 일일
- 하루-이틀-사흘-나흘-닷새

10 하숙집 명
[하숙찝]

boarding house / 寄宿家 / nhà trọ

싸고 편한 **하숙집**을 찾고 있습니다.

하숙집 주인아주머니는 정말 친절해요.

11 하지만 부

but, however / 但是 / nhưng mà

여행을 가고 싶습니다. **하지만** 코로나 때문에 갈 수 없습니다.

저는 청소하는 것을 좋아해요. **하지만** 설거지하는 것은 좋아하지 않아요.

- 🌐 그러나, 그렇지만

12 학교 명
[학꾜]

school / 学校 / trường học

오늘은 수업이 있어서 **학교**에 갈 겁니다.

학생들이 **학교** 운동장에서 축구를 하고 있어요.

- 초등학교-중학교-고등학교-대학교
- 학교에 다니다, 학교에 입학하다, 학교를 졸업하다

119

13 학생 명
[학쌩]

student / 学生 / học sinh
방학이라서 학교에 **학생**이 없습니다.
제 친구는 공부를 잘 하는 **학생**이에요.

14 학생증 명
[학쌩쯩]

student ID / 学生证 / thẻ học sinh
학생증이 있으면 학생 할인을 받을 수 있습니다.
학교 도서관에 가려면 **학생증**이 필요해요.

15 한가하다 형
한가하고, 한가해서,
한가하면, 한가합니다

free / 空，闲 / rảnh (rỗi)
오전에는 영화관에 사람이 많이 없어서 **한가합니다**.
요즘은 일이 많지 않아서 **한가한** 편이에요.

반 바쁘다

16 한복 명

[Hanbok] Traditional Korean clothes / 韩国传统服装 / Quần áo
truyền thống của Hàn Quốc
요즘은 명절에 **한복**을 입는 사람들이 많지 않습니다.
궁에서 **한복**을 입고 구경하는 관광객이 많아요.

17 할머니 명

grandmother, old woman / 奶奶 / bà
저는 어렸을 때 **할머니**, 할아버지와 살았습니다.
할머니께서는 고향에서 한가하게 지내세요.

반 할아버지

18 할아버지 명

grandfather, old man / 爷爷 / ông
할아버지께서는 담배를 많이 피우십니다.
할아버지는 눈이 나쁘셔서 안경이 필요해요.

반 할머니

19 함께 부

together / 一起，同时 / cùng nhau, cùng lúc

저는 할아버지와 **함께** 매일 산책을 합니다.

저는 혼자 있는 것보다 친구들과 **함께** 지내는 것을 더 좋아해요.

> 유 같이

20 형 명

elder brother / 哥哥 / anh trai, người anh

형은 학생입니다.

저는 **형**과 함께 게임을 자주 해요.

> 반 동생

21 호텔 명

hotel / 宾馆 / khách sạn

여행을 가려고 **호텔**을 예약했습니다.

저는 편안한 **호텔**에서 쉬는 것이 좋아요.

22 혼자 명, 부

alone / 自己 / một mình

명 환경 문제는 나 **혼자**만의 문제가 아닙니다.

부 요즘은 **혼자** 밥을 먹거나 **혼자** 여행을 하는 사람이 많아요. 유 홀로

23 화장실 명

restroom, bathroom / 卫生间 / nhà vệ sinh

실례지만 **화장실**이 어디에 있습니까?

지하철역 **화장실**이 깨끗해서 이용하기 편리해요.

24 회사 명

company / 公司 / công ty

대학교를 졸업한 후에 **회사**에 취직할 겁니다.

요즘은 출퇴근 시간이 자유로운 **회사**가 많아요.

> • 회사에 다니다, 회사에 출근하다, 회사에서 퇴근하다

25 회사원 명

company worker / 公司职员 / nhân viên công ty

저는 대학교를 졸업한 후에 회사에 취직해서 **회사원**이 되었습니다.
아침에 버스 정류장에는 출근하는 **회사원**이 많아요.

---

26 회의 명

meeting, conference / 会议 / cuộc họp

지금 **회의** 중이라서 전화를 받을 수 없습니다.
아침에 **회의**가 있어서 회사에 일찍 왔어요.

- 회의(를) 하다

---

27 후 명

after / 之后 / sau khi

회의 **후**에 점심을 먹을 겁니다.
식사 **후**에 약을 드세요.

반 전

---

28 휴가 명

holiday, vacation / 休假 / kì nghỉ, ngày nghỉ

여름에 **휴가**를 가는 사람이 많습니다.
회사원들은 **휴가**가 며칠이에요?

- 휴가를 가다, 휴가를 떠나다, 휴가를 보내다, 휴가를 신청하다

---

29 흐리다 형

흐리고, 흐려서,
흐리면, 흐립니다

cloudy, muddy / 阴沉，浑浊 / âm u, vẩn đục

날씨가 **흐립니다**. 하지만 비는 오지 않습니다.
비가 와서 강물이 **흐려요**.

반 맑다

---

30 힘들다 형

힘들고, 힘들어서,
힘들면, 힘듭니다

tired(= exhausted), tiring(= difficult) / 累 / mệt mỏi, vất vả

한국 생활이 처음에는 **힘들었지만**, 지금은 익숙해졌습니다.
회사 생활이 너무 바빠서 요즘 **힘들어요**.

반 편하다

오늘 공부할 어휘입니다. 알고 있는 단어에 ☑ 해 보세요.

□ 가끔 [부]　　　　□ 가늘다 [형]　　　　□ 가득 [부]

□ 가리키다 [동]　　□ 가슴 [명]　　　　□ 가위 [명]

□ 가져가다 [동]　　□ 각각 [부], [명]　　□ 간단하다 [형]

□ 간식 [명]　　　　□ 간호사 [명]　　　□ 갈아입다 [동]

□ 감기약 [명]　　　□ 감다¹ [동]　　　　□ 감다² [동]

□ 감자 [명]　　　　□ 갑자기 [부]　　　□ 강 [명]

□ 강하다 [형]　　　□ 갖다 [동]　　　　□ 갚다 [동]

□ 개월 [의]　　　　□ 거리¹ [명]　　　　□ 거리² [명]

□ 거울 [명]　　　　□ 거의 [부]　　　　□ 거절 [명]

□ 거짓말 [명]　　　□ 걱정 [명]　　　　□ 건너가다 [동]

✎ 다음 페이지에서 자세히 공부해 볼까요?

01 가끔 [부]

sometimes / 偶尔 / thỉnh thoảng

저는 부모님께 **가끔** 전화를 드립니다.
시간이 날 때 **가끔** 바다에 가서 기분전환을 해요.

- 전혀-가끔-때때로-자주-늘-언제나-항상

02 가늘다 [형]

가늘고, 가늘어서,
가늘면, 가늡니다

thin, weak / （腰）纤细，（声音）细 / thon, nhẹ nhàng(= mỏng manh)

허리가 개미처럼 **가늘면** 개미허리라고 부릅니다.
그 사람은 외모와 어울리지 않게 목소리가 **가늘어요**.

(반) 굵다

03 가득 [부]

full / 满 / đầy

아버지는 술잔에 술을 **가득** 따라 주셨습니다.
축제 기간에 학교는 구경하는 사람들로 **가득** 차 있어요.

- 가득 차다, 가득 담다, 가득 넣다

04 가리키다 [동]

가리키고, 가리켜서
가리키면, 가리킵니다

point, indicate / 指 / chỉ lên, chỉ(= điểm)

아이가 손가락으로 하늘을 **가리켰습니다**.
시계가 이미 오후 세 시를 **가리키고** 있어요.

05 가슴 [명]

chest, heart / 胸怀，内心 / lồng ngực, tấm lòng

아이는 아빠의 넓은 **가슴**에 안겼습니다.
저는 **가슴**이 따뜻한 사람을 만나고 싶어요.

- 가슴이 뛰다, 가슴이 떨리다, 가슴이 두근거리다
- 머리-목-어깨-가슴-팔-손-허리-배-다리-무릎-발

06 가위 [명]

scissors / 剪子 / cái kéo

미용사는 **가위**로 머리를 잘랐습니다.
가위로 종이를 오려서 별을 만들었어요.

07 가져가다 동

가져가고, 가져가서,
가져가면, 가져갑니다

take, bring / 拿走 / đem đi

사용하신 쓰레기는 집으로 **가져가야** 합니다.
한국에서 공부한 책들을 고향으로 **가져가려고** 해요.

> 반 **가져오다**
> • N1을/를 N2에(게) 가져가다, N1을/를 N2(으)로 가져가다
> • 책을 친구에게 가져가다, 책을 집에 가져가다, 책을 집으로 가져가다

08 각각 부, 명

[각깍]

each / 分別，各自 / mỗi cái, mỗi

부 사람들은 **각각** 다른 생각을 가지고 있습니다.
명 단어 **각각**의 의미를 잘 알고 외워야 돼요.

09 간단하다 형

간단하고, 간단해서,
간단하면, 간단합니다

simple / 简单 / đơn giản

이 물건의 사용 방법은 **간단합니다**.
문제가 **간단하지** 않아서 선생님께 도움을 요청했어요.

> 반 **복잡하다**

10 간식 명

snack / 零食 / đồ ăn vặt

어렸을 때는 **간식**으로 과자나 빵을 많이 먹었습니다.
유치원에서는 점심을 먹기 전에 과일과 같은 **간식**을 먹어요.

> • 간식을 먹다, 간식을 준비하다

11 간호사 명

nurse / 护士 / y tá

간호사는 친절하게 환자를 돌봐 주었습니다.
의사에게 진료를 받은 후에 **간호사**에게 주사를 맞았어요.

12 갈아입다 동

[가라입따]

갈아입고, 갈아입어서,
갈아입으면, 갈아입습니다

change (one's clothes) / 换 / thay đồ

등산복으로 **갈아입고** 등산을 하러 갔습니다.
저는 보통 집에 돌아오면 편한 옷으로 **갈아입어요**.

> • N1을/를 N2(으)로 갈아입다
> • 치마를 바지로 갈아입다

13 감기약 명

cold medicine / 感冒药 / thuốc cảm

감기에 걸려서 **감기약**을 먹었습니다.
감기약을 먹으면 졸려서 자고 싶어져요.

14 감다¹ 동

[감따]

감고, 감아서,
감으면, 감습니다

close (eyes) / 闭 / nhắm

잠이 안 왔지만 자려고 눈을 **감았습니다**.
눈을 **감고** 제 어렸을 때 모습을 생각해 봤어요.

반 뜨다
• 눈을 감다

15 감다² 동

[감따]

감고, 감아서,
감으면, 감습니다

wash, bathe / 洗（澡或头）/ gội

샤워를 하고 머리를 **감았습니다**.
아침에 머리를 **감고** 말리지 못하고 나왔어요.

• 머리를 감다

16 감자 명

potato / 土豆 / khoai tây

저는 고구마보다 **감자**를 더 좋아합니다.
간식으로 **감자**를 삶아서 아이들에게 주었어요.

17 갑자기 부

[갑짜기]

suddenly / 突然 / bỗng dưng

수업을 듣다가 **갑자기** 자리에서 일어났습니다.
아침에는 맑았는데 오후에 **갑자기** 비가 내렸어요.

18 강 명

river / 河，江 / sông

길을 걸어가 보니 작은 **강**이 보였습니다.
서울에는 **강**을 건너는 다리가 여러 개가 있어요.

• 강을 건너다, 강을 건너가다, 강을 건너오다

19 강하다 형

강하고, 강해서,
강하면, 강합니다

strong / 有力，强 / mạnh mẽ, mạnh

남자는 여자의 손을 **강하게** 잡았습니다.
강한 바람이 불어서 나무가 쓰러졌어요.

🔵 세다　　　　　　　🔴 약하다
• 자존심이 강하다, 책임감이 강하다

20 갖다 동

[갇따]

갖고, 갖습니다

have, own / 持有 / có, cầm, mang

요즘 아이들은 장난감보다 휴대폰을 **갖고** 놉니다.
불이 나서 **갖고** 있는 물건이 다 타 버렸어요.

🔵 가지다

21 갚다 동

[갑따]

갚고, 갚아서,
갚으면, 갚습니다

repay / 偿还 / trả

친구에게 빌린 돈을 모두 **갚았습니다**.
이번 달까지 은행에 돈을 **갚아야** 해요.

🔵 돌려주다
• 돈을 갚다, 은혜를 갚다

22 개월 의

month(s) / 个月（量词） / tháng

한국에 산 지 벌써 6**개월**이나 되었습니다.
몇 **개월** 동안 한국어를 공부했어요?

🔵 달

23 거리¹ 명

street / 街道 / đường

날씨가 더워지자 사람들이 **거리**로 나왔습니다.
평일이라서 **거리**에 사람이 별로 없어요.

🔵 길거리

24 거리² 명

distance / 距离 / khoảng cách

집에서 학교까지 **거리**는 약 5km입니다.
거리가 멀지 않아서 10분이면 도착할 것 같아요.

• 거리가 멀다, 거리가 가깝다

25 거울 명

mirror / 镜子 / cái gương

깨끗하게 세수를 하고 **거울**을 봤습니다.
아내는 **거울** 앞에서 예쁘게 화장을 했어요.

- 거울을 보다

26 거의 부

almost / 几乎 / hầu như

옆집이 너무 시끄러워서 밤에 잠을 **거의** 못 잤습니다.
저녁 준비가 **거의** 다 되었으니 조금만 기다려 주세요.

😀 대부분

27 거절 명

refusal / 拒绝 / sự từ chối

친한 친구가 부탁을 해서 **거절**을 하지 못했습니다.
좋아하는 여자에게 고백을 했는데 **거절**을 당했어요.

- 거절(을) 하다, 거절을 당하다

28 거짓말 명
[거진말]

a lie / 谎话 / lời nói dối

아이에게 **거짓말**은 나쁜 것이라고 말해 줬습니다.
그 사람은 습관처럼 **거짓말**을 해서 친구가 없어요.

- 거짓말(을) 하다

29 걱정 명
[걱쩡]

worry, care / 担心 / sự lo lắng

가게에 손님이 별로 없어서 **걱정**이 많습니다.
저는 잘 지내고 있으니까 **걱정** 안 하셔도 돼요.

- 걱정(을) 하다, 걱정(이) 되다

30 건너가다 동

건너가고, 건너가서,
건너가면, 건너갑니다

cross, go over / 渡过去，穿过去 / băng qua

배를 타면 강을 **건너갈** 수 있습니다.
횡단보도를 **건너가면** 지하철역이 나와요.

🔄 건너오다
- 길을 건너가다, 강을 건너가다, 다리를 건너가다

오늘 공부할 어휘입니다. 알고 있는 단어에 ☑ 해 보세요.

☐ 건너다 [동]	☐ 걸어가다 [동]	☐ 걸음 [명]
☐ 검사 [명]	☐ 겉 [명]	☐ 게으르다 [형]
☐ 결과 [명]	☐ 결석 [명]	☐ 결심 [명]
☐ 결정 [명]	☐ 결혼 [명]	☐ 결혼식 [명]
☐ 경기 [명]	☐ 경찰 [명]	☐ 경찰서 [명]
☐ 경치 [명]	☐ 경험 [명]	☐ 계단 [명]
☐ 계산 [명]	☐ 고개 [명]	☐ 고등학교 [명]
☐ 고등학생 [명]	☐ 고민 [명]	☐ 고속버스 [명]
☐ 고장 [명]	☐ 고치다 [동]	☐ 곧 [부]
☐ 공 [명]	☐ 공무원 [명]	☐ 공장 [명]

✎ 다음 페이지에서 자세히 공부해 볼까요?

---

01 건너다 동

건너고, 건너서,
건너면, 건넙니다

cross (over) / 穿过（马路） / băng qua

길을 **건널** 때에는 차가 오는지 잘 봐야 합니다.
어떤 여자가 횡단보도를 **건너다가** 사고가 났어요.

- 길을 건너다, 강을 건너다, 다리를 건너다

---

02 걸어가다 동

걸어가고, 걸어가서,
걸어가면, 걸어갑니다

walk / 走着去 / đi bộ

건강을 위해서 매일 학교에 **걸어갑니다**.
여기에서 회사까지 **걸어가면** 10분 정도 걸려요.

---

03 걸음 명

step, pace / 脚步 / bước

아빠는 아이의 **걸음** 속도에 맞게 천천히 걷습니다.
민수는 걸어가다가 갑자기 **걸음**을 멈췄어요.

🔄 발걸음
- 걸음이 빠르다, 걸음이 느리다, 걸음이 무겁다

---

04 검사 명

check / 检查 / kiểm tra

선생님께서는 매일 숙제 **검사**를 해 주십니다.
병원에서 **검사** 결과가 나왔는데 다행히 아무 이상이 없대요.

- 검사(를) 하다, 검사를 받다

---

05 겉 명

[걷]

outside, surface / 表面 / bên ngoài

사람은 **겉**만 보면 어떤 사람인지 알 수 없습니다.
속으로는 너무 무서웠지만 **겉**으로는 괜찮은 것처럼 행동했어요.

🔄 속

---

06 게으르다 형

게으르고, 게을러서,
게으르면, 게으릅니다

lazy / 懒惰 / lười biếng

성격이 **게으른** 사람들은 움직이는 걸 아주 싫어합니다.
그는 너무 **게을러서** 밥 먹는 것도 귀찮아해요.

🔄 부지런하다

---

07 결과 명

result / 結果 / kết quả

열심히 공부하니까 좋은 **결과**가 있을 겁니다.
병의 원인에 대해 조사해 봤지만 아무 **결과**도 얻지 못했어요.

> 반 원인
> • 결과가 좋다, 결과가 나쁘다, 결과가 나오다, 결과를 얻다

08 결석 명
[결썩]

absence / 缺席 / sự vắng mặt

결석을 너무 많이 하면 진급할 수 없습니다.
저는 학교에 다닐 때 **결석**을 한 번도 안 했어요.

> 반 출석
> • 결석(을) 하다

09 결심 명
[결씸]

determination / 決心 / sự quyết tâm

저는 회사를 옮기기로 **결심**을 했습니다.
그 사람과 결혼하기로 한 **결심**을 바꾸지 않았어요.

> • 결심(을) 하다
> • V-기로 결심하다, N을/를 결심하다

10 결정 명
[결쩡]

decision / 決定 / sự quyết định

그 문제에 대해서 아직 **결정**을 못 내렸습니다.
무슨 일이 있어도 오늘까지 **결정**을 해야 돼요.

> • 결정(을) 하다, 결정(이) 되다, 결정을 내리다, 결정이 나다

11 결혼 명

marriage / 結婚 / việc kết hôn

결혼을 한 지 벌써 10년이 다 되었습니다.
그는 **결혼** 후 행복한 시간을 보내고 있어요.

> 반 이혼
> • 결혼(을) 하다

12 결혼식 명

wedding / 婚礼 / đám cưới

신랑과 신부는 **결혼식**에 온 손님들에게 인사를 했습니다.
우리 부부는 작은 교회에서 **결혼식**을 올렸어요.

> • 결혼식을 하다, 결혼식을 올리다

13 경기 명

game, match / 比赛 / trận đấu

주말에 친구하고 같이 야구 **경기**를 구경했습니다.
저는 **경기** 규칙을 잘 몰라서 친구가 가르쳐 주었어요.

- 경기(를) 하다, 경기를 구경하다, 경기에 나가다, 경기에 참가하다

14 경찰 명

police officer / 警察 / cảnh sát

경찰이 도둑을 잡았습니다.
시민의 안전을 지키는 **경찰**이 되고 싶어요.

⊕ 경찰관

15 경찰서 명
[경찰써]

police station / 警察局 / đồn công an

길에서 주운 지갑을 **경찰서**에 갖다 주었습니다.
밖에서 이상한 소리가 나서 **경찰서**에 신고했어요.

16 경치 명

scenery, view / 景色 / cảnh trí

가을이 되면 산의 **경치**가 정말 아름답습니다.
바다는 **경치**가 좋아서 구경하러 오는 사람도 많아요.

⊕ 풍경
- 경치가 좋다, 경치가 아름답다, 경치를 구경하다

17 경험 명

experience / 体验 / kinh nghiệm

경험은 부족하지만 열심히 하겠습니다.
여행을 하다 보면 새로운 **경험**을 할 수 있어서 좋아요.

- 경험이 있다, 경험이 많다, 경험(을) 하다, 경험을 얻다

18 계단 명

stairs / 阶梯 / cầu thang

저는 건강을 위해서 매일 **계단**을 오르고 내립니다.
엘리베이터가 고장이 났으니까 **계단**으로 올라가세요.

- 계단을 오르다, 계단으로 올라가다, 계단으로 내려가다

19 계산 명

calculation / 计算 / việc tính toán

종업원이 계산을 잘못해서 거스름돈을 더 많이 줬습니다.
계산을 해 보니 고향에 갈 날이 얼마 남지 않았어요.

- 계산(을) 하다, 계산이 맞다, 계산이 틀리다

20 고개 명

head / 头，子 / đầu, cổ

한국에서는 고개를 숙여서 인사를 합니다.
휴대폰을 오랫동안 봐서 고개가 아파요.

- 고개를 숙이다, 고개를 돌리다, 고개를 젓다

21 고등학교 명
[고등학꾜]

high school / 高中 / trường trung học phổ thông

제 동생은 올해 고등학교를 졸업했습니다.
요즘 고등학교에 다니는 학생들은 대부분 교복을 입어요.

- 초등학교-중학교-고등학교-대학교

22 고등학생 명
[고등학쌩]

high school student / 高中生 / học sinh trung học phổ thông

요즘 고등학생들은 학교에서 동아리 활동을 많이 합니다.
저는 빨리 중학교를 졸업하고 고등학생이 되고 싶어요.

- 초등학생-중학생-고등학생-대학생

23 고민 명

worry / 苦恼 / phân vân, đắn đo

좋은 친구가 되려면 고민을 잘 들어주어야 합니다.
성적 때문에 고민이 많이 생겼어요.

- 고민이 있다, 고민이 없다, 고민(을) 하다, 고민을 듣다

24 고속버스 명

express bus / 高速大巴 / xe buýt tốc hành

서울에서 부산까지 고속버스로 5시간 정도 걸립니다.
고속버스를 타고 고향에 내려가는 길은 참 즐거워요.

- 고속버스 터미널

25 고장 명

trouble, defect / 故障 / việc hỏng hóc

스마트폰이 **고장**이 나서 수리센터에 맡겼습니다.
세탁기를 사용한 지 10년이 넘어서 **고장**이 자주 나요.

• 고장(이) 나다, 고장을 내다

26 고치다 동

고치고, 고쳐서,
고치면, 고칩니다

fix, repair / 修理 / sửa chữa

아버지께서 고장이 난 시계를 **고쳐** 놓으셨습니다.
새 휴대폰 대신 옛날 휴대폰을 **고쳐서** 쓰기로 했어요.

• 병을 고치다, 습관을 고치다

27 곧 부

right away / 立即，马上 / sắp, ngay

퇴근하고 **곧** 집으로 가겠습니다.
선생님이 **곧** 오실 테니까 조금만 기다려 보자.

🔁 바로

28 공 명

ball / 球 / trái bóng

아이들은 **공**을 가지고 노는 것을 좋아합니다.
운동 경기마다 **공**의 모양이나 색깔, 크기가 모두 달라요.

• 공을 던지다, 공을 받다, 공을 잡다, 공을 차다

29 공무원 명

civil servant / 公务员 / công viên chức

요즘 제일 인기 있는 직업은 **공무원**입니다.
공무원은 국가와 국민을 위해 일을 하는 직업이에요.

30 공장 명

factory / 工厂 / nhà máy

저는 자동차 **공장**에서 아르바이트를 합니다.
이곳에 **공장**이 많이 생겨서 공기가 안 좋아졌어요.

오늘 공부할 어휘입니다. 알고 있는 단어에 ☑ 해 보세요.

☐ 공짜 명	☐ 공휴일 명	☐ 과거 명
☐ 과자 명	☐ 관계 명	☐ 관광 명
☐ 관광객 명	☐ 관광지 명	☐ 관심 명
☐ 광고 명	☐ 교과서 명	☐ 교사 명
☐ 교육 명	☐ 교통비 명	☐ 교통사고 명
☐ 교환 명	☐ 구름 명	☐ 국 명
☐ 국내 명	☐ 국제 명	☐ 굵다 형
☐ 굽다 동	☐ 궁금하다 형	☐ 귀걸이 명
☐ 귀엽다 형	☐ 귀찮다 형	☐ 규칙 명
☐ 그거 대	☐ 그곳 대	☐ 그날 명

✑ 다음 페이지에서 자세히 공부해 볼까요?

01 공짜 ^명

free, no cost / 免费 / miễn phí

세상의 모든 일에 **공짜**는 없다고 생각합니다.

이 식당은 요리를 시키면 음료수를 **공짜**로 줘요.

유 무료　　　　　　　　반 유료

02 공휴일 ^명

public holiday / 法定休息日 / ngày nghỉ lễ

10월에는 다른 달보다 **공휴일**이 많은 편입니다.

오늘이 **공휴일**이라서 공원에 산책을 나온 사람들이 많아요.

유 휴일

03 과거 ^명

past / 过去 / quá khứ

힘든 **과거**는 모두 잊고 미래를 위해 노력합시다.

우리 할아버지는 **과거**에 군인이셨어요.

• 과거-현재-미래

04 과자 ^명

cracker, snack / 点心 / bánh ngọt

동생은 가방에 항상 **과자**를 가지고 다닙니다.

그 아이는 **과자**를 많이 먹어서 이가 썩었어요.

05 관계 ^명

relationship / 联系, 关系 / quan hệ

저는 사람들과 **관계**를 맺기가 어렵습니다.

친구가 돈을 갚지 않아서 **관계**를 끊었어요.

• 관계가 있다, 관계가 없다, 관계를 맺다, 관계를 끊다

06 관광 ^명

sightseeing / 旅游 / tham quan

해외로 **관광**을 하러 가고 싶습니다.

이번 여행은 일하고 상관없이 **관광**을 위해 떠나는 거예요.

• 관광(을) 하다, 관광을 떠나다, 관광을 다니다

07 관광객 명

tourist, traveler / 游客 / khách tham quan

이곳은 해외 **관광객**들이 많이 오는 곳입니다.
저는 **관광객**들에게 유적지를 안내하는 일을 해요.

- 관광객이 많다, 관광객이 오다

08 관광지 명

tourist attraction / 旅游胜地 / khu tham quan

외국 사람들에게 가장 인기 있는 **관광지**는 제주도입니다.
우리 고향에는 유명한 **관광지**가 많이 있어요.

- 관광지를 소개하다, 관광지를 개발하다

09 관심 명

interest / 关注 / mối quan tâm, sự quan tâm

저는 최근 경제 문제에 **관심**을 가지게 되었습니다.
요즘 사람들은 외모에 **관심**을 많이 가지고 있어요.

- 관심이 있다, 관심이 없다, 관심이 생기다, 관심을 가지다

10 광고 명

advertisement / 广告 / quảng cáo

요즘에는 **광고**도 드라마처럼 만들어서 재미있습니다.
중고 사이트에 물건을 파는 **광고**를 냈어요.

- 광고(를) 하다, 광고가 나다, 광고를 내다

11 교과서 명

textbook / 教科书 / sách giáo khoa

시험 문제는 보통 **교과서** 안에서 나옵니다.
가방 안에는 **교과서**와 공책이 가득 들어 있어요.

12 교사 명

teacher / 教师 / giáo viên

제 어렸을 때 꿈은 **교사**가 되는 것이었습니다.
교사 생활을 하면서 힘든 것보다는 보람을 느낄 때가 더 많아요.

- ⊕ 선생
- 교사를 하다, 교사가 되다

13 교육 명

education / 教育 / giáo dục

부모들은 자식들의 **교육**에 관심이 많습니다.

모든 아이들이 좋은 **교육**을 받았으면 좋겠어요.

- 교육(을) 하다, 교육을 받다

14 교통비 명

fare / 交通費 / lộ phí, phí đi lại

저는 집이 멀어서 **교통비**가 많이 듭니다.

한국은 다른 나라보다 **교통비**가 싼 편이에요.

- 교통비가 들다, 교통비를 내다

15 교통사고 명

accident / 交通事故 / tai nạn giao thông

횡단보도를 건너다가 **교통사고**가 났습니다.

친구는 **교통사고** 때문에 병원에 입원했어요.

- 교통사고가 나다, 교통사고를 내다, 교통사고를 당하다

16 교환 명

exchange / 換 / sự thay đổi

물건을 일주일 안에 가져오시면 **교환**이 가능합니다.

고장 난 물건은 새 물건으로 **교환**을 해 드려요.

- 교환(을) 하다, 교환(이) 되다

17 구름 명

cloud / 云彩 / mây

하늘에 **구름**이 많이 껴서 날씨가 흐립니다.

파란 하늘에 하얀 **구름**이 너무 예뻐요.

- 구름이 끼다, 구름이 많다

18 국 명

soup / 汤 / nước súp

한국의 밥상에는 밥과 **국**, 그리고 반찬이 있습니다.

국을 끓일 때 소금을 많이 넣어서 맛이 짜네요.

- 국을 끓이다, 국이 뜨겁다

19 국내 ^명
[궁내]

domestic, internal / 国内 / nội địa

요즘 해외여행보다 **국내** 여행이 인기가 많습니다.
저는 **국내** 소식을 대부분 인터넷에서 보고 있어요.

> ㉺ **국외, 해외**

20 국제 ^명
[국쩨]

international / 国际 / quốc tế

그 친구는 **국제** 대회에서 상을 받았습니다.
아들이 해외에 살고 있어서 **국제** 전화를 자주 해요.

21 굵다 ^형
[국따]
굵고, 굵어서,
굵으면, 굵습니다

thick, big / 粗 / to, dày

손가락이 **굵어서** 반지가 들어가지 않습니다.
목이 짧고 **굵어서** 넥타이가 잘 어울리지 않아요.

> ㉺ **가늘다**
> • 손가락이 굵다. 목소리가 굵다

22 굽다 ^동
[굽따]
굽고, 구워서,
구우면, 굽습니다

grill, roast, bake / 烤 / nướng

거리의 식당에서 고기를 **굽는** 냄새가 납니다.
저는 생선을 **구워서** 먹는 걸 좋아해요.

> • 고기를 굽다. 감자를 굽다. 빵을 굽다

23 궁금하다 ^형
궁금하고, 궁금해서,
궁금하면, 궁금합니다

curious / 想知道 / tò mò

고향이 얼마나 많이 변했는지 **궁금합니다.**
첫사랑 소식이 **궁금해서** 친구들에게 물어봤어요.

> • A-(으)ㄴ지/V-는지 궁금하다
> • 예쁜지 안 예쁜지 궁금하다. 가는지 안 가는지 궁금하다

24 귀걸이 ^명

earring / 耳环 / khuyên tai, bông tai

여자 친구에게 예쁜 **귀걸이**를 선물했습니다.
영희 씨, **귀걸이**를 하니까 더 예뻐 보여요.

> ㉻ **귀고리**
> • 귀걸이를 하다. 귀걸이를 빼다

25 **귀엽다** 형

[귀엽따]

귀엽고, 귀여워서,
귀여우면, 귀엽습니다

cute, lovely / 可爱 / dễ thương

운동장에서 놀고 있는 아이들이 너무 **귀엽습니다**.
사랑을 하면 화가 난 모습도 **귀엽고** 예뻐 보여요.

26 **귀찮다** 형

[귀찬타]

귀찮고, 귀찮아서,
귀찮으면, 귀찮습니다

be annoyed / 懒得 / phiền phức

피곤할 때는 밖에 나가기가 **귀찮습니다**.
비가 오니까 **귀찮아서** 아무것도 하기 싫어요.

- V-기(가) 귀찮다

27 **규칙** 명

rule / 规则 / quy tắc

기숙사에서는 **규칙**을 잘 지켜야 합니다.
운동 경기에서는 **규칙**이 아주 중요해요.

- 규칙을 지키다, 규칙을 어기다

28 **그거** 대

this, that, it / 那个 / cái đấy

가: 사장님, **그거** 직접 해 봐도 돼요?
나: 이거요? 네, 요즘 잘 팔리는 귀걸이예요.

- 이거-그거-저거

29 **그곳** 대

[그곧]

there, that place / 那个地方 / chỗ đấy, chỗ đó

지난주에 갔다 온 **그곳**의 경치는 정말 아름다웠습니다.
영희 씨, 제가 **그곳**으로 갈 테니까 조금만 기다리세요.

- ⑨ 거기
- 이곳(여기)-그곳(거기)-저곳(저기)

30 **그날** 명

that day / 那天 / ngày ấy

당신과 만난 **그날**은 영원히 잊을 수 없습니다.
벌써 일 년이 되었네요. **그날**도 오늘처럼 하얀 눈이 내렸어요.

- 이날-그날

오늘 공부할 어휘입니다. 알고 있는 단어에 ☑ 해 보세요.

☐ 그냥 [부] ☐ 그대로 [부] ☐ 그동안 [명]

☐ 그때 [명] ☐ 그러나 [부] ☐ 그러므로 [부]

☐ 그런 [관] ☐ 그립다 [형] ☐ 그만 [부]

☐ 그만두다 [동] ☐ 그치다 [동] ☐ 글씨 [명]

☐ 글자 [명] ☐ 금방 [부] ☐ 금지 [명]

☐ 급하다 [형] ☐ 기르다 [동] ☐ 기름 [명]

☐ 기뻐하다 [동] ☐ 기쁨 [명] ☐ 기억 [명]

☐ 기억나다 [동] ☐ 기온 [명] ☐ 기자 [명]

☐ 기차역 [명] ☐ 기차표 [명] ☐ 기침 [명]

☐ 기타 [명] ☐ 기회 [명] ☐ 긴장 [명]

✎ 다음 페이지에서 자세히 공부해 볼까요?

01 그냥 [부]

just / 就那么 / cứ thế

친구 집에 갔다가 친구가 없어서 **그냥** 왔습니다.

아무것도 사지 말고 **그냥** 오세요.

02 그대로 [부]

(just) as it is / 就那样 / cứ như thế, như thế

저는 계속 같은 자리에 **그대로** 서 있었습니다.

영희야, 길 건너지 말고 거기에 **그대로** 있어.

03 그동안 [명]

meanwhile / 这段时间 / trong thời gian qua

선생님, **그동안** 잘 지내셨는지 궁금합니다.

오래간만이에요. **그동안** 잘 지냈어요?

04 그때 [명]

then, at that time / 那个时候 / lúc ấy

저는 아직도 **그때** 일을 기억하고 있습니다.

문을 열었는데 **그때** 비가 내리기 시작했어요.

> • 이때-그때

05 그러나 [부]

but / 可是 / dù sao đi nữa, thế nhưng

봄이 되었습니다. **그러나** 날씨는 아직도 춥습니다.

열심히 공부했습니다. **그러나** 성적은 좋아지지 않았습니다.

> ⊕ 하지만, 그렇지만

06 그러므로 [부]

so, therefore / 因此 / do đó

사람은 혼자 살 수 없습니다. **그러므로** 서로 도우면서 살아야 합니다.

부모님은 자식 걱정을 많이 하십니다. **그러므로** 자주 연락을 드려야 합니다.

> ⊕ 그래서, 따라서

07 그런 관

such, like / 那样的 / như thế, như vậy

일어나자마자 휴대폰을 보는 **그런** 습관은 안 좋습니다.
청바지가 잘 어울리는 **그런** 남자가 좋아요.

> • 이런-그런-저런

---

08 그립다 형

[그립따]

그립고, 그리워서,
그리우면, 그립습니다

miss / 想念 / mong nhớ

고향에 계신 부모님이 너무 **그립습니다.**
저는 친구가 **그리우면** 바로 전화를 걸어요.

---

09 그만 부

no more / 不再 / không thêm nữa

건강을 위해서는 술을 **그만** 마셔야 합니다.
배가 부르면 **그만** 드세요.

> 반 **계속**
> • 그만하다

---

10 그만두다 동

그만두고, 그만둬서,
그만두면, 그만둡니다

give up, quit / 中途停止，辞职 / từ bỏ

회사 일이 너무 힘들어서 **그만두었습니다.**
일을 **그만두고** 싶었지만 아이들 때문에 다시 마음을 먹었어요.

> 반 **계속하다**

---

11 그치다 동

그치고, 그쳐서,
그치면, 그칩니다

stop / 停止 / tạnh, nín

비가 **그치고** 하늘이 맑아지기 시작했습니다.
엄마가 도착하니까 아이가 울음을 **그쳤어요.**

> 유 **멈추다**
> • 비가 그치다. 눈이 그치다. 노래가 그치다

---

12 글씨 명

writing, letter(s) / 字 / chữ viết

영희 씨는 **글씨**를 예쁘게 씁니다.
책에 **글씨**가 너무 작아서 안 보여요. 유 글자

13 글자 명
[글짜]

letter, character / 文字 / ký tự, chữ

한글은 세종대왕이 만든 **글자**입니다.
옛날에는 말은 있지만 **글자**가 없는 나라가 많았어요.

14 금방 부

① just now ② soon / ① 刚刚 ② 马上 / ① vừa mới đây ② ngay

① 부모님한테 **금방** 전화가 왔었는데 못 받았어요. 🔁 방금
② 수업 끝나고 **금방** 갈 테니까 조금만 기다려요. 🔁 곧

15 금지 명

ban / 禁止 / sự cấm đoán

이곳은 주차 **금지** 구역입니다.
다음 주까지 외출 **금지**라서 나갈 수 없어요.

> • 음식물 반입 금지, 출입 금지, 사진 촬영 금지

16 급하다 형
[그파다]
급하고, 급해서,
급하면, 급합니다

urgent / 急 / gấp gáp

갑자기 **급한** 일이 생겨서 약속을 못 지키게 됐습니다.
시간이 있으니까 너무 **급하게** 서두르지 마세요.

> • 성격이 급하다, 마음이 급하다, 일이 급하다, 사정이 급하다

17 기르다 동
기르고, 길러서,
기르면, 기릅니다

raise, rear / 养 / nuôi nấng

집에서 강아지와 고양이를 **기르고** 있습니다.
엄마는 우리를 **기르기** 위해 직장을 그만두셨어요.

> 🔁 키우다
> • 아이를 기르다, 강아지를 기르다, 머리를 기르다, 습관을 기르다

18 기름 명

oil / 油 / dầu, xăng

치킨은 닭을 **기름**에 튀겨서 만든 음식입니다.
자동차에 **기름**을 가득 넣고 여행을 떠났어요.

19 기뻐하다 동

기뻐하고, 기뻐해서,
기뻐하면, 기뻐합니다

be glad / 高兴 / vui mừng

부모님은 저의 합격 소식을 듣고 매우 **기뻐하셨습니다**.
아이들이 **기뻐하는** 모습을 보니 나도 행복했어요.

유 즐거워하다   반 슬퍼하다, 괴로워하다

---

20 기쁨 명

pleasure / 高兴 / niềm vui

외국 생활은 많이 힘들지만 그 속에서 **기쁨**도 느낄 수 있습니다.
우리 집은 아이들 웃음소리로 항상 **기쁨**이 넘쳐요.

유 즐거움   반 슬픔
• 기쁨을 주다, 기쁨을 얻다, 기쁨을 느끼다

---

21 기억 명

memory, memories / 记忆 / trí nhớ, nhớ

제주도 여행이 가장 **기억**에 남습니다.
그 사람이 누구인지 **기억**이 안 나요.

• 기억(을) 하다, 기억(이) 나다, 기억에 남다

---

22 기억나다 동
[기엉나다]

기억나고, 기억나서,
기억나면, 기억납니다

remember / 回想起 / nhớ ra

오래전 일이라서 잘 **기억나지** 않습니다.
사진을 보니까 어렸을 때 친구가 **기억나요**.

유 생각나다
• N이/가 기억나다

---

23 기온 명

temperature / 气温 / nhiệt độ

겨울에는 **기온**이 영하로 내려가는 날이 많습니다.
남부 지방은 **기온**이 높은 편이라서 겨울에도 별로 안 추워요.

• 기온이 높다, 기온이 낮다, 기온이 올라가다, 기온이 내려가다

---

24 기자 명

reporter, journalist / 记者 / phóng viên

제 어렸을 때 꿈은 **기자**가 되는 것이었습니다.
어제 학교에 **기자**가 와서 인터뷰를 했어요.

25 기차역 명

train station / 火车站 / nhà ga xe lửa

저는 **기차역**에서 부산행 기차를 탔습니다.
기차역에 일찍 도착해서 기차표를 미리 샀어요.

26 기차표 명

train ticket / 火车票 / vé tàu

사람들이 **기차표**를 사려고 매표소 앞에 줄을 섰습니다.
인터넷에서 부산 가는 **기차표**를 두 장 예매했어요.

27 기침 명

a cough / 咳嗽 / ho

감기에 걸려서 **기침**이 납니다.
기침을 할 때에는 팔로 얼굴을 가려야 돼요.

- 기침(을) 하다, 기침이 나다, 기침이 심하다

28 기타 명

guitar / 吉他 / đàn ghi ta

사람들이 **기타**를 치면서 노래를 불렀습니다.
제 취미는 **기타** 연주예요.

- 기타를 치다, 기타를 연주하다

29 기회 명

chance / 机会 / cơ hội

기회가 올 때 잡기 위해서는 미리 준비를 해야 합니다.
그 사람을 만날 수 있는 **기회**를 두 번이나 놓쳤어요.

- 기회가 오다, 기회를 잡다, 기회를 놓치다

30 긴장 명

tension / 紧张 / sự căng thẳng

그 사람 앞에만 가면 **긴장**을 해서 말도 못 합니다.
기자가 저를 인터뷰하는데 정말 **긴장**이 됐어요.

- 긴장(을) 하다, 긴장(이) 되다, 긴장을 풀다

" 오늘 공부할 어휘입니다. 알고 있는 단어에 ☑ 해 보세요. "

☐ 길이 명	☐ 김 명	☐ 깊다 형
☐ 까맣다 형	☐ 깎다 동	☐ 깜짝 부
☐ 깨끗이 부	☐ 깨다 동	☐ 꺼내다 동
☐ 꽃다발 명	☐ 꽃병 명	☐ 꽃집 명
☐ 꾸다 동	☐ 꿈 명	☐ 끊다 동
☐ 끓다 동	☐ 끓이다 동	☐ 끝내다 동
☐ 끼다 동	☐ 나누다 동	☐ 나머지 명
☐ 나이 명	☐ 나타나다 동	☐ 나흘 명
☐ 낚시 명	☐ 날다 동	☐ 날씬하다 형
☐ 남 명	☐ 남기다 동	☐ 남녀 명

✍ 다음 페이지에서 자세히 공부해 볼까요?

01 길이 명

length / 長度 / chiều dài

치마 **길이**가 너무 짧아서 교환했습니다.
겨울에는 밤의 **길이**가 점점 길어져요.

- 길이-넓이-크기-높이
- 길이가 길다, 길이가 짧다, 길이를 재다

02 김 명

[gim] dried seaweed / 紫菜 / rong biển khô

한국의 **김**이 인기가 많아서 고향에 갈 때 선물로 사 갔습니다.
김으로 김밥을 만들어서 도시락을 준비했어요.

03 깊다 형
[깁따]

깊고, 깊어서,
깊으면, 깊습니다

deep / 深 / sâu

여기는 물이 **깊으니까** 들어가면 안 됩니다.
경찰은 **깊은** 산속에서 길을 잃은 아이를 찾았어요.

- 물이 깊다, 산이 깊다, 마음이 깊다

04 까맣다 형
[까마타]

까맣고, 까매서,
까마면, 까맣습니다

black / 烏黑 / màu đen

동양 사람들의 머리는 보통 **까맣습니다**.
친구는 **까만** 바지에 하얀 티셔츠를 입고 있어요.

😀 검다　　　　　　　　　　　🔄 하얗다

05 깎다 동
[깍따]

깎고, 깎아서,
깎으면, 깎습니다

cut / ① 剪 ② 砍（价）/ ① cắt ② giảm (giá)

① 친구는 머리를 짧게 **깎고** 군대에 갔습니다.
② 너무 비싸요. 좀 **깎아** 주세요.

- 머리를 깎다, 과일을 깎다, 가격을 깎다

06 깜짝 부

surprise / （吓）一跳 / giật mình

부모님이 학교에 오셔서 **깜짝** 놀랐습니다.
자다가 이상한 소리를 듣고 **깜짝** 놀라서 일어났어요.

- 깜짝 놀라다

07 깨끗이 [부]
[깨끄시]

clean, neatly / 干干净净地 / một cách sạch sẽ

집에 들어오면 손을 **깨끗이** 씻어야 합니다.
주말에 집을 **깨끗이** 청소했어요.

- 깨끗이 씻다, 깨끗이 정리하다, 깨끗이 청소하다

08 깨다 [동]
깨고, 깨서,
깨면, 깹니다

wake up / 醒 / tỉnh dậy

자다가 시끄러운 소리 때문에 잠이 **깼습니다**.
아이가 잠에서 **깨자마자** 울기 시작했어요.

🔄 일어나다　　　　　　　　　　반 자다, 잠들다
- N이/가 깨다, N에서 깨다
- 잠이 깨다, 술이 깨다, 잠에서 깨다

09 꺼내다 [동]
꺼내고, 꺼내서,
꺼내면, 꺼냅니다

pull out, take out / 掏出 / lấy ra

가방에 들어 있는 물건을 모두 **꺼냈습니다**.
주머니에서 동전을 **꺼내서** 자판기에 넣었어요.

반 넣다
- N1에서 N2을/를 꺼내다
- 말을 꺼내다, 이야기를 꺼내다

10 꽃다발 [명]
[꼳따발]

bouquet / 花束 / bó hoa

부모님 결혼기념일에 **꽃다발**을 보내 드렸습니다.
꽃다발을 만들어서 여자 친구에게 프러포즈를 했어요.

11 꽃병 [명]
[꼳뼝]

vase / 花瓶 / bình hoa

책상 위에는 예쁜 **꽃병**이 놓여 있었습니다.
가을이 되어서 **꽃병**에 국화꽃을 꽂아 놓았어요.

12 꽃집 [명]
[꼳찝]

flower shop / 花店 / tiệm hoa

길을 건너면 앞에 **꽃집**이 있습니다.
꽃집에서 꽃병과 예쁜 꽃다발을 샀어요.

13 꾸다 동

꾸고, 꿔서,
꾸면, 꿉니다

dream, have a dream / 做梦 / mơ

요즘 자면서 무서운 꿈을 자주 **꿉니다.**
저는 가수가 되는 꿈을 **꾸면서** 매일 열심히 연습하고 있어요.

> • 꿈을 꾸다, 악몽을 꾸다

14 꿈 명

dream / 梦，梦想 / giấc mơ, ước mơ

어제 **꿈**에서 부모님을 만났습니다.
어렸을 때 제 **꿈**은 선생님이 되는 거였어요.

> • 꿈을 꾸다, 꿈을 이루다, 꿈을 가지다

15 끊다 동
[끈타]

끊고, 끊어서,
끊으면, 끊습니다

hang up, stop, quit / 挂断，戒（烟）/ cúp, cai(= ngưng)

동생은 전화를 **끊고** 나서 밖으로 나갔습니다.
건강을 위해서 담배를 **끊는** 게 어때요?

> • 전화를 끊다, 담배를 끊다, 소식을 끊다, 연락을 끊다

16 끓다 동
[끌타]

끓고, 끓어서,
끓으면, 끓습니다

boil / 沸腾 / nấu sôi, đun sôi

집으로 돌아왔을 때 냄비에는 국이 **끓고** 있었습니다.
물이 **끓으면** 라면을 넣고 조금만 더 기다리세요.

> 반 식다
> • N이/가 끓다
> • 물이 끓다, 라면이 끓다, 국이 끓다, 찌개가 끓다

17 끓이다 동
[끄리다]

끓이고, 끓여서,
끓이면, 끓입니다

boil / 煮沸 / sôi

어머니께서는 제가 좋아하는 된장찌개를 **끓이고** 계십니다.
라면을 맛있게 **끓이려면** 물 양을 알맞게 부어야 해요.

> 반 식히다
> • 물을 끓이다, 라면을 끓이다, 국을 끓이다, 찌개를 끓이다

18 끝내다 동
[끈내다]

끝내고, 끝내서,
끝내면, 끝냅니다

finish / 完成 / kết thúc

주말에는 보통 청소를 **끝내고** 빨래를 합니다.
저는 학교에서 돌아오면 먼저 숙제부터 **끝내요.**

> • 숙제를 끝내다, 일을 끝내다

19 끼다 동
끼고, 껴서,
끼면, 낍니다

wear / 戴 / đeo

오빠는 짧은 머리에 까만 안경을 **꼈습니다**.
반지를 **낀** 걸 보니 그 사람은 결혼을 한 것 같아요.

- 반지를 끼다, 안경을 끼다, 장갑을 끼다

20 나누다 동
나누고, 나눠서,
나누면, 나눕니다

① talk ② divide(= share) / ① 交（谈）② 分 / ① chia sẻ ②
chia ra

① 친구를 만나서 많은 이야기를 **나누었습니다**.
② 음식을 사람들과 같이 **나누어서** 먹었어요.

- 대화를 나누다, 인사를 나누다

21 나머지 명

the rest / 剩下的 / còn lại, dư

생활비에서 쓰고 남은 **나머지**는 저축을 합니다.
하루에 10시간 동안 일하고 **나머지** 시간에는 쉬어요.

22 나이 명

age / 年龄 / tuổi

설날에 떡국을 먹으면 **나이**를 한 살 먹는다고 합니다.
나이가 들면서 옛 친구들이 점점 그리워져요.

- 나이가 들다, 나이를 먹다, 나이가 많다, 나이가 적다

23 나타나다 동
나타나고, 나타나서,
나타나면, 나타납니다

appear, come into sight / 出现 / xuất hiện

바닷가에 말을 탄 사람이 **나타났습니다**.
그 사람은 만나기로 한 장소에 **나타나지** 않았어요.

- N이/가 나타나다
- 결과가 나타나다, 모습이 나타나다

24 나흘 명

four days / 四天 / bốn ngày

여름에 **나흘** 동안 제주도에 다녀왔습니다.
잠을 잘 못 잔 지 벌써 **나흘**이 되었어요.

- 하루-이틀-사흘-나흘-닷새

25 낚시 [명]
[낙씨]

fishing / 钓鱼 / câu cá

저는 어렸을 때부터 부모님과 **낚시**를 자주 다녔습니다.
주말에 친구들과 같이 바다로 **낚시**를 가려고 해요.

> • 낚시(를) 하다, 낚시를 가다, 낚시를 즐기다

26 날다 [동]
날고, 날아서,
날면, 납니다

fly / 飞 / bay

종이비행기가 하늘을 **날고** 있습니다.
새처럼 **날아서** 너에게 갈 수 있으면 좋겠어.

> • N1이/가 N2을/를 날다
> • 걷다-뛰다-날다

27 날씬하다 [형]
날씬하고, 날씬해서,
날씬하면, 날씬합니다

slim, slender / 苗条 / thon thả

내 친구는 모델처럼 **날씬합니다**.
첫째는 **날씬하지만** 둘째는 조금 뚱뚱해요.

> 반 뚱뚱하다
> • 마르다-날씬하다-통통하다-뚱뚱하다
> • 몸이 날씬하다, 몸매가 날씬하다

28 남 [명]

people, others, stranger(s) / 别人 / người khác, còn lại

부모님은 자기보다 **남**을 먼저 생각하는 사람입니다.
미안하지만 **남**의 일에 상관하지 마세요.

> 반 나, 자신

29 남기다 [동]
남기고, 남겨서,
남기면, 남깁니다

leave / 留下 / để dư, để lại

음식을 **남기면** 음식물 쓰레기도 늘어납니다.
생활비를 **남겨서** 저축을 하는 게 좋겠어요.

> • 용돈을 남기다, 음식을 남기다, 이익을 남기다

30 남녀 [명]

man and woman / 男女 / nam nữ

젊은 **남녀** 커플이 해변을 걷고 있습니다.
이 옷은 **남녀** 상관없이 모두 입을 수 있어요.

" 오늘 공부할 어휘입니다. 알고 있는 단어에 ☑ 해 보세요. "

□ 남다 동   □ 남성 명   □ 남쪽 명

□ 낫다¹ 동   □ 낫다² 형   □ 낮잠 명

□ 내과 명   □ 내다 동   □ 내려가다 동

□ 내용 명   □ 냄비 명   □ 냄새 명

□ 냉장고 명   □ 너희 대   □ 넘다 동

□ 넘어지다 동   □ 노랗다 형   □ 노력 명

□ 노인 명   □ 놀라다 동   □ 놀이 명

□ 농담 명   □ 높이 명   □ 놓다 동

□ 누르다 동   □ 눈물 명   □ 눕다 동

□ 느끼다 동   □ 느낌 명   □ 느리다 형

✎ 다음 페이지에서 자세히 공부해 볼까요?

01 남다 동

[남따]

남고, 남아서,
남으면, 남습니다

remain, be left (over) / 剩下 / còn lại, dư

음식이 **남아서** 냉장고에 넣어 놓았습니다.
생활비가 얼마 **남지** 않아서 아껴 쓰고 있어요.

반 모자라다, 부족하다
- N이/가 남다
- 돈이 남다, 시간이 남다

02 남성 명

male / 男子 / nam giới

사람은 **남성**과 여성으로 나눌 수 있습니다.
기회는 **남성**과 여성 모두에게 똑같이 줘야 돼요.

유 남자   반 여성

03 남쪽 명

south / 南边 / hướng nam

북쪽에는 백두산이 있고, **남쪽**에는 한라산이 있습니다.
태풍이 **남쪽**으로 내려오면서 비가 많이 내리기 시작했어요.

- 동쪽-서쪽-남쪽-북쪽

04 낫다¹ 동

[낟따]

낫고, 나아서,
나으면, 낫습니다

recover / 痊愈 / đỡ rồi

감기에 걸렸는데 약을 먹고 다 **나았습니다**.
아버지의 병이 다 **나으면** 같이 여행을 가기로 했어요.

- N이/가 낫다
- 병이 낫다, 감기가 낫다

05 낫다² 형

[낟따]

낫고, 나아서,
나으면, 낫습니다

better / 较好 / đỡ, tốt hơn

지금 다니는 회사가 옛날 회사보다 더 **낫습니다**.
외국어는 그 나라에서 배우는 게 **나아서** 유학을 가기로 했어요.

- N1보다 N2이/가 더 낫다

06 낮잠 명

[낟짬]

nap / 午觉 / ngủ trưa

어렸을 때는 보통 점심을 먹고 30분씩 **낮잠**을 잤습니다.
주말에 **낮잠**을 자다가 꿈을 꿨어요.

07 내과 명
[내꽈]

internal medicine department / 内科 / khoa nội

감기가 낫지 않아서 **내과**에 갔습니다.
소화가 잘 안 돼서 **내과**에 갔어요.

> 반 외과

08 내다 동

내고, 내서,
내면, 냅니다

① submit ② make / ① 提交 ② 出（题）/ ① nộp ② đặt ra

① 대회에 참가하려고 신청서를 **냈습니다**.
② 선생님은 시험 문제를 쉽게 **냈어요**.

> • 시간을 내다, 사고를 내다, 화를 내다, 힘을 내다, 짜증을 내다

09 내려가다 동

내려가고, 내려가서,
내려가면, 내려갑니다

go down / 下去 / đi xuống

물건을 찾으려고 지하 창고로 **내려갔습니다**.
1층으로 **내려가려면** 계단을 이용하세요.

> 반 올라가다
> • N(으)로 내려가다
> • 고향으로 내려가다, 지방으로 내려가다

10 내용 명

content / 内容 / nội dung

글을 잘 읽고 **내용**과 같은 것을 고르십시오.
오늘 배운 **내용**은 좀 어려우니까 복습을 꼭 해야 돼요.

11 냄비 명

pot / 汤锅 / cái nồi

먼저 **냄비**에 물을 넣고 끓이십시오.
라면을 끓여 먹으려고 **냄비**를 하나 샀어요.

12 냄새 명

smell / 味道 / mùi vị

개들은 **냄새**를 잘 맡습니다.
어디에서 맛있는 음식 **냄새**가 나요.

> • 냄새가 나다, 냄새를 맡다

155

13 냉장고 명

fridge / 冰箱 / tủ lạnh

냉장고 안에는 과일이 들어 있습니다.
여름에는 남은 음식을 **냉장고**에 넣어야 돼요.

14 너희 대

you / 你们 / các em, các cậu

너희 모두에게 다시 기회를 줄 테니까 준비해.
부모님은 안 계시고 **너희**들만 집에 있니?

15 넘다 동
[넘따]
넘고, 넘어서,
넘으면, 넘습니다

exceed / 超过 / hơn, vượt

벌써 밤 12시가 **넘었습니다**.
이번 달 가스비가 20만 원이 **넘었어요**.

- N이/가 넘다

16 넘어지다 동
넘어지고, 넘어져서,
넘어지면, 넘어집니다

fall down / 跌倒 / bị ngã

급하게 길을 건너다가 **넘어졌습니다**.
자전거를 타다가 **넘어져서** 다리를 다쳤어요.

- N이/가 넘어지다
- 아이가 넘어지다

17 노랗다 형
[노라타]
노랗고, 노래서,
노라면, 노랗습니다

yellow / 黄色的 / màu vàng, ố vàng

하얀 티셔츠가 오래돼서 **노랗게** 변했습니다.
공원에 **노란** 국화꽃이 예쁘게 피어 있어요.

18 노력 명

effort / 努力 / sự nỗ lực

성공하기 위해서는 많은 **노력**을 해야 합니다.
열심히 **노력**을 하면 꿈을 이룰 수 있을 거예요.

- 노력(을) 하다

19 노인 명

the aged / 老人 / người già

이 자리는 어린이와 **노인**을 위한 자리입니다.
버스나 지하철에서는 **노인**들에게 자리를 양보해야 돼요.

20 놀라다 동

놀라고, 놀라서,
놀라면, 놀랍니다

be surprised / 惊吓，惊讶 / giật mình, ngạc nhiên

자동차 소리에 깜짝 **놀라서** 일어났습니다.
오랜만에 나타난 친구의 얼굴을 보고 많이 **놀랐어요.**

- 깜짝 놀라다

21 놀이 명

play / 游戏 / trò chơi

부모들도 아이들과 함께 **놀이**에 참여했습니다.
아이들을 위한 건강한 **놀이** 문화를 만들어야 돼요.

- 놀이(를) 하다
- 병원 놀이, 시장 놀이, 학교 놀이

22 농담 명

joke / 玩笑 / đùa giỡn

친구의 **농담**에 사람들이 모두 웃었습니다.
제가 심한 **농담**을 해서 친구가 화가 났어요.

- 농담(을) 하다, 농담을 주고받다, 농담이 심하다

23 높이 명

height / 高度 / độ cao

이 건물의 **높이**는 별로 높지 않은 편입니다.
이 산은 **높이**가 얼마나 돼요?

- 길이-넓이-크기-높이

24 놓다 동

[노타]

놓고, 놓아서,
놓으면, 놓습니다

put, place / 放（东西）/ đặt, để

책상 위에 예쁜 꽃병을 **놓았습니다.**
휴대폰을 책상 위에 **놓고** 그냥 나왔어요.

- N1을/를 N2에 놓다
- 마음을 놓다, 정신을 놓다

25 누르다 동

누르고, 눌러서,
누르면, 누릅니다

press / 按 / nhấn, bấm

엘리베이터를 타자마자 7층을 **눌렀습니다**.
통장의 비밀번호를 **눌러** 주세요.

---

26 눈물 명

tear / 眼泪 / nước mắt

슬픈 영화를 보고 **눈물**을 흘렸습니다.
고추가 너무 매워서 **눈물**이 날 뻔했어요.

> • 눈물이 나다, 눈물이 나오다, 눈물을 흘리다

---

27 눕다 동
[눕따]

눕고, 누워서,
누우면, 눕습니다

lie down / 躺 / nằm

할머니께서는 침대에 **누워** 계십니다.
주말에 하루 종일 **누워서** 드라마를 봤어요.

> 반 서다, 일어나다
> • N1이/가 N2에 눕다

---

28 느끼다 동

느끼고, 느껴서,
느끼면, 느낍니다

feel / 感受 / cảm nhận

영화를 보고 **느낀** 것을 일기에 썼습니다.
손으로 직접 쓴 편지에서 어머니의 사랑을 **느꼈어요**.

> • 정을 느끼다, 사랑을 느끼다, 보람을 느끼다

---

29 느낌 명

feeling / 感觉 / cảm giác

밤이 되니 갑자기 무서운 **느낌**이 들었습니다.
벽에는 따뜻한 **느낌**의 그림이 걸려 있어요.

> • 느낌이 들다, 느낌을 가지다

---

30 느리다 형

느리고, 느려서,
느리면, 느립니다

slow / 慢 / chậm (chạp)

토끼는 빠르지만 거북이는 **느립니다**.
그 친구는 말이 너무 **느려서** 답답해요.

> 반 빠르다
> • 행동이 느리다, 말이 느리다, 속도가 느리다

" 오늘 공부할 어휘입니다. 알고 있는 단어에 ☑ 해 보세요. "

□ 늘 [부]   □ 늘다 [동]   □ 늙다 [동]

□ 능력 [명]   □ 다리² [명]   □ 다양하다 [형]

□ 다음날 [명]   □ 다이어트 [명]   □ 다치다 [동]

□ 다하다 [동]   □ 닦다 [동]   □ 단추 [명]

□ 단풍 [명]   □ 달력 [명]   □ 달리다 [동]

□ 닮다 [동]   □ 답 [명]   □ 답답하다 [형]

□ 답장 [명]   □ 대부분 [명], [부]   □ 대학원 [명]

□ 대회 [명]   □ 댁 [명]   □ 더럽다 [형]

□ 더욱 [부]   □ 덕분 [명]   □ 던지다 [동]

□ 데려가다 [동]   □ 데이트 [명]   □ 도로 [명]

✎ 다음 페이지에서 자세히 공부해 볼까요?

01 늘 [부]

always / 经常 / luôn

아버지는 늘 어려운 사람을 도와주셨습니다.
저는 공부가 끝나면 늘 누워서 음악을 들어요.

> 윤 항상, 언제나   반 가끔
> • 전혀-가끔-때때로-자주-늘-언제나-항상

02 늘다 [동]

increase / 增加 / tăng lên

늘고, 늘어서,
늘면, 늡니다

휴가 때 국내 여행을 하는 사람이 **늘었습니다**.
밥을 많이 먹었더니 몸무게가 **늘었어요**

> 윤 늘어나다, 증가하다   반 줄다, 줄어들다, 감소하다
> • N이/가 늘다

03 늙다 [동]
[늑따]

become old, age / 老 / già

늙고, 늙어서,
늙으면, 늙습니다

사람은 나이가 들면 누구나 **늙습니다**.
우리 부부는 서로 **늙는** 모습을 보며 살아갈 거예요.

> 반 젊다
> • 어리다-젊다-늙다

04 능력 [명]
[능녁]

ability / 能力 / khả năng

취직하려면 외국어 **능력**이 좋아야 합니다.
민수는 **능력**도 있고 말도 잘해서 인기가 많아요.

> • 능력이 있다, 능력이 없다, 능력을 인정하다

05 다리² [명]

leg / 腿 / chân

한 시간이나 걸어서 **다리**가 너무 아픕니다.
자전거를 타다가 넘어져서 **다리**를 다쳤어요.

> • 머리-목-어깨-가슴-팔-손-허리-배-다리-무릎-발

06 다양하다 [형]

various / 多种多样 / đa dạng

다양하고, 다양해서,
다양하면, 다양합니다

세상에는 **다양한** 사람들이 있습니다.
백화점의 물건은 정말 **다양해요**

07 다음날 ^명

someday, next day / 改日，明天 / ngày sau, ngày hôm sau

시간 내서 **다음날** 한번 찾아뵙겠습니다.
오늘은 바쁘니까 **다음날** 다시 전화할게요.

08 다이어트 ^명

be on a diet, losing weight / 减肥 / giảm cân

다이어트를 하려고 학교까지 매일 걸어 다닙니다.
지금 **다이어트** 중이라서 아이스크림은 안 먹을래요.

- 다이어트(를) 하다, 다이어트를 시작하다

09 다치다 ^동

다치고, 다쳐서,
다치면, 다칩니다

injure, hurt / 受伤 / bị thương

지난주에 축구를 하다가 다리를 **다쳤습니다**.
허리를 **다쳐서** 병원에 다녀왔어요.

10 다하다 ^동

다하고, 다해서,
다하면, 다합니다

do one's best / 用尽 / làm hết mình

최선을 **다해서** 열심히 노력하겠습니다.
노력을 **다하면** 좋은 결과가 있을 거예요.

- 최선을 다하다, 노력을 다하다, 마음을 다하다

11 닦다 ^동
[닥따]

닦고, 닦아서,
닦으면, 닦습니다

brush, clean, wipe / 刷（牙），擦（地，窗户）/ đánh, lau chùi

아침에 일어나면 이를 **닦고** 세수를 합니다.
주말에는 바닥도 **닦고** 창문도 **닦아요**

- 이를 닦다, 창문을 닦다

12 단추 ^명

button / 纽扣 / cái nút

할아버지 옷에 **단추**를 달아 드렸습니다.
운동을 하다가 **단추**가 떨어졌어요.

- 단추를 달다, 단추가 떨어지다

161

13 단풍 명

fall leaves / 枫叶 / lá phong

가을에는 **단풍** 구경을 가는 사람이 많습니다.
단풍이 들어서 나뭇잎이 빨갛게 변했어요.

> • 단풍이 들다, 단풍이 지다

14 달력 명

calendar / 月历 / lịch

책상 위에는 작은 **달력**이 놓여 있습니다.
달력을 보니까 내일이 아버지 생신이네요.

15 달리다 동

달리고, 달려서,
달리면, 달립니다

hang / 跑 / treo, đính

가방에 하얀 인형이 **달려** 있습니다.
작은 거울이 **달려** 있는 휴대폰을 잃어버렸어요.

> • N1이/가 N2에 달려 있다

16 닮다 동
[담따]

닮고, 닮아서,
닮으면, 닮습니다

resemble / 相似 / giống

우리 형제는 아버지와 성격이 많이 **닮았습니다**.
저는 엄마를 **닮아서** 눈도 크고 키도 커요.

> • N1은/는 N2와/과 N3이/가 닮다, N을/를 닮다

17 답 명

answer / 答案 / câu trả lời

다음을 잘 듣고 맞는 **답**을 고르십시오.
문제를 풀었는데 **답**이 다 틀려서 속상해요.

> • 답이 맞다, 답이 틀리다, 답을 맞추다

18 답답하다 형
[답따파다]

답답하고, 답답해서,
답답하면, 답답합니다

feel heavy, feel frustrated / 不痛快 / khó chịu

밥을 급하게 먹었더니 소화가 되지 않아 속이 **답답합니다**.
그가 제 말을 못 알아들어서 너무 **답답했어요**.

> ⑪ 시원하다
> • 마음이 답답하다, 속이 답답하다, 가슴이 답답하다

19 답장 명
[답짱]

reply, answer / 回复 / hồi âm
부모님께 편지를 받고 **답장**을 썼습니다.
너무 바빠서 **답장**을 아직 못 보냈어요.

• 답장을 하다, 답장을 보내다, 답장을 받다, 답장을 쓰다

20 대부분 명, 부

most(the majority, mostly) / 大部分 / đại đa số
명 **대부분**의 사람들은 어려운 사람들을 보면 도와줍니다.
부 아이들은 **대부분** 아이스크림을 좋아해요.

유 거의, 대체로   반 일부

21 대학원 명

graduate school / 研究生院 / trường cao học
대학교를 졸업하고 **대학원**에 가려고 합니다.
우리 형은 **대학원**에서 역사를 공부하고 있어요.

• 유치원–초등학교–중학교–고등학교–대학교–대학원

22 대회 명

contest / 大会 / hội thi
말하기 **대회**에 참가하려고 신청서를 냈습니다.
이번 노래 **대회**에서 일등을 하면 좋겠어요.

• 대회에 나가다, 대회에 참가하다

23 댁 명

(polite) house / 贵府 / nhà
부모님은 지금 **댁**에서 쉬고 계십니다.
여보세요? 거기 김 선생님 **댁**이지요?

• '집'의 높임말

24 더럽다 형
[더럽따]
더럽고, 더러워서,
더러우면, 더럽습니다

dirty / 脏 / dơ, bẩn
오랫동안 청소를 안 해서 방이 너무 **더럽습니다**.
더러운 손으로 음식을 먹지 마세요.

반 깨끗하다

25 더욱 [부]

more / 更加 / càng

요즘 그 가수의 인기는 **더욱** 높아지고 있습니다.
담배하고 술 때문에 건강이 **더욱** 나빠졌어요.

> 🔄 더, 점점, 더더욱

26 덕분 [명]

[덕뿐]

thanks to / 托福 / nhờ vào

제가 잘 먹고 잘 사는 것은 부모님 **덕분**입니다.
선생님 **덕분**에 이번 시험에 합격할 수 있었어요.

> • N 덕분에, V-(으)ㄴ 덕분에
> • 부모님 덕분에, 선생님이 도와주신 덕분에

27 던지다 [동]

던지고, 던져서,
던지면, 던집니다

throw / 投掷 / ném

야구에서 공을 잘 **던지는** 것이 중요합니다.
집에 오자마자 가방을 **던져** 놓고 나갔어요.

> 🔄 받다

28 데려가다 [동]

데려가고, 데려가서,
데려가면, 데려갑니다

take / 带走 / dẫn đi

저는 여행을 갈 때 강아지도 같이 **데려갑니다**
놀이공원에 아이를 **데려가면** 정말 좋아할 것 같아요.

> 🔄 데리고 가다   🔄 데려오다
> • N(사람, 동물)을/를 데려가다, N(물건)을/를 가져오다

29 데이트 [명]

date / 约会 / hẹn hò

데이트가 있을 때에는 예쁘게 화장을 합니다.
주말에는 보통 **데이트**를 하면서 시간을 보내요.

> • 데이트(를) 하다

30 도로 [명]

road / 道路 / con đường

주말이라서 **도로**에 차가 많습니다.
공사 때문에 **도로**가 너무 막혀요.

> 🔄 길
> • 도로가 넓다, 도로가 좁다

❝ **오늘 공부할 어휘입니다. 알고 있는 단어에 ☑ 해 보세요.** ❞

□ 도시 [명]　　　□ 도움 [명]　　　□ 독서 [명]

□ 돌다 [동]　　　□ 돌려주다 [동]　　　□ 돌리다 [동]

□ 동네 [명]　　　□ 동물 [명]　　　□ 동물원 [명]

□ 동시 [명]　　　□ 동전 [명]　　　□ 동쪽 [명]

□ 두껍다 [형]　　　□ 두다 [동]　　　□ 두통 [명]

□ 드디어 [부]　　　□ 들르다 [동]　　　□ 들리다 [동]

□ 디자인 [명]　　　□ 따로 [부]　　　□ 땀 [명]

□ 땅 [명]　　　□ 떠나다 [동]　　　□ 떠들다 [동]

□ 떡국 [명]　　　□ 떨어지다 [동]　　　□ 또는 [부]

□ 똑같다 [형]　　　□ 똑같이 [부]　　　□ 똑똑하다 [형]

✎ 다음 페이지에서 자세히 공부해 볼까요?

01 도시 ^명

city / 城市 / thành phố

젊은 사람들은 시골보다는 **도시**에서 살고 싶어 합니다.
나이가 들면 **도시**를 떠나서 조용한 곳으로 갈 거예요.

반 시골

02 도움 ^명

help, aid / 帮助 / sự giúp đỡ

부모가 없는 아이들은 **도움**이 필요합니다.
친구의 **도움**으로 외국 생활을 잘 하고 있어요.

• 도움을 주다, 도움을 받다, 도움이 되다

03 독서 ^명
[독써]

reading / 读书 / sự đọc sách

제 취미는 **독서**라서 책을 많이 읽습니다.
어렸을 때부터 부모님과 **독서**를 자주 했어요.

• 독서(를) 하다, 독서를 즐기다

04 돌다 ^동
돌고, 돌아서,
돌면, 돕니다

run laps, turn / 转 / chạy quanh, quay lại

매일 아침 운동장을 다섯 바퀴씩 **돕니다**.
쭉 가다가 사거리에서 오른쪽으로 **돌면** 꽃집이 나와요.

• N1에서 N2(으)로 돌다

05 돌려주다 ^동
돌려주고, 돌려줘서,
돌려주면, 돌려줍니다

return / 返还 / trả lại

빌린 책을 **돌려주려고** 친구 집에 갔습니다.
헤어진 남자 친구에게 선물 받은 것을 모두 **돌려주었어요**.

• N1에게 N2을/를 돌려주다

06 돌리다 ^동
돌리고, 돌려서,
돌리면, 돌립니다

turn(= spin), run (the washing machine or the vacuum) / 使转动，使运转 / xoay, vận hành

아이들이 팽이를 **돌리고** 있습니다.
청소기나 세탁기는 밤에 **돌리면** 안 돼요.

• 볼펜을 돌리다, 청소기를 돌리다, 말을 돌려서 하다

07 동네 명

village, town / 区域 / khu phố

우리 **동네**에는 오래된 큰 나무가 있습니다.
시골에서는 **동네** 사람들이 같이 모여서 잔치를 해요.

🔁 마을

08 동물 명

animal / 动物 / động vật

요즘은 **동물**을 키우는 사람이 많습니다.
저는 어렸을 때부터 **동물**을 정말 좋아했어요.

09 동물원 명

zoo / 动物园 / sở thú

동물원에 가면 다양한 동물들이 있습니다.
주말에 아이들을 데리고 **동물원**에 갔어요.

10 동시 명

the same time / 同时 / cùng một lúc, ngay lúc đấy

선생님이 질문하자 학생들이 **동시**에 대답했습니다.
문을 열자마자 **동시**에 비가 오기 시작했어요.

11 동전 명

coin / 硬币 / đồng xu

요즘에는 **동전**을 많이 사용하지 않습니다.
만 원짜리 지폐를 500원짜리 **동전**으로 바꿨어요.

12 동쪽 명

east / 东边 / hướng đông

해는 **동쪽**에서 떠서 서쪽으로 집니다.
한국의 **동쪽** 끝에는 독도가 있어요.

• 동쪽-서쪽-남쪽-북쪽

13 두껍다 형

[두껍따]

두껍고, 두꺼워서,
두꺼우면, 두껍습니다

thick / 厚 / dày

기온이 떨어져서 **두꺼운** 이불을 꺼냈습니다.
책이 너무 **두꺼워서** 무거워요.

> 반 얇다
> • 얼굴이 두껍다

---

14 두다 동

두고, 둬서,
두면, 둡니다

put / 放 / đặt, để

자주 사용하는 물건은 잘 보이는 곳에 **두어야** 합니다.
교실에 우산을 **두고** 그냥 나왔어요.

> 유 놓다

---

15 두통 명

headache / 头痛 / đau đầu

스트레스를 받으면 **두통**이 심해집니다.
하루 종일 **두통** 때문에 아무것도 못 했어요.

> • 두통이 있다. 두통이 심하다

---

16 드디어 부

finally / 终于 / rốt cục thì

시험이 끝나고 **드디어** 방학을 했습니다.
고향에 가고 싶었는데 **드디어** 갈 수 있게 되었어요.

> 유 마침내, 결국

---

17 들르다 동

들르고, 들러서,
들르면, 들릅니다

stop by, drop by / 暂停，暂住，顺便去 / ghé qua

약국에 잠깐 **들러서** 감기약을 샀습니다.
집에 갈 때 슈퍼에 잠깐 **들렀어요**.

> • N에 들르다

---

18 들리다 동

들리고, 들려서,
들리면, 들립니다

hear / 听到 / nghe được

자고 있는데 이상한 소리가 **들려서** 깼습니다.
아이들이 너무 떠들어서 아무 소리도 안 **들려요**.

> • N이/가 들리다

---

19 디자인 명

design / 设计 / sự thiết kế

자동차의 **디자인**이 독특해서 마음에 듭니다.
저는 **디자인**을 공부해서 멋진 디자이너가 되고 싶어요.

• 디자인(을) 하다

20 따로 부

separately / 分开 / riêng (lẻ)

저는 부모님과 **따로** 생활하고 있습니다.
쓰레기를 버릴 때 음식물은 **따로** 버려야 돼요.

반 같이, 함께

21 땀 명

sweat / 汗 / mồ hôi

여름에는 **땀**이 많이 나서 옷을 자주 갈아입습니다.
운동을 하고 **땀**을 흘리면 몸이 가벼워져요.

• 땀(이) 나다, 땀을 흘리다

22 땅 명

territory, land / 领土，土地 / lãnh thổ, đất đai

독도는 한국의 **땅**입니다.
여기는 **땅**이 넓어서 큰 집을 지을 수 있어요.

23 떠나다 동

떠나고, 떠나서,
떠나면, 떠납니다

leave / 动身，离开 / rời khỏi

친구하고 부산으로 여행을 **떠나기**로 했습니다.
직장을 구하려고 고향을 **떠나서** 도시로 왔어요.

• 집을 떠나다, 고향을 떠나다, 여행을 떠나다

24 떠들다 동

떠들고, 떠들어서,
떠들면, 떠듭니다

make noise / 喧哗 / làm ồn

도서관에서 **떠들면** 안 됩니다.
어제 밖에서 사람들이 **떠들어서** 잠을 못 잤어요.

• N이/가 떠들다

25 떡국 명

[떡꾹]

[Tteokguk] rice-cake soup / 年糕汤 / canh bánh gạo

설날에는 **떡국**을 먹고 어른에게 세배를 합니다.

저는 **떡국**을 맛있게 끓일 줄 알아요.

---

26 떨어지다 동

떨어지고, 떨어져서,
떨어지면, 떨어집니다

① fall ② fail / ① 掉落 ② 落榜 / ① rớt ② trượt

① 바닥에 지갑이 **떨어져** 있었습니다.

② 시험을 봤는데 아깝게 **떨어졌어요**. 반 붙다, 합격하다

> • N이/가 떨어지다, N에 떨어지다
> • 단추가 떨어지다, 시험에 떨어지다

---

27 또는 부

or / 或者，或者 / hoặc là

토요일 **또는** 일요일에 연락을 드리겠습니다.

주말에 집에서 쉬거나 **또는** 친구를 만나요.

---

28 똑같다 형

[똑깓따]

똑같고, 똑같아서,
똑같으면, 똑같습니다

be the same, alike / 一样 / giống nhau, giống hệt

아버지하고 아들이 붕어빵처럼 **똑같습니다**.

우리 형제는 성격은 **똑같지만** 외모는 달라요.

> 반 다르다
> • N1와/과 N2이/가 똑같다

---

29 똑같이 부

[똑까치]

same, identically / 一摸一样 / giống nhau, giống hệt nhau

언니하고 동생이 **똑같이** 생겼습니다.

선생님의 질문에 학생들이 모두 **똑같이** 대답했어요.

---

30 똑똑하다 형

[똑또카다]

똑똑하고, 똑똑해서,
똑똑하면, 똑똑합니다

smart / 聪明 / thông minh

학생들이 이해도 빠르고 정말 **똑똑합니다**.

아이들이 너무 **똑똑해서** 설명이 필요 없어요.

> 반 멍청하다

오늘 공부할 어휘입니다. 알고 있는 단어에 ☑ 해 보세요.

☐ 똑바로 [부]	☐ 뚱뚱하다 [형]	☐ 뛰다 [동]
☐ 뛰어가다 [동]	☐ 뜨겁다 [형]	☐ 뜨다 [동]
☐ 뜻 [명]	☐ 라디오 [명]	☐ 마당 [명]
☐ 마르다 [동]	☐ 마을 [명]	☐ 마중 [명]
☐ 마지막 [명]	☐ 마치다 [동]	☐ 마트 [명]
☐ 막히다 [동]	☐ 만약 [명], [부]	☐ 만일 [명], [부]
☐ 만지다 [동]	☐ 만화 [명]	☐ 말² [의]
☐ 맞추다 [동]	☐ 매년 [부]	☐ 매다 [동]
☐ 매달 [부]	☐ 매우 [부]	☐ 매주 [부]
☐ 매표소 [명]	☐ 멀리 [부]	☐ 멈추다 [동]

✎ 다음 페이지에서 자세히 공부해 볼까요?

01 똑바로 ^부
[똑빠로]

right, straight, truthfully / 正，如实 / ngay thẳng

학생들이 모두 자리에 **똑바로** 앉아 있었습니다.

거짓말하지 말고 **똑바로** 말해야 돼요.

유 바로

02 뚱뚱하다 ^형
뚱뚱하고, 뚱뚱해서,
뚱뚱하면, 뚱뚱합니다

fat / 胖 / béo, mập

옛날에는 **뚱뚱했는데** 지금은 날씬합니다.

할아버지는 배가 **뚱뚱하게** 나왔어요.

반 날씬하다
- 몸이 뚱뚱하다, 몸매가 뚱뚱하다
- 마르다-날씬하다-통통하다-뚱뚱하다

03 뛰다 ^동
뛰고, 뛰어서,
뛰면, 뜁니다

run / 跑 / chạy

늦게 일어나서 학교까지 **뛰었습니다**.

지하철이 도착하는 소리가 나서 **뛰기** 시작했어요.

반 걷다
- 걷다-뛰다-날다

04 뛰어가다 ^동
뛰어가고, 뛰어가서,
뛰어가면, 뛰어갑니다

go running / 跑去 / chạy đi

갑자기 비가 내려서 나무 밑으로 **뛰어갔습니다**.

약을 사려고 약국으로 **뛰어갔지만** 문이 닫혀 있었어요.

유 달려가다
- N(으)로 뛰어가다, N에게 뛰어가다
- 집으로 뛰어가다, 엄마에게 뛰어가다

05 뜨겁다 ^형
[뜨겁따]
뜨겁고, 뜨거워서,
뜨거우면, 뜨겁습니다

hot / 热 / nóng

올해 여름 날씨는 너무 **뜨겁고** 바람도 불지 않습니다.

커피가 너무 **뜨거우니까** 천천히 드세요.

- 햇빛이 뜨겁다, 얼굴이 뜨겁다

06 뜨다 동

뜨고, 떠서,
뜨면, 뜹니다

open (one's eyes) / 睁开 / mở

맛있는 냄새에 나도 모르게 눈을 **떴습니다**.
모두 감고 있는 눈을 **떠** 보세요.

(반) 감다
• 해가 뜨다, 별이 뜨다, 배가 뜨다

07 뜻 명

[뜯]

meaning / 意思 / ý nghĩa

단어의 **뜻**을 알려면 사전을 찾아봐야 합니다.
이 문장이 무슨 **뜻**인지 잘 모르겠어요.

(유) 의미

08 라디오 명

radio / 收音机 / radio

아침마다 **라디오**를 들으면서 운동을 합니다.
라디오에서 유행하는 노래가 많이 나와요.

• 라디오를 듣다, 라디오를 켜다, 라디오를 끄다

09 마당 명

garden, yard / 院子 / sân, bãi

어렸을 때는 집 **마당**에서 자주 뛰어놀았습니다.
저는 나중에 **마당**이 넓은 집에서 살고 싶어요.

10 마르다 동

마르고, 말라서,
마르면, 마릅니다

dry / 干，渴 / khô, khát

날씨가 맑고 건조해서 빨래가 잘 **마릅니다**.
땀을 많이 흘려서 목이 **말라요**.

• 옷이 마르다, 목이 마르다

11 마을 명

village, town / 村庄 / làng quê, làng xóm

우리 **마을** 앞에는 강이 흐르고 있습니다.
그 친구는 저하고 어릴 때부터 같은 **마을**에 살았어요.

(유) 동네

12 마중 명

meet / 迎接 / sự ra đón, sự đi rước

부모님이 한국에 오셔서 공항으로 **마중**을 갑니다.
아빠가 우산을 들고 버스 정류장에 **마중**을 나오셨어요.

(반) 배웅
• 마중(을) 하다, 마중을 가다, 마중을 오다, 마중을 나가다

13 마지막 명

the last / 最后 / cuối cùng

그 드라마의 **마지막** 장면이 기억에 남습니다.
마지막으로 하고 싶은 말이 뭐예요?

> 반 처음

14 마치다 동

마치고, 마쳐서,
마치면, 마칩니다

finish / 结束 / kết thúc

저는 공부를 **마치고** 회사에 취직하려고 합니다.
보통 일을 **마치면** 부모님이 하시는 가게에 들러요.

15 마트 명

mart / 超市 / chợ

저녁 늦게 **마트**에 가면 할인하는 상품들이 많습니다.
저는 보통 동네 **마트**에서 장을 봐요.

> 유 가게

16 막히다 동

[마키다]

막히고, 막혀서,
막히면, 막힙니다

be blocked / 堵 / bị chặn, bị tắc

출퇴근 시간에는 길이 **막히니까** 일찍 출발합시다.
명절에는 고향에 가는 사람들이 많아서 길이 **막혀요**.

> • N이/가 막히다
> • 길이 막히다, 기가 막히다, 코가 막히다

17 만약 명, 부

if / 如果 / giá như

명 늘 **만약**을 위해 조심해야 합니다.
부 **만약** 내일 비가 오면 행사는 취소될 거예요.

> 유 만일
> • 만약(에) A–(으)면/V–(으)면
> • 만약에 키가 더 크면, 만약에 내가 죽으면

18 만일 명, 부

if / 万一 / nếu như

명 **만일**을 생각해서 일찍 출발해야 합니다.
부 **만일** 일이 잘못되어도 너무 실망하지 마세요.

> 유 만약
> • 만일(에) A–(으)면/V–(으)면
> • 만일에 키가 더 크면, 만일에 내가 죽으면

19 만지다 통

만지고, 만져서,
만지면, 만집니다

touch / 抚摸 / sờ, chạm

손으로 **만지지** 말고 눈으로만 구경하십시오.
저는 말하면서 머리를 **만지는** 버릇이 있어요.

20 만화 명

cartoon / 漫画 / hoạt hình, truyện tranh

어렸을 때 **만화** 영화를 즐겨 보았습니다.
요즘에는 인기 있는 **만화**를 영화로 만들기도 해요.

21 말² 의

end / 末（依存名词）/ cuối

이번 달 **말**까지는 그 일을 꼭 마쳐야 합니다.
기말시험은 학기 **말**에 보니까 아직 시간이 있어요.

> 반 초
> • 초-중-말

22 맞추다 통

[맏추다]

맞추고, 맞춰서,
맞추면, 맞춥니다

① compare, check ② set / ① 对（答案）② 调整 / ① so ② chỉnh lại

① 문제를 푼 후에 정답을 **맞춰** 보았습니다.
② 알람 시계를 6시로 **맞추고** 일찍 잤어요.

> • 답을 맞추다, 시간을 맞추다, 기분을 맞추다

23 매년 부

every year / 每年 / mỗi năm

매년 등록금이 조금씩 오르고 있습니다.
우리 가족은 **매년** 바다로 여름휴가를 떠나요.

> 유 해마다, 매해
> • 매일-매주-매달-매년

24 매다 통

매고, 매서,
매면, 맵니다

wear, tie / 系 / đeo

파란색 넥타이를 **매고** 있는 분이 저희 아버지이십니다.
자동차가 출발하기 전에 안전벨트를 **매야** 돼요.

25 매달 부

every month / 每月 / mỗi tháng

마트는 **매달** 첫 번째 월요일에 쉽니다.
우리 회사는 **매달** 25일에 월급을 줘요.

> 유 달마다, 매월
> • 매일-매주-매달-매년

26 매우 부

very / 非常 / rất

가을 하늘은 **매우** 높고 푸릅니다.
남편은 고기를 **매우** 좋아하는 편이에요.

> 유 아주

27 매주 부

every week / 每周 / mỗi tuần

이 드라마는 **매주** 수요일에 방송됩니다.
저는 **매주** 요가를 배우러 다녀요.

> 유 주마다
> • 매일-매주-매달-매년

28 매표소 명

ticket office / 售票处 / quầy bán vé

사람들이 **매표소** 앞에 줄을 섰습니다.
친구하고 놀이공원 **매표소** 앞에서 만나기로 했어요.

29 멀리 부

far / 远远地 / xa (xôi)

방학에는 가능하면 **멀리** 떠나고 싶습니다.
직장에서 **멀리** 이사를 해서 좀 불편해요.

> 반 가까이

30 멈추다 동

멈추고, 멈춰서,
멈추면, 멈춥니다

stop / 停止 / dừng

① 배터리가 없어서 시계가 **멈추어** 버렸습니다.
② 말을 하다가 음악 소리가 들려서 잠시 **멈추었어요**

> • N이/가 멈추다, N을/를 멈추다
> • 차가 멈추다, 소리가 멈추다, 기계를 멈추다, 말을 멈추다

❝ **오늘 공부할 어휘입니다. 알고 있는 단어에 ☑ 해 보세요.** ❞

☐ 메다 [동]   ☐ 메모 [명]   ☐ 메시지 [명]

☐ 메일 [명]   ☐ 명절 [명]   ☐ 모기 [명]

☐ 모든 [관]   ☐ 모습 [명]   ☐ 모양 [명]

☐ 모으다 [동]   ☐ 모이다 [동]   ☐ 모임 [명]

☐ 모자라다 [동]   ☐ 목걸이 [명]   ☐ 목도리 [명]

☐ 목소리 [명]   ☐ 목욕 [명]   ☐ 목적 [명]

☐ 못생기다 [동]   ☐ 무게 [명]   ☐ 무궁화 [명]

☐ 무료 [명]   ☐ 무릎 [명]   ☐ 무섭다 [형]

☐ 무척 [부]   ☐ 문제 [명]   ☐ 물고기 [명]

☐ 물론 [명]   ☐ 물어보다 [동]   ☐ 미끄러지다 [동]

✎ 다음 페이지에서 자세히 공부해 볼까요?

01 메다 동

shoulder, carry, wear / 背 / mang, đeo, vác

메고, 메서,
메면, 멥니다

학생이 어깨에 큰 가방을 **메고** 앉아 있었습니다.
친구는 배낭을 **메고** 유럽으로 여행을 떠났어요.

02 메모 명

memo, note / 备忘录 / ghi chú

잊어버리지 않으려고 **메모**를 해 놓았습니다.
김 과장님에게 **메모** 좀 전해 주세요.

• 메모(를) 하다. 메모를 쓰다. 메모를 남기다

03 메시지 명

message / 信息 / lời nhắn

친구에게 생일 축하 **메시지**를 보냈습니다.
남자 친구한테 받은 **메시지**를 지워 버렸어요.

• 메시지를 보내다. 메시지를 받다. 메시지를 지우다

04 메일 명

email / 电子邮箱 / email

요즘에는 편지 대신 **메일**을 많이 보냅니다.
보낸 **메일**을 취소하고 싶은데 어떻게 해야 돼요?

• 메일을 보내다. 메일을 받다. 메일을 취소하다

05 명절 명

national holiday / 节日 / ngày lễ tết

한국에서는 설날과 추석이 가장 큰 **명절**입니다.
보통 **명절**에는 가족들과 함께 모여서 식사를 해요.

• 명절을 보내다. 명절을 쇠다

06 모기 명

mosquito / 蚊子 / con muỗi

여름에는 **모기**가 매우 많습니다.
모기한테 물려서 피부가 가려워요.

07 모든 관

all / 所有 / tất cả

세상의 **모든** 부모들은 자식을 매우 사랑합니다.
지하철을 타는 **모든** 사람들이 마스크를 써야 돼요.

- 모든 N

08 모습 명

the way sb or sth looks, a figure, image / 样子 / dáng vẻ, hình tượng

살아 계실 때 아버지의 **모습**이 아직도 생생합니다.
진심으로 바라는 자신의 **모습**은 어떤 **모습**인가요?

09 모양 명

shape / 样子 / hình tượng

나라마다 만두의 **모양**과 재료가 다릅니다.
이 과자는 **모양**도 예쁘고 색깔도 예뻐서 인기가 많아요.

10 모으다 동

모으고, 모아서,
모으면, 모읍니다

save, collect / 收集 / gom góp

세계여행을 하려고 돈을 **모으고** 있습니다.
제 취미는 여러 나라의 동전을 **모으는** 거예요.

- N을/를 모으다
- 돈을 모으다, 사람을 모으다, 우표를 모으다

11 모이다 동

모이고, 모여서,
모이면, 모입니다

gather / 聚集 / tụ họp

학생들이 모두 **모이면** 출발할 예정입니다.
마을에 있는 큰 나무 아래에 사람들이 **모여** 있어요.

- N이/가 모이다
- 사람들이 모이다, 물고기가 모이다

12 모임 명

meeting, gathering / 聚会 / cuộc họp, hội nhóm

우리는 한 달에 한 번씩 **모임**을 갖고 있습니다.
바빠서 오늘 **모임**에 참석을 못 할 것 같아요.

- 모임을 하다, 모임을 가지다, 모임에 참석하다

13 모자라다 [동]

모자라고, 모자라서,
모자라면, 모자랍니다

be short, be inadequate, be lacking / 不足 / thiếu, kém

시험 문제가 어려워서 시간이 **모자랐습니다**.
집들이를 하는데 음식이 안 **모자랄지** 모르겠어요.

🔄 부족하다　　　　　　　🔁 남다, 충분하다
• N이/가 모자라다

14 목걸이 [명]

[목꺼리]

necklace / 项链 / dây chuyền

오늘 남자 친구가 사 준 **목걸이**를 했습니다.
어머니 생신 때 예쁜 **목걸이**를 사 드렸어요.

• 목걸이를 하다, 목걸이를 걸다

15 목도리 [명]

[목또리]

scarf / 围脖 / khăn quàng cổ

겨울이 되자 사람들은 코트에 **목도리**를 했습니다.
내가 직접 만든 **목도리**를 친구에게 선물했어요.

• 목도리를 하다

16 목소리 [명]

[목쏘리]

voice / 嗓音 / giọng nói

저는 부모님의 **목소리**를 들으면 힘이 납니다.
그 가수는 **목소리**가 참 좋아요.

17 목욕 [명]

bath / 洗澡 / việc tắm gội

목욕탕은 돈을 내고 **목욕**을 하는 곳입니다.
오랜만에 **목욕**을 하고 나니까 기분이 아주 상쾌해요.

• 목욕(을) 하다

18 목적 [명]

[목쩍]

purpose / 目的 / mục đích

이번 여행의 **목적**은 휴식입니다.
한국어를 공부하는 **목적**이 뭐예요?

• 목적을 가지다, 목적을 이루다

19 못생기다 동
[몯쌩기다]
못생기고, 못생겨서,
못생기면, 못생깁니다

ugly / 难看 / xấu (xí)

민수는 얼굴은 **못생겼지만** 성격은 좋습니다.

이마가 **못생겨서** 앞머리를 항상 내리고 다녀요.

> 반 잘생기다
> • 얼굴이 못생기다, 모양이 못생기다

20 무게 명

weight / 重量 / cân nặng

가방 **무게**가 20kg이 넘으면 안 됩니다.

소포를 보내려면 저울에 올려서 **무게**를 재야 돼요.

> • 무게를 재다

21 무궁화 명

[Mugunghwa] the national flower of Korea / 木槿花 / hoa dâm bụt

대한민국의 국화는 **무궁화**입니다.

무궁화는 여러 가지 색깔의 꽃이 있어요.

22 무료 명

no charge / 免费 / miễn phí

이 컴퓨터는 1년 동안 **무료**로 수리를 해 드립니다.

음식을 주문하시면 음료수는 **무료**예요.

> 유 공짜   반 유료

23 무릎 명
[무릅]

knee / 膝盖 / đầu gối

계단을 올라갈 때 **무릎**이 아픕니다.

치마 길이가 **무릎**까지 오면 좋을 거 같아요.

> • 머리-목-어깨-가슴-팔-손-허리-배-다리-무릎-발

24 무섭다 형
[무섭따]
무섭고, 무서워서,
무서우면, 무섭습니다

be scary / 害怕，严厉 / sợ, đáng sợ

어두운 길을 걸어오는데 **무서워서** 뛰어왔습니다.

우리 선생님은 호랑이처럼 **무서워요**

25 무척 〔부〕

very / 非常 / rất

어머니가 합격 소식을 듣고 **무척** 기뻐하셨습니다.
두 사람은 **무척** 가까운 친구처럼 보였어요.

> 윤 매우, 아주, 굉장히

26 문제 〔명〕

question, problem / 題，问题 / đề, vấn đề

시험 **문제**가 너무 어려웠습니다.
외국 생활할 때 **문제**가 생기면 어떻게 해요?

> • 문제를 내다, 문제를 풀다, 문제가 생기다, 문제를 해결하다

27 물고기 〔명〕
[물꼬기]

fish / 鱼 / con cá

물고기는 먹이가 있는 곳으로 모였습니다.
물이 더러워져서 **물고기**가 모두 죽어 버렸어요.

28 물론 〔명〕

of course / 当然 / dĩ nhiên

가: 한국에 도착하면 바로 전화해요.
나: **물론**이지요. 너무 걱정하지 말고 들어가요.

29 물어보다 〔동〕

물어보고, 물어봐서,
물어보면, 물어봅니다

ask / 问 / hỏi thử

사람들에게 지하철역이 어디에 있는지 **물어봤습니다.**
모르는 게 있으면 언제든지 **물어보세요.**

> 반 대답하다
> • N1에게 N2을/를 물어보다
> • 사람들에게 길을 물어보다

30 미끄러지다 〔동〕

미끄러지고, 미끄러져서,
미끄러지면, 미끄러집니다

slide, slip / 滑 / trơn trượt

길이 얼어서 걸으면서 몇 번이나 **미끄러졌습니다.**
발이 **미끄러지면서** 넘어져서 발목을 삐었어요.

> • N이/가 미끄러지다
> • 아이가 미끄러지다, 차가 미끄러지다

오늘 공부할 어휘입니다. 알고 있는 단어에 ☑ 해 보세요.

□ 미래 [명]　　　　□ 미리 [부]　　　　□ 미술관 [명]

□ 미역국 [명]　　　□ 미터 [의]　　　　□ 믿다 [동]

□ 밀가루 [명]　　　□ 밀다 [동]　　　　□ 바깥 [명]

□ 바뀌다 [동]　　　□ 바닥 [명]　　　　□ 바닷가 [명]

□ 바라다 [동]　　　□ 바라보다 [동]　　□ 바르다 [동]

□ 바이올린 [명]　　□ 박수 [명]　　　　□ 반대 [명]

□ 반드시 [부]　　　□ 반바지 [명]　　　□ 반지 [명]

□ 반찬 [명]　　　　□ 받아쓰다 [동]　　□ 발가락 [명]

□ 밝다 [형]　　　　□ 방금 [부], [명]　　□ 방문 [명]

□ 방법 [명]　　　　□ 방송 [명]　　　　□ 방송국 [명]

✎ 다음 페이지에서 자세히 공부해 볼까요?

01 **미래** 명

future / 未来 / tương lai

아이들은 우리나라의 **미래**입니다.
미래를 위해서 늘 열심히 노력하고 있어요.

반 과거
· 과거-현재-미래

02 **미리** 부

beforehand / 事先 / sẵn, trước

시험에 대해서 **미리** 알아보고 준비해야 합니다.
여행을 떠나기 전에 필요한 물건을 **미리** 사야 돼요.

유 먼저   반 나중에

03 **미술관** 명

art gallery / 美术馆 / viện mỹ thuật

미술관에서 유명한 화가의 전시회를 합니다.
주말에 **미술관**에 그림을 보러 갈 거예요.

04 **미역국** 명
[미역꾹]

[Miyeok-guk] seaweed soup / 海带汤 / canh rong biển

한국 사람들은 보통 생일날 **미역국**을 먹습니다.
한국에서는 아이를 낳은 후에 **미역국**을 먹어요.

05 **미터** 의

meter / 米（量词）/ mét

지하철역에서 20 **미터**쯤 걸어오면 편의점이 있습니다.
저는 예전에 100 **미터** 달리기 선수였어요.

06 **믿다** 동
[믿따]
믿고, 믿어서,
믿으면, 믿습니다

believe / 相信 / tin (tưởng)

부모님은 저를 **믿고** 항상 응원해 주십니다.
당신이 떠나지 않고 내 옆을 지켜 줄 것을 **믿어요**.

07 밀가루 명
[밀까루]

wheat flour / 面粉 / bột mỳ
보통 빵은 **밀가루**로 만들지만 이 빵은 쌀가루로 만듭니다.
저는 **밀가루**로 만든 음식을 좋아해서 자주 먹어요.

08 밀다 동
밀고, 밀어서,
밀면, 밉니다

push / 推 / đẩy
문을 앞으로 **밀고** 들어오십시오.
버스를 타거나 내릴 때 앞 사람을 **밀면** 위험해요.

반 당기다

09 바깥 명
[바깓]

outside / 外面 / bên ngoài, bề ngoài, ngoài trời
집 **바깥**에서 시끄러운 소리가 들렸습니다.
바람이 불어서 **바깥** 날씨가 너무 추워요.

유 밖   반 안

10 바뀌다 동
바뀌고, 바뀌어서,
바뀌면, 바뀝니다

change / 改变，更换 / bị thay đổi
한국에 와서 성격이 좀 **바뀌었습니다**.
오랜만에 그 식당에 갔는데 주인이 **바뀌어** 있었어요.

• N이/가 바뀌다

11 바닥 명

floor / 地面 / sàn
교실 **바닥**에 사진이 한 장 떨어져 있었습니다.
주말에 **바닥**도 닦고 창문도 닦고 대청소를 했어요.

12 바닷가 명
[바닫까]

beach / 海边 / bờ biển
저는 어렸을 때 **바닷가**에서 자주 수영을 했습니다.
바닷가에서 해가 뜨는 모습을 보고 싶어요.

13 바라다 동

바라고, 바라서,
바라면, 바랍니다

want / 期望 / mong cầu

시험에 반드시 합격하기를 **바랍니다**.
부모님이 건강하게 오래 사시기를 **바랍니다**.

> 🔁 원하다
> • V-기를 바라다

14 바라보다 동

바라보고, 바라봐서,
바라보면, 바라봅니다

look at, stare / 凝视，观察 / nhìn theo

좋아하는 사람은 계속 **바라보고** 싶습니다.
아들을 **바라보는** 부모님 얼굴이 너무 행복해 보였어요.

15 바르다 동

바르고, 발라서,
바르면, 바릅니다

put on, apply / 涂抹 / bôi, thoa

이 약을 다친 곳에 **바르면** 빨리 나을 겁니다.
요즘 햇빛이 너무 뜨거워서 선크림을 **발라야** 돼요.

> • 약을 바르다, 화장품을 바르다

16 바이올린 명

violin / 小提琴 / đàn vĩ cầm

연주회에서 **바이올린**을 켜는 그의 모습은 정말 멋있었습니다.
저는 어렸을 때 악기를 조금 배워서 **바이올린**을 연주할 줄 알아요.

> • 바이올린을 켜다, 바이올린을 연주하다

17 박수 명

[박쑤]

applause, clapping / 鼓掌 / sự vỗ tay

그 가수의 노래를 듣고 사람들이 모두 **박수**를 쳤습니다.
발표할 때 **박수**를 받으면 자신감이 생기는 것 같아요.

> • 박수(를) 치다, 박수를 받다

18 반대 명

the opposite / 相反，反对 / ngược lại, sự phản đối

그는 나를 발견하자마자 갑자기 **반대** 방향으로 뛰어갔습니다.
내가 **반대**를 하는 이유는 너와 생각이 다르기 때문이야. 🔄 찬성

> • 반대(를) 하다

19 반드시 [부]

without fail / 一定 / chắc chắn, nhất thiết

열심히 노력하면 **반드시** 성공할 겁니다.
그 사람은 오늘 모임에 **반드시** 올 거예요.

> ⑨ 꼭

20 반바지 [명]

shorts / 短裤 / quần đùi

그 사람은 짧은 머리에 **반바지**를 입고 있었습니다.
날씨가 더워서 **반바지**에 반팔 티셔츠를 입었어요.

21 반지 [명]

ring / 戒指 / chiếc nhẫn

민수는 여자 친구에게 **반지**를 선물했습니다.
선물 받은 **반지**가 손가락에 잘 맞았어요.

> • 반지를 끼다, 반지를 빼다

22 반찬 [명]

side dish / 菜肴 / món ăn kèm

한식에는 밥과 **반찬**, 그리고 국이 있습니다.
제가 제일 좋아하는 **반찬**은 감자볶음이에요.

> • 반찬을 하다, 반찬을 만들다

23 받아쓰다 [동]

받아쓰고, 받아써서,
받아쓰면, 받아씁니다

write down / 听写 / viết chính tả

유튜브 강의를 보면서 중요한 내용을 **받아썼습니다.**
저는 좋아하는 노래의 가사를 **받아쓰고** 외웠어요.

24 발가락 [명]

[발까락]

toe / 脚趾头 / ngón chân

신발이 너무 작아서 **발가락**이 아픕니다.
동생은 **발가락**이 손가락처럼 길어요.

> ⑳ 손가락

25 밝다 [형]

[박따]

밝고, 밝아서,
밝으면, 밝습니다

bright / 明亮 / sáng (sủa)

불을 켜니까 교실이 **밝습니다**.
저는 어두운 색깔보다는 **밝은** 색이 잘 어울려요.

> 반 어둡다
> • 성격이 밝다, 얼굴이 밝다

26 방금 [부], [명]

just (now) / 刚刚 / vừa mới

부 그 소식을 **방금** 친구에게 들었습니다.
명 **방금** 전에 무슨 소리 못 들었어요?

> 유 금방

27 방문 [명]

visit / 访问 / thăm viếng

이곳에 오신 여러분의 **방문**을 환영합니다.
선배는 매주 두 번 학교로 **방문**을 해요.

> • 방문(을) 하다, 방문을 받다, 방문을 환영하다

28 방법 [명]

way, means / 方法 / phương pháp

공부를 잘하는 **방법**에 대해서 말씀드리려고 합니다.
스마트폰 사용 **방법**을 할머니께 가르쳐 드렸어요.

29 방송 [명]

broadcast / 广播 / việc phát sóng

지금은 **방송** 중이라서 들어가실 수 없습니다.
저 사람은 요즘 **방송**에 자주 나오는 가수예요.

> • 방송(을) 하다, 방송에 나오다

30 방송국 [명]

broadcasting station / 广播局 / đài truyền hình

친구는 **방송국**에서 기자로 일하고 있습니다.
친구하고 **방송국**에 놀러 가기로 했어요.

"" **오늘 공부할 어휘입니다. 알고 있는 단어에 ☑ 해 보세요.** ""

☐ 방향 명	☐ 배³ 명	☐ 배달 명
☐ 배드민턴 명	☐ 배탈 명	☐ 버릇 명
☐ 버리다 동	☐ 번째 의	☐ 벌 의
☐ 벌다 동	☐ 벌써 부	☐ 벗다 동
☐ 벽 명	☐ 변하다 동	☐ 변호사 명
☐ 별 명	☐ 병문안 명	☐ 보이다¹ 동
☐ 보이다² 동	☐ 복습 명	☐ 복잡하다 형
☐ 볶다 동	☐ 봉투 명	☐ 뵙다 동
☐ 부끄럽다 형	☐ 부드럽다 형	☐ 부럽다 형
☐ 부르다² 형	☐ 부부 명	☐ 부분 명

✎ 다음 페이지에서 자세히 공부해 볼까요?

01 방향 명

direction / 方向 / hướng

이쪽은 집으로 가는 **방향**과 반대입니다.
지금 잘못된 **방향**으로 가고 있는 것 같아요.

• 방향을 잃다, 방향을 잡다, 방향을 찾다

02 배³ 명

~ times / 倍 / gấp

작년보다 물가가 두 **배**로 올랐습니다.
인터넷의 속도가 이전보다 세 **배**가 빨라졌어요.

03 배달 명

delivery / 送货 / giao hàng

5만 원 이상이면 **배달**을 해 드립니다.
자장면 한 그릇을 주문하려고 하는데 **배달**이 되나요?

• 배달(을) 하다, 배달(이) 되다, 배달이 늦다

04 배드민턴 명

badminton / 羽毛球 / cầu lông

한국에서 인기 있는 스포츠 중 하나가 **배드민턴**입니다.
오늘 시간 있으면 **배드민턴** 치러 갈래요?

• 배드민턴을 하다, 배드민턴을 치다

05 배탈 명

stomachache / 腹泻 / tiêu chảy, đau bụng

어제 너무 많이 먹어서 **배탈**이 났습니다.
배탈이 심해서 오늘 학교도 못 가고 누워 있어요.

• 배탈이 나다, 배탈이 심하다

06 버릇 명
[버른]

habit / 癖性 / tật

좋지 않은 **버릇**은 빨리 고치는 게 좋습니다.
민수는 고민이 있을 때 얼굴을 만지는 **버릇**이 있어요.

😊 습관
• 버릇을 고치다, 버릇이 없다
• 세 살 버릇 여든까지 간다

07 버리다 동

버리고, 버려서,
버리면, 버립니다

throw away / 丢弃 / bỏ, vứt

쓰레기는 쓰레기통에 **버려야** 합니다.
이사를 가려고 필요 없는 물건들을 모두 **버렸어요.**

08 번째 의

(the first, second…) count / 第… (表顺序或次数) / lần thứ

한국을 방문한 것은 이번이 두 **번째**입니다.
오늘은 그녀와 첫 **번째** 데이트를 하는 날이에요.

• 첫 번째-두 번째-세 번째-네 번째-다섯 번째

09 벌 의

pair of, suit of / 套 (量词) / bộ

저는 양복이 한 **벌**밖에 없습니다.
백화점에서 예쁜 원피스를 두 **벌** 샀어요.

10 벌다 동

벌고, 벌어서,
벌면, 법니다

make, earn / 赚 / kiếm

저는 아르바이트로 생활비를 **벌고** 있습니다.
이번 학기 등록금을 **벌려면** 방학 때 쉴 수 없어요.

• 돈을 벌다, 학비를 벌다, 시간을 벌다

11 벌써 부

already / 已经 / đã (…rồi sao)

방학이 **벌써** 다 끝났습니다.
시간이 **벌써** 10시가 넘었네요.

🔄 이미

12 벗다 동
[벋따]

벗고, 벗어서,
벗으면, 벗습니다

take off / 脱 / cởi

저는 집에 들어와서 코트를 **벗었습니다.**
방에 들어갈 때 신발을 **벗고** 들어가야 돼요.

🔄 입다, 신다, 쓰다, 끼다
• 옷을 벗다, 신발을 벗다, 모자를 벗다, 안경을 벗다

13 벽 명

wall / 墙 / tường

우리 집 **벽**에는 예쁜 그림이 걸려 있습니다.
벽화 마을은 **벽**에 예쁜 그림을 그려 놓은 마을이에요.

14 변하다 동

변하고, 변해서,
변하면, 변합니다

change / 变 / thay đổi

시간이 지나면 모든 것은 **변합니다**.
사회가 **변하면서** 사람들의 생각도 변해요.

- N이/가 변하다

15 변호사 명

lawyer / 律师 / luật sư

저는 **변호사**가 돼서 어려운 사람들을 도울 겁니다.
변호사는 법에 대해서 잘 알고 있는 사람이에요.

16 별 명

star / 星星 / sao

시골의 밤하늘에는 **별**이 참 많습니다.
밤이 되니까 **별**이 반짝반짝 빛나고 있어요.

- 하늘의 별 따기

17 병문안 명

visit to a sick person / 探望病人 / sự đi thăm bệnh

친구가 병원에 입원을 해서 **병문안**을 다녀왔습니다.
병문안을 갈 때에는 과일이나 음료수를 사 가요.

유 문병
- 병문안을 하다, 병문안을 가다, 병문안을 오다

18 보이다¹ 동

보이고, 보여서,
보이면, 보입니다

be in sight / 看见 / nhìn thấy

창문 밖으로 산이 **보입니다**.
스마트폰이 어디에 있는지 안 **보여서** 찾고 있어요.

- N이/가 보이다, A-아/어 보이다
- 산이 보이다, 얼굴이 피곤해 보이다

19 보이다² 동

보이고, 보여서,
보이면, 보입니다

show / 给…看 / cho xem

저는 친구에게 가족사진을 **보여** 주었습니다.
죄송하지만 신분증 좀 **보여** 주세요.

• N1(사람)에게 N2을/를 보여 주다

---

20 복습 명

[복씁]

review / 复习 / ôn tập

공부를 잘하려면 예습과 **복습**을 잘 해야 합니다.
집에서 **복습**을 하면서 배운 내용을 다시 공부했어요.

⑩ 예습
• 복습(을) 하다

---

21 복잡하다 형

[복짜파다]

복잡하고, 복잡해서,
복잡하면, 복잡합니다

be complicated / 复杂 / phức tạp

내용이 무척 **복잡해서** 이해가 잘 안 됩니다.
길이 **복잡하지** 않으니까 금방 도착할 거예요.

• 머리가 복잡하다, 길이 복잡하다

---

22 볶다 동

[복따]

볶고, 볶아서,
볶으면, 볶습니다

fry / 炒 / rang, xào

김치를 밥과 **볶으면** 김치볶음밥이 됩니다.
중국에서는 **볶은** 야채를 많이 먹는 편이에요.

---

23 봉투 명

bag, envelope / 袋子 / túi, bao

쓰레기는 **봉투**에 넣어서 버려야 합니다.
첫사랑에게 쓴 편지를 **봉투**에 넣어서 부쳤어요.

• 봉투에 넣다, 봉투를 뜯다

---

24 뵙다² 동

[뵙따]

뵙고, 뵈어서
뵈면, 뵙습니다

(polite) meet / "见面"的敬语 / gặp

처음 **뵙겠습니다**. 저는 김영희라고 합니다.
이렇게 **뵙고** 인사드릴 수 있어서 다행입니다.

• 부모님을 뵙다, 사장님을 뵙다, 선생님을 뵙다

25 부끄럽다 형

[부끄럽따]

부끄럽고, 부끄러워서,
부끄러우면, 부끄럽습니다

ashamed, shy / 羞愧，害羞 / xấu hổ. mắc cỡ

부모님께 거짓말을 한 내 자신이 너무 **부끄럽습니다**.
좋아하는 사람 앞에서는 **부끄러워서** 아무 말도 못 해요.

26 부드럽다 형

[부드럽따]

부드럽고, 부드러워서,
부드러우면, 부드럽습니다

soft / 嫩，柔和 / mềm (mại)

아기 피부처럼 **부드러운** 피부를 갖고 싶습니다.
목소리가 정말 따뜻하고 **부드러웠어요**.

• 피부가 부드럽다, 목소리가 부드럽다, 고기가 부드럽다

27 부럽다 형

[부럽따]

부럽고, 부러워서,
부러우면, 부럽습니다

envious of / 羨慕 / ghen tị, ganh tị

장학금을 받은 친구가 너무 **부럽습니다**.
너는 세상에서 **부러운** 것이 없을 것 같아.

28 부르다² 형

부르고, 불러서,
부르면, 부릅니다

be full / 饱 / no, đầy

오랜만에 고향 음식을 배가 **부르게** 먹었습니다.
너무 맛있는데 배가 **불러서** 더 이상 못 먹겠어요.

반 고프다
• 배(가) 부르다

29 부부 명

married couple / 夫妻 / vợ chồng

우리 **부부**는 성격은 다르지만 취미가 비슷합니다.
부부가 서로 닮으면 오래오래 잘 산다는 말이 있어요.

30 부분 명

part / 部分 / bộ phận

이해가 안 되는 **부분**은 질문해 주십시오.
드라마의 마지막 **부분**이 정말 감동적이었어요.

오늘 공부할 어휘입니다. 알고 있는 단어에 ☑ 해 보세요.

☐ 부인 명	☐ 부자 명	☐ 부족하다 형
☐ 부지런하다 형	☐ 부치다 동	☐ 북쪽 명
☐ 분명하다 형	☐ 분식 명	☐ 분위기 명
☐ 불쌍하다 형	☐ 불안 명	☐ 불편 명
☐ 붉다 형	☐ 붙다 동	☐ 붙이다 동
☐ 비교 명	☐ 비누 명	☐ 비다 동
☐ 비디오 명	☐ 비밀 명	☐ 비슷하다 형
☐ 빌딩 명	☐ 빠지다 동	☐ 빨갛다 형
☐ 빨다 동	☐ 빨래 명	☐ 빵집 명
☐ 빼다 동	☐ 뽑다 동	☐ 사거리 명

✍ 다음 페이지에서 자세히 공부해 볼까요?

01 부인 [명]

wife / 夫人 / vợ

이번 모임에 **부인**과 함께 나오셔야 합니다.
은퇴하면 **부인**과 함께 시골에서 살려고 해요.

⊕ 아내	⊕ 남편

02 부자 [명]

the rich / 富人 / nhà giàu

저는 성공해서 **부자**가 되고 싶습니다.
부자는 아니지만 행복하게 살고 있어요.

03 부족하다 [형]
[부조카다]

부족하고, 부족해서,
부족하면, 부족합니다

insufficient / 不足 / thiếu

시간이 **부족해서** 문제를 다 풀지 못했습니다.
바빠서 쉴 시간도 **부족하고** 잠잘 시간도 **부족해요.**

⊕ 모자라다	⊕ 남다, 충분하다

04 부지런하다 [형]

부지런하고, 부지런해서,
부지런하면, 부지런합니다

hard-working / 勤奮 / siêng năng

부지런한 사람은 반드시 성공할 겁니다.
아버지는 **부지런해서** 항상 제일 먼저 일어나세요.

⊕ 게으르다

05 부치다 [동]

부치고, 부쳐서,
부치면, 부칩니다

send / 邮寄 / gửi đi

소포를 **부치러** 우체국에 가려고 합니다.
친구에게 줄 선물을 택배로 **부쳤어요.**

⊕ 보내다
• 편지를 부치다, 돈을 부치다

06 북쪽 [명]

north / 北边 / phía bắc

바람이 **북쪽**에서 동쪽으로 불고 있습니다.
북쪽 지방이 남쪽 지방보다 더 추운 편입니다.

• 동쪽-서쪽-남쪽-북쪽

07 분명하다 형

분명하고, 분명해서,
분명하면, 분명합니다

clear / 明确，清楚 / minh bạch, một cách rõ ràng

제 이름을 부르는 소리를 **분명하게** 들었습니다.
그런 말을 하는 걸 보니 너를 좋아하는 게 **분명해**.

⊕ 확실하다

08 분식 명

snack food / 小吃店 / thức ăn làm từ bột mì

저는 **분식**을 좋아해서 분식집에 자주 갑니다.
분식이 먹고 싶어서 떡볶이를 주문했어요.

09 분위기 명

mood, atmosphere / 氛围 / bầu không khí

생일날 **분위기**가 좋은 카페에 가기로 했습니다.
꽃병을 올려놓으니까 **분위기**가 더 밝아졌어요.

• 분위기가 좋다, 분위기가 나쁘다

10 불쌍하다 형

불쌍하고, 불쌍해서,
불쌍하면, 불쌍합니다

pitiful, poor / 可怜 / tội nghiệp

그 아이가 너무 **불쌍해서** 눈물이 났습니다.
버려진 **불쌍한** 강아지를 집으로 데려왔어요.

11 불안 명

anxiety, nerves / 不安 / sự bất an

한 달 동안 **불안** 속에서 하루하루를 보냈습니다.
연락이 안 되니까 점점 **불안**을 느끼기 시작했어요.

• 불안하다, 불안을 느끼다

12 불편 명

discomfort, inconvenience / 不便 / sự bất tiện

다른 사람에게 **불편**을 주는 행동을 하면 안 됩니다.
공사 중이라서 주민들이 많은 **불편**을 느끼고 있어요.

• 불편하다, 불편을 주다, 불편을 느끼다

13 붉다 형

[북따]

붉고, 붉어서,
붉으면, 붉습니다

red / 红 / đỏ thắm

가을이 되어서 나무들이 **붉게** 물들었습니다.
아침이 되니까 **붉은** 태양이 떠오르고 있어요.

유 빨갛다

---

14 붙다 동

[붇따]

붙고, 붙어서,
붙으면, 붙습니다

① stick(= adhere) ② pass (an exam) / ① 粘贴 ② 被录取 / ①
dán(= dính) ② đỗ(= đậu)

① 교실 벽에는 안내문이 **붙어** 있습니다.
② 시험에 **붙으려고** 열심히 준비하고 있어요.

• N1에 N2이/가 붙다
• 벽에 종이가 붙다, 학생이 시험에 붙다

---

15 붙이다 동

[부치다]

붙이고, 붙여서,
붙이면, 붙입니다

stick / 粘贴 / dán

편지 봉투에 우표를 **붙여야** 합니다.
외울 단어들을 메모지에 써서 냉장고에 **붙여** 놓았어요.

• 파스를 붙이다, 스티커를 붙이다, 밴드를 붙이다

---

16 비교 명

comparison / 比较 / sự so sánh

저는 물건을 사기 전에 항상 가격 **비교**를 합니다.
엄마가 만든 음식은 다른 음식과는 **비교**가 안 돼요.

• 비교(를) 하다, 비교(가) 되다

---

17 비누 명

soap / 肥皂 / xà bông

손을 씻을 때는 **비누**로 깨끗이 씻어야 합니다.
요즘에는 **비누**를 직접 만들어서 쓰는 사람도 많아요.

---

18 비다 동

비고, 비어서,
비면, 빕니다

empty, vacant / 空 / trống rỗng

방학이라서 학교가 텅 **비었습니다.**
아무도 없는 **빈** 방에 혼자 있으니 외로웠어요.

반 차다
• N이/가 비다
• 텅 비다

19 비디오 명

video / 视频 / video

요즘에는 **비디오** 가게가 거의 없어졌습니다.
가끔씩 우리 부모님은 결혼식 때 찍은 **비디오**를 봐요.

20 비밀 명

secret / 秘密 / bí mật

제 친구는 **비밀**을 잘 지킵니다.
이 일은 아무도 모르게 **비밀**로 해 주세요.

- 비밀로 하다, 비밀을 말하다, 비밀을 지키다

21 비슷하다 형
[비스타다]
비슷하고, 비슷해서,
비슷하면, 비슷합니다

similar / 相似 / tương tự

동생은 저와 목소리가 **비슷합니다**.
형제는 **비슷하게** 생겼지만 성격은 달라요.

🔁 비슷비슷하다 　　　　　　 🔄 다르다
- N1와/과 N2이/가 비슷하다

22 빌딩 명

building / 高楼 / tòa nhà

시내에는 높은 **빌딩**이 많이 있습니다.
높은 **빌딩**들 사이로 시원한 바람이 불고 있어요.

🔁 건물
- 빌딩을 짓다, 빌딩을 세우다, 빌딩이 높다, 빌딩이 낮다

23 빠지다 동
빠지고, 빠져서,
빠지면, 빠집니다

fall into / 掉 / rơi vào

민수는 어렸을 때 물에 **빠진** 적이 있어서 물을 무서워합니다.
비가 너무 많이 와서 자동차가 강물에 **빠져** 버렸습니다.

- N1이/가 N2에 빠지다
- 아이가 물에 빠지다
- 사랑에 빠지다, 어려움에 빠지다

24 빨갛다 형
[빨가타]
빨갛고, 빨개서,
빨가면, 빨갑니다

red / 红 / (màu) đỏ

축구 경기를 볼 때 **빨간** 티셔츠를 입고 응원을 합니다.
사람들 앞에 서니까 부끄러워서 얼굴이 **빨개졌어요**.

🔁 붉다

199

25 빨다 동

빨고, 빨아서,
빨면, 빱니다

wash / 洗 / giặt

더러워진 옷은 얼른 **빨아야** 합니다.
주말이 되어서 옷을 **빨려고** 세탁기를 돌렸어요.

⊕ 빨래하다, 세탁하다

26 빨래 명

laundry / 洗衣服 / quần áo bẩn

세탁기 덕분에 **빨래**가 별로 힘들지 않습니다.
빨래를 할 때 하얀색 옷은 따로 빨아야 돼요.

• 빨래(를) 하다

27 빵집 명
[빵찝]

bakery / 面包店 / tiệm bánh mì

동네 **빵집**에서 빵 굽는 냄새가 납니다.
저녁에 **빵집**에 가면 빵을 싸게 팔아요.

28 빼다 동

빼고, 빼서,
빼면, 뺍니다

① subtract ② lose / 减掉 / ① trừ đi ② giảm

① 10에서 5를 **빼면** 5가 나옵니다. ㉠ 더하다
② 살을 **빼기** 위해서 운동을 시작했어요. ㉠ 찌우다

29 뽑다 동
[뽑따]

뽑고, 뽑아서,
뽑으면, 뽑습니다

elect / 选拔 / bầu

한국은 대통령을 국민의 손으로 직접 **뽑습니다**.
선생님이 저를 반장으로 **뽑아** 주셔서 아주 기뻐요.

• N1을/를 N2(으)로 뽑다
• 반장을 우리 손으로 뽑다, 민수를 반장으로 뽑다

30 사거리 명

intersection / 十字路口 / ngã tư

쭉 가다가 **사거리**에서 좌회전하시면 됩니다.
사거리 앞에 있는 횡단보도에서 세워 주세요.

• 삼거리-사거리-오거리

오늘 공부할 어휘입니다. 알고 있는 단어에 ☑ 해 보세요.

☐ 사계절 명	☐ 사고 명	☐ 사실 명, 부
☐ 사업 명	☐ 사이즈 명	☐ 사장 명
☐ 사탕 명	☐ 사흘 명	☐ 살² 명
☐ 삼거리 명	☐ 상 명	☐ 상자 명
☐ 상처 명	☐ 상품 명	☐ 새 관
☐ 새로 부	☐ 새롭다 형	☐ 새벽 명
☐ 새해 명	☐ 색깔 명	☐ 생각나다 동
☐ 생기다 동	☐ 생선 명	☐ 서다 동
☐ 서두르다 동	☐ 서랍 명	☐ 서로 부
☐ 서류 명	☐ 서비스 명	☐ 서양 명

✎ 다음 페이지에서 자세히 공부해 볼까요?

01 **사계절** 명

four seasons / 四季 / bốn mùa

한국은 **사계절**의 변화가 뚜렷한 편입니다.
사계절에서 봄과 가을이 점점 짧아지는 것 같아요.

- 사계절이 뚜렷하다, 사계절이 분명하다
- 봄-여름-가을-겨울

02 **사고** 명

accident / 事故 / tai nạn

이 길에서 **사고**가 많이 나니 조심하시기 바랍니다.
고속도로에서 **사고**가 나서 사람이 많이 다쳤어요.

- 사고가 나다, 사고를 내다, 사고를 당하다

03 **사실** 명, 부

(in) fact / 事实，说实在的 / sự thật, thật ra

명 더 이상 거짓말 하지 말고 **사실**을 말해 주십시오.
부 말은 하지 않았지만 **사실** 저는 그를 좋아해요.

04 **사업** 명

business / 生意，事业，工作 / kinh doanh

직장을 그만두고 **사업**을 시작하려고 합니다.
친구와 같이 **사업**을 하는 것은 반대예요.

- 사업(을) 하다, 사업을 시작하다, 사업이 망하다

05 **사이즈** 명

size, measurement / 尺寸 / kích cỡ

인터넷으로 신발을 샀는데 **사이즈**가 잘 맞습니다.
좀 크니까 이것보다 작은 **사이즈**로 보여 주세요.

- 사이즈가 맞다, 사이즈가 크다, 사이즈가 작다

06 **사장** 명

president, CEO / 总经理 / giám đốc

우리 회사의 **사장**님은 직원들에게 친절합니다.
요즘은 40대의 젊은 **사장**이 많아요.

07 사탕 ^명

candy / 糖 / kẹo

사탕은 설탕처럼 단 것으로 만듭니다.
화이트데이에 남자 친구가 **사탕**을 선물해 주었어요.

08 사흘 ^명

three days / 三天 / ba ngày, ngày ba

사흘 동안 비가 계속 내렸습니다.
여행을 시작한 지 벌써 **사흘**이 되었어요.

- 하루-이틀-사흘-나흘-닷새

09 살² ^명

flesh, weight / 肉 / cân, thịt

나이가 드니까 배 부분에 **살**이 많이 찝니다.
살을 빼려고 지난주부터 다이어트를 시작했어요.

- 살이 찌다, 살이 빠지다, 살을 빼다, 살을 찌우다

10 삼거리 ^명

three-way intersection / 三岔路 / ngã ba

조금만 더 가면 **삼거리**가 나옵니다.
이 길로 쭉 가다가 **삼거리**에서 길을 건너세요.

- 삼거리-사거리-오거리

11 상 ^명

award / 奬 / phần thưởng

저는 학교 다닐 때 **상**을 자주 받았습니다.
학교에 한 번도 결석하지 않아서 **상**을 받았어요.

- 상을 주다, 상을 받다, 상을 타다

12 상자 ^명

box / 箱子 / hộp

보낼 물건을 **상자**에 넣어서 포장했습니다.
선물 **상자**를 열어 보니 사탕이 들어 있었어요.

- 유 박스

13 상처 명

wound, hurt / 伤 / tổn thương, vết thương

요리하다가 다쳐서 **상처**에 약을 발랐습니다.
다른 사람에게 마음의 **상처**를 주면 안돼요.

- 상처가 나다, 상처를 주다, 상처를 받다

14 상품 명

product / 商品 / sản phẩm

주문하신 **상품**을 상자에 넣어서 택배로 보냈습니다.
상품이 마음에 안 들어서 환불을 신청했어요.

⊕ 물건, 제품

15 새 관

new / 新 / mới

오늘부터 **새** 학기가 시작됩니다.
설날에 아이들은 **새** 옷을 입고 **새** 신발을 신어요.

- 새 N

16 새로 부

newly / 新 / mới

휴대폰이 오래돼서 **새로** 나온 걸로 샀습니다.
이 빌딩은 **새로** 지은 거라서 시설이 깨끗해요.

- 새로 V

17 새롭다 형
[새롭따]
새롭고, 새로워서,
새로우면, 새롭습니다

be new, be fresh / 新 / mới (lạ)

우리 회사에서 **새로운** 상품을 만들었습니다.
이 책을 다시 읽었는데 느낌이 **새로웠어요.**

18 새벽 명

daybreak / 凌晨 / sáng sớm

새벽 공기가 맑고 깨끗합니다.
룸메이트가 **새벽**에 들어오는 소리에 잠이 깼어요.

19 새해 명

new year / 新年 / năm mới

새해에는 모든 일을 새롭게 시작할 겁니다.

새해 복 많이 받으세요.

> 반 지난해

20 색깔 명

color / 颜色 / màu sắc

저는 밝은 **색깔**의 옷을 좋아합니다.

까만 **색깔**에는 무슨 **색깔**이나 잘 어울려요.

> 유 색

21 생각나다 동

[생강나다]

생각나고, 생각나서,
생각나면, 생각납니다

be reminded of, occur to / 想起 / nhớ đến

가끔 돌아가신 아버지가 **생각납니다**.

'가족' 하면 **생각나는** 단어가 뭐예요?

> 유 떠오르다, 기억나다
> • N이/가 생각나다

22 생기다 동

생기고, 생겨서,
생기면, 생깁니다

be built, have, get / 有 / có được

이곳에 지하철역이 **생기고** 교통이 편리해졌습니다.

여자 친구가 **생기면** 분위기 좋은 곳에서 데이트를 할 거예요.

> • N이/가 생기다

23 생선 명

fish / 鱼 / cá

아버지는 **생선** 요리를 정말 좋아하셨습니다.

집에 올 때 시장에 들러서 **생선** 두 마리만 사 오세요.

24 서다 동

서고, 서서,
서면, 섭니다

stand / 站 / đứng

하루 종일 **서** 있어서 무릎이 너무 아픕니다.

서서 일하는 직업은 편한 신발을 신어야 돼요.

> 반 눕다

25 서두르다 동

서두르고, 서둘러서,
서두르면, 서두릅니다

hurry / 抓紧 / vội vàng

늦을까 봐 **서둘러서** 집을 나왔습니다.
서두르지 않으면 기차를 놓칠 것 같아요.

26 서랍 명

drawer / 抽屉 / ngăn kéo

책상 **서랍**을 열어 보니 옛날 사진이 들어 있었습니다.
서랍에 속옷과 양말을 정리해 놓았어요.

27 서로 부

each other / 互相 / lẫn nhau

사람은 **서로** 도우면서 살아야 합니다.
두 사람은 **서로** 사랑했고 드디어 결혼을 했어요.

> 함께, 서로서로

28 서류 명

document / 文件 / hồ sơ

입학을 신청하려면 필요한 **서류**를 준비해야 합니다.
봉투에 **서류**를 넣어서 사무실에 제출했어요.

29 서비스 명

service / 服务 / dịch vụ

이 식당은 분위기도 좋고 **서비스**도 참 좋습니다.
갈비를 주문하면 콜라가 **서비스**로 나와요.

> • 서비스(를) 하다, 서비스를 주다, 서비스를 받다

30 서양 명

the West / 西洋 / phương Tây

동양과 **서양**은 다른 문화가 참 많습니다.
저는 **서양** 요리를 배우고 있어요.

> 반 동양

오늘 공부할 어휘입니다. 알고 있는 단어에 ☑ 해 보세요.

□ 서쪽 명   □ 섞다 동   □ 선배 명

□ 선선하다 형   □ 선수 명   □ 선택 명

□ 선풍기 명   □ 설거지 명   □ 설날 명

□ 설탕 명   □ 섬 명   □ 섭섭하다 형

□ 성 명   □ 성격 명   □ 성공 명

□ 성적 명   □ 성함 명   □ 세계 명

□ 세다 형   □ 세배 명   □ 세상 명

□ 세우다 동   □ 세탁 명   □ 세탁기 명

□ 세탁소 명   □ 소리 명   □ 소설 명

□ 소식 명   □ 소중하다 형   □ 소파 명

✎ 다음 페이지에서 자세히 공부해 볼까요?

01 서쪽 명

west / 西边 / hướng tây

해는 동쪽에서 떠서 **서쪽**으로 집니다.
인천은 서울의 **서쪽**에 있어요.

• 동쪽-서쪽-남쪽-북쪽

02 섞다 동

[석따]

섞고, 섞어서,
섞으면, 섞습니다

mix / 掺杂 / trộn lẫn

물과 기름은 서로 **섞이지** 않아요.
여러 가지 재료를 **섞어서** 부대찌개를 끓였어요.

03 선배 명

senior, old friend, coworker / 前辈 / tiền bối

우리 학교는 **선배**와 후배의 관계가 좋습니다.
저는 직장 **선배**한테 많은 것을 배우고 있어요.

반 후배

04 선선하다 형

선선하고, 선선해서,
선선하면, 선선합니다

cool / 凉爽 / mát (mẻ)

가을이 되니까 날씨가 **선선해서** 산책하기에 좋습니다.
아침과 저녁으로 **선선한** 바람이 불어요.

05 선수 명

player, athlete / 选手 / vận động viên

제 어렸을 때 꿈은 축구 **선수**가 되는 것이었습니다.
친구가 좋아하는 야구 **선수**가 이번 경기에 나와요.

06 선택 명

choice / 选择 / việc lựa chọn

우리는 매일 **선택**을 하면서 살아갑니다.
발표 내용은 좋은데 제목 **선택**을 잘못한 것 같아요.

• 선택(을) 하다, 선택(이) 되다

07 선풍기 명

fan / 电风扇 / quạt máy

전기를 절약하기 위해서 에어컨 대신 **선풍기**를 사용합니다.
여름에는 **선풍기**를 세게 켜도 너무 더워요.

08 설거지 명

dish-washing / 刷锅洗碗 / rửa chén, rửa bát

식사 후에는 **설거지**를 해야 합니다.
저는 **설거지**를 할 테니까 영희 씨는 청소기를 돌려 주세요.

- 설거지(를) 하다

09 설날 명

[설랄]

[Seollal] Korean New Year's Day / 正月初一 / ngày Tết

한국에서 가장 대표적인 명절은 **설날**입니다.
이번 **설날**에는 고향에 내려갈 수 없어요.

- 설날을 맞다

10 설탕 명

sugar / 白糖 / đường

이 음식은 **설탕**이 많이 들어가서 좀 달아요.
커피에 **설탕**을 넣어 드릴까요?

11 섬 명

island / 岛屿 / đảo

제주도는 **섬**이라서 주변이 모두 바다입니다.
이 **섬**은 사람들이 아무도 살지 않아요.

12 섭섭하다 형

[섭써파다]

섭섭하고, 섭섭해서,
섭섭하면, 섭섭합니다

disappointed, regret / 依依不舍 / tiếc nuối

작년에는 친구들이 제 생일을 모두 잊어버려서 **섭섭했습니다**.
친구까지 나를 믿지 않아서 **섭섭한** 마음이 생겼어요.

- 유 서운하다

209

13 성 명

last name / 姓 / họ

한국에는 '김' 씨 **성**을 가진 사람이 많습니다.
여기에 **성**과 이름을 각각 써 주세요.

14 성격 명
[성껵]

character / 性格 / tính cách

제 **성격**은 활발한 편입니다.
저는 아버지의 **성격**을 닮아서 말이 별로 없어요.

• 성격이 좋다, 성격이 나쁘다

15 성공 명

success / 成功 / thành công

실패는 **성공**의 어머니라는 말이 있습니다.
직장 생활의 **성공**을 위해서는 최선을 다해야 돼요.

반 실패
• 성공(을) 하다, 성공을 이루다

16 성적 명

grade, achievements / 成绩 / thành tích

학교에서는 **성적**이 좋은 사람에게 장학금을 줍니다.
지난 시험보다 **성적**이 올라서 기분이 좋아요.

• 성적이 좋다, 성적이 나쁘다, 성적이 올라가다, 성적이 내려가다

17 성함 명

(honorific) one's name / "姓名"的敬称 / tên, danh tính

부모님의 **성함**이 어떻게 되십니까?
우리 교수님의 **성함**은 김민수입니다.

• '이름'의 높임말

18 세계 명

world / 世界 / thế giới

이곳은 **세계**에서 가장 아름다운 곳입니다.
전화를 **세계** 최초로 개발한 사람이 누구예요?

19 세다 형
세고, 세서,
세면, 셉니다

strong / (强)大 / mạnh

오늘 바람이 **세게** 불어서 좀 춥습니다.
어렸을 때 힘이 **세서** 팔씨름을 하면 다 이겼어요.

⊕ **강하다**　　　　　　　⊖ **약하다**
· 힘이 세다, 기운이 세다, 바람이 세다, 고집이 세다

20 세배 명

[Sebae] New Year's bow / 拜年 / sự lạy chào

설날에는 어른들께 **세배**를 드립니다.
할머니는 아이들에게 **세배**를 받고 세뱃돈을 주셨어요.

· 세배(를) 하다, 세배를 드리다, 세배를 받다

21 세상 명

world / 世间 / thế gian

세상은 넓고 갈 곳은 많습니다.
이 **세상**에는 정말 다양한 사람들이 살고 있어요.

22 세우다 동
세우고, 세워서,
세우면, 세웁니다

① make (a plan) ② stop / ① 制定 ② 停靠 / ① lập ② dừng

① 다음 주부터 방학인데 아직 방학 계획을 못 **세웠습니다**.
② 기사님, 저기 횡단보도 앞에서 차를 **세워** 주세요.

· 건물을 세우다, 학교를 세우다

23 세탁 명

wash, laundry / 洗衣服 / giặt

이 세탁기는 **세탁**이 잘 됩니다.
요즘 빨래방에 가서 **세탁**을 자주 해요.

⊕ **빨래**
· 세탁(을) 하다, 세탁(이) 되다

24 세탁기 명
[세탁끼]

washing machine / 洗衣机 / máy giặt

저는 보통 주말에 **세탁기**를 돌립니다.
우리 집에는 **세탁기**가 없어서 빨래방에 가서 빨래를 해요.

· 세탁기를 돌리다

211

25 세탁소 명
[세탁쏘]

laundry, dry, cleaner's / 洗衣店 / tiệm giặt là

결혼식에 입고 가려고 양복을 **세탁소**에 맡겼습니다.

집으로 돌아오는 길에 **세탁소**에 들러서 옷을 찾았어요.

26 소리 명

sound, noise / 声音 / âm thanh

밖에서 이상한 **소리**가 나서 창문을 닫았습니다.

시끄러우니까 텔레비전 **소리** 좀 줄여 주세요.

- 소리가 나다, 소리를 듣다, 소리를 줄이다

27 소설 명

novel / 小说 / tiểu thuyết

저는 **소설**을 좋아해서 소설책을 자주 읽습니다.

이 **소설**이 인기가 있어서 유명한 감독이 영화로 만들었어요.

28 소식 명

news / 消息 / tin tức

그동안 **소식**이 끊긴 친구에게 연락이 왔습니다.

친구의 결혼 **소식**을 듣고 너무 기뻤어요.

- 소식을 듣다, 소식을 전하다, 소식이 끊기다

29 소중하다 형

소중하고, 소중해서,
소중하면, 소중합니다

be valuable / 珍贵 / quý trọng

저에게는 무엇보다도 가족이 제일 **소중합니다**.

이건 아버지가 주신 거라서 저에게는 정말 **소중한** 물건이에요.

🔄 귀하다, 귀중하다

30 소파 명

sofa / 沙发 / ghế sô pha

이 **소파**는 편안해서 오래 앉아 있어도 괜찮습니다.

남편은 쉬는 날에 **소파**에 누워서 텔레비전을 봐요.

오늘 공부할 어휘입니다. 알고 있는 단어에 ☑ 해 보세요.

☐ 소포 명	☐ 소풍 명	☐ 소화제 명
☐ 속 명	☐ 속도 명	☐ 속옷 명
☐ 손가락 명	☐ 손바닥 명	☐ 손수건 명
☐ 송편 명	☐ 수 명	☐ 수건 명
☐ 수고 명	☐ 수술 명	☐ 수영복 명
☐ 수저 명	☐ 순서 명	☐ 숟가락 명
☐ 술집 명	☐ 숫자 명	☐ 쉬다 동
☐ 스스로 부, 명	☐ 스케이트 명	☐ 스키장 명
☐ 스트레스 명	☐ 스포츠 명	☐ 슬퍼하다 동
☐ 슬픔 명	☐ 습관 명	☐ 시간표 명

✏ 다음 페이지에서 자세히 공부해 볼까요?

01 소포 명

parcel / 包裹 / bưu phẩm

저는 친구의 선물을 **소포**로 보냈습니다.
저녁에 집에 왔는데 **소포**가 와 있었어요.

- 소포를 보내다, 소포를 부치다, 소포를 받다

02 소풍 명

picnic / 野游 / dã ngoại

초등학교에서는 봄과 가을에 **소풍**을 갑니다.
엄마는 **소풍** 가는 날에 항상 김밥을 만들어 주셨어요.

- 소풍을 가다

03 소화제 명

digestive medicine / 消化药 / thuốc tiêu hóa

음식을 너무 많이 먹어서 **소화제**를 먹었습니다.
소화가 안 되면 **소화제**를 드세요.

04 속 명

interior, inside / 里面 / bên trong

지갑 **속**에 가족사진이 있습니다.
주머니 **속**에 아무것도 없어요.

유 안   반 밖, 겉

05 속도 명
[속또]

speed / 速度 / tốc độ

비행기는 **속도**가 빠릅니다.
약속에 늦어서 **속도**를 올려서 운전했어요.

유 속력
- 속도가 빠르다, 속도가 느리다

06 속옷 명
[소곧]

underwear / 内衣 / đồ lót

첫 월급을 받으면 부모님께 **속옷**을 선물할 겁니다.
땀이 나서 **속옷**이 젖었어요.

반 겉옷

07 손가락 명
[손까락]

finger / 手指 / ngón tay
그는 **손가락**에 결혼반지를 끼고 있습니다.
그는 **손가락**이 하얗고 길어요.

> 반 발가락

08 손바닥 명
[손빠닥]

palm / 手掌 / lòng bàn tay
날씨가 너무 추워서 **손바닥**을 비볐습니다.
부끄러워서 **손바닥**으로 얼굴을 가렸어요.

> 반 발바닥

09 손수건 명
[손쑤건]

handkerchief / 手绢 / khăn tay
여름에는 땀이 나서 **손수건**을 항상 가지고 다닙니다.
민수는 주머니 속에서 **손수건**을 꺼내서 친구에게 줬어요.

10 송편 명

[Songpyeon] Half-moon rice cake / 松年糕 / bánh trung thu Hàn Quốc
송편은 추석에 먹는 떡입니다.
송편을 예쁘게 만들면 예쁜 아이를 낳는다고 해요.

11 수 명

number / 数 / số lượng
강의실에 의자 **수**가 모자라서 서 있었습니다.
교실 안에 앉아 있는 학생 **수**가 많지 않아요.

> 유 숫자

12 수건 명

towel / 毛巾 / khăn
세수를 하고 **수건**으로 닦았습니다.
이건 좀 더러우니까 깨끗한 **수건**을 주세요.

13 수고 명

effort, trouble / 辛苦 / sự vất vả

요즘 코로나 때문에 의사와 간호사들이 **수고**가 많습니다.
친구가 도와줘서 **수고**를 덜었어요.

> • 수고(를) 하다, 수고가 많다

14 수술 명

operation / 手术 / phẫu thuật

교통사고가 나서 **수술**을 했습니다.
어제 맹장이 터져서 **수술**을 받았어요.

> • 수술(을) 하다, 수술을 받다

15 수영복 명

swimwear / 泳衣 / đồ bơi

수영복을 입고 수영을 했습니다.
바다에 갈 거라서 **수영복**을 준비했어요.

16 수저 명

spoon and chopsticks / 羹匙和筷子 / muỗng đũa

수저는 숟가락과 젓가락을 말합니다.
아이가 밥상 위에 **수저**를 놓았어요.

> • 수저를 들다, 수저를 놓다

17 순서 명

order / 顺序 / thứ tự

식당에 손님이 많아서 줄을 서서 **순서**를 기다리고 있습니다.
순서대로 들어와 주세요.

18 숟가락 명
[숟까락]

spoon / 勺子 / cái thìa, cái muỗng

아이는 **숟가락**은 사용할 수 있지만 젓가락은 잘 사용하지 못합니다.
숟가락으로 아이스크림을 먹었어요.

> 반 젓가락

19 **술집** 명
[술찝]

bar, pub / 酒馆 / quán nhậu
친구와 **술집**에 가서 술을 마셨습니다.
저는 조용한 **술집**에서 혼자 술 마시는 것을 좋아해요.

20 **숫자** 명
[수짜/숟짜]

number / 数字 / con số
비밀번호는 **숫자**로 만들어야 합니다.
일에서 십까지 좋아하는 **숫자**를 하나 말해 주세요.

유 수

21 **쉬다** 동
쉬고, 쉬어서,
쉬면, 쉽니다

take a rest / 休息 / nghỉ ngơi
밤을 새워서 일을 했으니 오늘은 좀 **쉬려고** 합니다.
수고 많으셨으니까 좀 **쉬세요**.

22 **스스로** 부, 명

voluntarily, oneself / 主动，自我 / tự giác, bản thân
부 자기가 맡은 일은 **스스로** 해야 합니다. 유 혼자
명 무슨 일을 할 때에는 **스스로**를 믿는 것이 중요해요. 유 자신

23 **스케이트** 명

skating / 溜冰 / trượt băng
스케이트를 타러 스케이트장에 갔습니다.
방학에 **스케이트**를 배웠는데 어려웠어요.

• 스케이트를 타다

24 **스키장** 명

ski resort / 滑雪场 / sân trượt tuyết
지난 주말에 친구들과 **스키장**에 가서 스키를 탔습니다.
스키장에 눈이 와서 너무 예뻤어요.

217

25 스트레스 [명]

stress / 压力 / căng thẳng

일 때문에 **스트레스**를 많이 받았습니다.
저는 **스트레스**를 받으면 친한 친구와 이야기를 하면서 푸는 편이에요.

- 스트레스를 받다, 스트레스를 풀다, 스트레스가 풀리다

26 스포츠 [명]

sport / 运动 / thể thao

스포츠 중에서 야구를 가장 좋아합니다.
무슨 **스포츠**를 좋아해요?

27 슬퍼하다 [동]

슬퍼하고, 슬퍼서,
슬퍼하면, 슬퍼합니다

be sad / 伤心 / đau buồn, buồn (rầu)

사람들은 모두 대통령의 죽음을 **슬퍼했습니다**.
민수는 여자 친구와 헤어져서 **슬퍼하고** 있어요.

반 기뻐하다

28 슬픔 [명]

sadness / 悲伤 / nỗi buồn

영희는 남자 친구와 헤어져서 **슬픔**에 빠져 있습니다.
기쁨을 나누면 배가 되고 **슬픔**을 나누면 반으로 줄어든다고 해요.

반 기쁨

29 습관 [명]

[습꽌]

habit / 习惯 / thói quen

저는 아침 일찍 일어나는 것이 **습관**이 되었습니다.
좋은 **습관**이 좋은 사람을 만든다고 생각해요.

유 버릇
- 습관이 있다, 습관이 생기다, 습관을 가지다, 습관을 고치다

30 시간표 [명]

schedule / 时间表 / thời khóa biểu

선생님은 이번 학기 수업 **시간표**를 알려 주셨습니다.
방학을 잘 보내려고 **시간표**를 만들었어요.

유 스케줄
- 시간표를 짜다

오늘 공부할 어휘입니다. 알고 있는 단어에 ☑ 해 보세요.

☐ 시계 [명]	☐ 시골 [명]	☐ 시끄럽다 [형]
☐ 시내 [명]	☐ 시민 [명]	☐ 식다 [동]
☐ 식구 [명]	☐ 식초 [명]	☐ 식탁 [명]
☐ 식품 [명]	☐ 신랑 [명]	☐ 신부 [명]
☐ 신분증 [명]	☐ 신선하다 [형]	☐ 신청 [명]
☐ 신호등 [명]	☐ 신혼 [명]	☐ 신혼여행 [명]
☐ 실수 [명]	☐ 실패 [명]	☐ 심다 [동]
☐ 심심하다 [형]	☐ 심하다 [형]	☐ 싸다² [동]
☐ 싸우다 [동]	☐ 쌀 [명]	☐ 쌀쌀하다 [형]
☐ 쌓다 [동]	☐ 썰다 [동]	☐ 쓰다⁴ [동]

✍ 다음 페이지에서 자세히 공부해 볼까요?

01 시계 명

clock / 表 / đồng hồ

일을 하다가 **시계**를 보니 7시였습니다.

책상 위에 **시계**가 놓여 있어요.

02 시골 명

country, countryside / 乡下 / thôn quê

할아버지와 할머니는 **시골**에 살고 계십니다.

저는 어렸을 때 **시골**에 자주 갔어요.

반 도시

03 시끄럽다 형

[시끄럽따]

시끄럽고, 시끄러워서,
시끄러우면, 시끄럽습니다

noisy / 喧嚣，吵闹 / náo nhiệt, ồn ào

시골은 조용하지만 도시는 **시끄럽습니다**.

학생들이 **시끄럽게** 떠들고 있어요.

반 조용하다

04 시내 명

downtown / 市区 / nội thành

오늘은 **시내** 구경을 하려고 합니다.

시내는 교통이 복잡하고 시끄러워서 살기가 불편해요.

반 시외

05 시민 명

citizen / 市民 / công dân

서울시는 **시민**들의 안전을 위해서 노력하고 있습니다.

서울에서 살고 있는 **시민**은 900만 명이 넘어요.

06 식다 동

[식따]

식고, 식어서,
식으면, 식습니다

cool down / 凉下来 / nguội

국이 뜨거워서 조금 **식은** 후에 먹었습니다.

커피가 **식어서** 맛이 없어요.

• 더위가 식다. 땀이 식다. 사랑이 식다. 열정이 식다

07 식구 명
[식꾸]

(family) member / 家庭人口 / thành viên (gia đình)

저희 집 **식구**는 모두 네 명입니다.
아이가 태어나서 **식구**가 늘었어요.

유 가족

08 식초 명

vinegar / 食醋 / giấm chua

요리에 **식초**를 많이 넣어서 너무 십니다.
주로 무침 요리를 할 때 **식초**를 넣어요.

09 식탁 명

(dining) table / 餐桌 / bàn ăn

아버지는 **식탁**에 저녁을 차리는 중입니다.
식구들이 **식탁**에 앉아서 식사를 하고 있어요.

10 식품 명

food / 食品 / thực phẩm

식품을 사러 마트에 갔습니다.
여러 가지 **식품**을 골고루 먹는 습관을 가져야 해요.

11 신랑 명
[실랑]

bridegroom / 新郎 / chú rể

결혼한 지 얼마 되지 않은 남자를 **신랑**이라고 부릅니다.
지금 결혼식을 올리는 **신랑**과 신부가 닮았네요.

반 신부

12 신부 명

bride / 新娘 / cô dâu

결혼한 지 얼마 되지 않은 여자를 **신부**라고 부릅니다.
신부와 신랑이 행복해 보여요.

반 신랑

13 신분증 명
[신분쯩]

ID card / 身份证 / chứng minh thư
이곳에 들어갈 때는 **신분증**을 보여 줘야 합니다.
죄송하지만 **신분증** 좀 보여 주세요.

14 신선하다 형
신선하고, 신선해서,
신선하면, 신선합니다

fresh / 新鲜 / tươi
슈퍼마켓에서 **신선한** 채소와 과일을 많이 샀습니다.
이 생선들은 오늘 잡아서 **신선해요**.

🔁 싱싱하다
• 공기가 신선하다, 분위기가 신선하다

15 신청 명

application, registration / 申请 / việc đăng kí
한국어 수업 **신청**은 오늘까지입니다.
장학금 **신청**이 필요한 학생은 사무실로 와 주세요.

• 신청(을) 하다, 신청을 받다

16 신호등 명

traffic lights / 信号灯 / đèn giao thông
신호등이 빨간색으로 바뀌어서 멈췄습니다.
길을 건널 때 **신호등**을 잘 보고 건너세요.

17 신혼 명

new marriage / 新婚 / tân hôn
그 부부는 결혼한 지 얼마 되지 않은 **신혼**입니다.
신혼 때는 주말마다 데이트를 했어요.

18 신혼여행 명
[신혼녀행]

Honeymoon / 蜜月旅行 / du lịch tuần trăng mật
결혼식 다음날 **신혼여행**을 떠났습니다.
신혼여행은 조용한 바닷가로 가고 싶어요.

• 신혼여행을 가다, 신혼여행을 떠나다

19 **실수** 명
[실쑤]

mistake / 失误 / lỗi (lầm)

일을 할 때는 **실수**가 없도록 조심해야 합니다.

처음 아르바이트할 때 **실수**가 많았어요.

- 실수(를) 하다, 실수를 저지르다

20 **실패** 명

failure / 失败 / thất bại

실패는 성공의 어머니입니다.

실패를 무서워하지 마세요.

반 성공
- 실패(를) 하다

21 **심다** 동
[심따]
심고, 심어서,
심으면, 심습니다

plant / 种 / trồng

정원에 꽃과 나무를 **심었습니다**.

식목일은 나무를 **심는** 날이에요.

22 **심심하다** 형
심심하고, 심심해서
심심하면, 심심합니다

be bored / 无聊 / buồn chán

주말에 혼자 **심심하게** 지냈습니다.

심심한데 같이 영화나 볼까요?

반 재미있다

23 **심하다** 형
심하고, 심해서,
심하면, 심합니다

serious, strong, excessive / 严重，厉害 / nặng nề, nghiêm trọng

감기가 **심해서** 학교에 갈 수 없습니다.

태풍 때문에 바람이 **심하게** 불어요.

24 **싸다**² 동
싸고, 싸서,
싸면, 쌉니다

pack / 打包 / gói

주말에 여행을 가려고 짐을 **쌌습니다**.

내일이 이사하는 날이라서 이삿짐을 **싸고** 있어요.

반 풀다
- 짐을 싸다, 가방을 싸다

25 싸우다 동

싸우고, 싸워서,
싸우면, 싸웁니다

fight, quarrel / 打仗 / cãi vả

아이들이 친구와 **싸우지** 않고 사이좋게 지냅니다.
언니와 **싸운** 후에 아직 화해를 안 했어요.

> 😊 다투다
> • N와/과 싸우다

26 쌀 명

rice / 大米 / gạo

요즘에는 **쌀로** 만든 케이크가 인기가 많습니다.
저는 밀가루로 만든 빵보다 **쌀로** 지은 밥이 더 좋아요.

27 쌀쌀하다 형

쌀쌀하고, 쌀쌀해서,
쌀쌀하면, 쌀쌀합니다

chilly / 凉飕飕 / se se lạnh

가을이 되니까 아침저녁으로 날씨가 **쌀쌀합니다**.
바람이 **쌀쌀해서** 따뜻한 옷을 입었어요.

> • 덥다-따뜻하다-시원하다-쌀쌀하다-춥다

28 쌓다 동

[싸타]

쌓고, 쌓아서,
쌓으면, 쌓습니다

pile (up) / 堆 / chồng (chất)

택배를 창고 안에 **쌓아** 놓았습니다.
책장이 부족해서 책을 바닥에 **쌓아** 두었어요.

29 썰다 동

썰고, 썰어서,
썰면, 썹니다

slice, cut / 切 / cắt

칼로 감자를 **썰었습니다**.
과일을 예쁘게 **썰어서** 접시에 담았어요.

> • N1(으)로 N2을/를 썰다

30 쓰다⁴ 동

쓰고, 써서,
쓰면, 씁니다

wear / 戴 / đeo, đội

햇빛이 강해서 모자를 **쓰고** 밖에 나갔습니다.
저기 안경을 **쓴** 사람이 누구예요?

> 🔄 벗다
> • 모자를 쓰다, 안경을 쓰다, 우산을 쓰다

오늘 공부할 어휘입니다. 알고 있는 단어에 ☑ 해 보세요.

☐ 쓰레기 명	☐ 쓰레기통 명	☐ 씹다 동
☐ 아가씨 명	☐ 아까 부, 명	☐ 아래쪽 명
☐ 아마 부	☐ 아무 대, 관	☐ 아무것 명
☐ 아무리 부	☐ 악기 명	☐ 안내² 명
☐ 안내문 명	☐ 안다 동	☐ 안되다 동
☐ 안전 명	☐ 안쪽 명	☐ 알맞다 형
☐ 알아보다 동	☐ 앞쪽 명	☐ 앨범 명
☐ 야채 명	☐ 약간 명, 부	☐ 약하다 형
☐ 얇다 형	☐ 양말 명	☐ 양복 명
☐ 양치질 명	☐ 얘기 명	☐ 어깨 명

✐ 다음 페이지에서 자세히 공부해 볼까요?

38 일차

38일차, 아무리 힘들어도 파이팅!

01 쓰레기 명

waste, trash, rubbish / 垃圾 / rác thải

쓰레기는 쓰레기통에 버려야 합니다.
집에서 자주 요리를 하니까 음식물 **쓰레기**가 많이 나와요.

- 쓰레기를 버리다, 쓰레기를 줍다

02 쓰레기통 명

wastebasket, garbage can / 垃圾桶 / thùng rác

쓰레기를 버리고 싶은데 **쓰레기통**은 어디에 있습니까?
종이와 플라스틱은 다른 **쓰레기통**에 버려 주세요.

03 씹다 동
[씹따]
씹고, 씹어서,
씹으면, 씹습니다

chew / 咀嚼 / nhai

운전할 때 졸리면 껌을 **씹습니다**.
아이는 고기를 계속 **씹고** 있어요.

04 아가씨 명

Miss., lady / 姑娘 / cô gái

젊은 여자를 **아가씨**라고 합니다.
모르는 여자에게 **아가씨**라고 부르는 것은 좋지 않아요.

- 아기-아이-소녀-아가씨-아주머니-할머니

05 아까 부, 명

a while ago / 剛才 / lúc nãy

부 **아까** 말씀하신 것을 다시 얘기해 주시겠습니까?
명 동생은 **아까**부터 텔레비전을 보고 있어요.

06 아래쪽 명

down, below / 下边, 下方 / phía dưới

아래쪽으로 내려가면 편의점이 있습니다.
산 **아래쪽**에 쉴 수 있는 곳이 많아요.

유 아래편   반 위쪽
- 앞쪽-뒤쪽-위쪽-아래쪽

07 아마 부

probably / 也许 / có lẽ

아까 출발했으니까 지금쯤이면 **아마** 도착했을 겁니다.
민수는 오늘 바빠서 **아마** 못 올 것 같아요.

> 🔁 아마도
> • 아마 A/V-(으)ㄹ 거예요, -(으)ㄹ 것 같아요
> • 아마 예쁠 거예요, 아마 예쁠 것 같아요

08 아무 대, 관

any / 任何 / bất cứ

대 집에 돌아오니 **아무**도 없었습니다.
관 **아무** 때나 괜찮으니까 놀러 와.

> • 아무 N(이)나, 아무 N도
> • 아무 데나, 아무 말이나, 아무 데도, 아무 말도

09 아무것 명
[아무걷]

anything / 什么 / bất cứ cái nào

냉장고에 먹을 것이 **아무것**도 없습니다.
배가 고픈데 **아무것**이나 먹을까요?

> • 아무것도 + 없다, 안 V/A, V-(으)ㄹ 수 없다
> • 아무것도 없다, 아무것도 안 먹다, 아무것도 할 수 없다
> • 아무것이나(아무거나) + 다 V/A
> • 아무거나 다 좋다, 아무거나 다 먹을 수 있다

10 아무리 부

no matter how / 不管怎样 / cho dù

다이어트를 **아무리** 열심히 해도 살이 빠지지 않습니다.
아무리 힘들어도 포기하지 마세요.

> • 아무리 A/V-아/어도

11 악기 명
[악끼]

musical instrument / 乐器 / nhạc cụ

연주할 수 있는 **악기**가 있습니까?
제 취미는 **악기** 연주인데 특히 바이올린을 잘 켜요.

> • 악기를 연주하다, 악기를 다루다

12 안내² 명

guidance / 通知，向导 / sự hướng dẫn

여러분, **안내** 방송에 따라 행동해 주시기 바랍니다.
관광 **안내**를 원하시는 분은 인터넷으로 미리 신청해 주세요.

> • 안내(를) 하다, 안내를 받다

13 안내문 명

sign, notice / 说明性文字 / tờ hướng dẫn

아파트 엘리베이터에 **안내문**이 붙어 있습니다.

전시회장에 들어가기 전에 **안내문**을 읽어 주세요.

14 안다 동

[안따]

안고, 안아서,
안으면, 안습니다

hold, hug / （用两臂紧紧地）抱，拥抱 / giữ, ôm

엄마는 아이를 **안고** 있습니다.

공항에서 친구를 보자마자 반가워서 **안았어요.**

15 안되다 동

안되고, 안돼서,
안되면, 안됩니다

not go well / 不顺利 / ko tốt

여자 친구와 싸워서 일이 **안됩니다.**

공부가 **안되면** 좀 쉬었다가 할까요?

> 반 잘되다

16 안전 명

safety / 安全 / sự an toàn

자전거를 탈 때는 **안전**을 위해서 헬멧을 써야 합니다.

운전면허증을 받기 전에 **안전** 교육을 받았어요.

> • 안전하다

17 안쪽 명

inside / 内侧，里面 / bên trong, phía trong

지갑 **안쪽**에 사진을 넣어 두었습니다.

이쪽으로 오셔서 **안쪽**부터 앉아 주세요.

> 반 바깥쪽

18 알맞다 형

[알맏따]

알맞고, 알맞아서,
알맞으면, 알맞습니다

be suitable, be good / 符合 / thích hợp

빈칸에 **알맞은** 단어를 고르십시오.

하늘이 맑아서 소풍 가기 **알맞은** 날씨네요.

> 유 적당하다

19 알아보다 [동]

알아보고, 알아봐서,
알아보면, 알아봅니다

check / 打听，了解 / tìm hiểu

지금 출발하는 표가 있는지 **알아보겠습니다**.
우선 가는 방법을 **알아보고** 출발해요.

20 앞쪽 [명]

[압쪽]

front / 前面 / phía trước

눈이 나빠서 교실 **앞쪽**에 앉았습니다.
여러분 뒤쪽 말고 **앞쪽**부터 앉아 주세요.

> (반) 뒤쪽
> • 앞쪽–뒤쪽–위쪽–아래쪽

21 앨범 [명]

photo album / 相册 / (cuốn) album

집들이에 온 친구들에게 결혼 **앨범**을 보여 주었습니다.
이사하면서 어렸을 때 찍은 **앨범**이 모두 없어져 버렸어요.

> (유) 사진첩

22 야채 [명]

vegetable / 蔬菜 / rau xanh

저는 고기를 먹을 때 **야채**로 싸 먹는 것을 좋아합니다.
야채 중에서 특히 오이를 좋아해요.

> (유) 채소

23 약간 [명],[부]

[약깐]

a bit, a little / 一点点，稍微 / nhỏ, một chút

[명] **약간**의 실수가 있었습니다. 죄송합니다.
[부] 소금을 더 넣어야겠어요. 맛이 **약간** 싱거워요.

> (유) 조금, 다소

24 약하다 [형]

[야카다]

약하고, 약해서
약하면, 약합니다

weak, gentle / 弱 / yếu

낮에는 바람이 **약하게** 불어서 춥지 않았습니다.
민수는 힘이 **약해서** 무거운 것을 잘 못 들어요.

> (반) 강하다, 세다

25 얇다 형

[얄따]

얇고, 얇아서
얇으면, 얇습니다

thin / 薄 / mỏng

책이 **얇아서** 금방 다 읽었습니다.
노트북이 **얇고** 가벼워서 가방에 넣고 다니기 편해요.

> 반 두껍다

26 양말 명

socks / 袜子 / vớ, tất

저는 등산을 가려고 등산 **양말**을 신고 등산화를 신었습니다.
아주머니, **양말** 한 켤레에 얼마예요?

> • 양말을 신다, 양말을 벗다

27 양복 명

suit / 西裝 / Âu phục

민수는 **양복**을 입고 결혼식에 갔습니다.
여자 친구 부모님을 처음 만나는 날이라서 **양복**을 입고 갔어요.

> • 양복을 입다, 양복을 벗다

28 양치질 명

toothbrushing / 刷牙 / đánh răng súc miệng

양치질은 식사가 끝나고 바로 하는 것이 좋습니다.
잠을 자기 전에도 **양치질**을 해야 해요.

> 유 칫솔질
> • 양치질(을) 하다

29 얘기 명

story / 故事 / câu chuyện

오랜만에 친구를 만나서 할 **얘기**가 많았습니다.
너 나한테 하고 싶은 **얘기**가 있으면 다 해.

> 유 이야기
> • 얘기(를) 하다, 얘기를 듣다, 얘기를 나누다

30 어깨 명

shoulder / 肩膀 / vai

어제 이삿짐을 옮겨서 **어깨**가 아픕니다.
힘이 없어 보이니까 **어깨**를 펴고 걸으세요.

> • 머리-목-어깨-가슴-팔-손-허리-배-다리-무릎-발

오늘 공부할 어휘입니다. 알고 있는 단어에 ☑ 해 보세요.

☐ 어둡다 형	☐ 어른 명	☐ 어리다 형
☐ 어린이 명	☐ 어울리다 동	☐ 어젯밤 명
☐ 언어 명	☐ 언제나 부	☐ 얻다 동
☐ 얼다 동	☐ 얼음 명	☐ 엉덩이 명
☐ 엘리베이터 명	☐ 여기저기 명	☐ 여성 명
☐ 여쭙다 동	☐ 여행지 명	☐ 역사 명
☐ 연결 명	☐ 연락 명	☐ 연락처 명
☐ 연말 명	☐ 연세 명	☐ 연예인 명
☐ 연휴 명	☐ 열 명	☐ 열리다 동
☐ 열흘 명	☐ 엽서 명	☐ 영수증 명

✎ 다음 페이지에서 자세히 공부해 볼까요?

01 어둡다 [형]
[어둡따]
어둡고, 어두워서,
어두우면, 어둡습니다

dark / 黑暗 / tối

방이 **어두워서** 불을 켰습니다.
어두운 밤에는 혼자 밖에 나가지 마세요.

반 밝다
• 성격이 **어둡다**, 얼굴이 **어둡다**

02 어른 [명]

adult / 成年人 / người lớn

아이는 **어른**과 함께 입장할 수 있습니다.
어렸을 때는 **어른**이 빨리 되고 싶었어요.

유 성인   반 아이, 어린이

03 어리다 [형]
어리고, 어려서,
어리면, 어립니다

young / 年幼 / nhỏ tuổi

동생은 저보다 두 살 **어립니다**.
민수는 나이는 **어리지만** 어른처럼 행동해요.

• 어리다–젊다–늙다

04 어린이 [명]

children / 小孩 / trẻ em

한국에는 **어린이**를 위한 날이 있습니다.
어린이들이 놀이터에서 놀고 있어요.

유 아이   반 어른

05 어울리다 [동]
어울리고, 어울려서,
어울리면, 어울립니다

① get along with ② match, suit / ① 合得来 ② 适合 / ① hòa hợp ② hợp

① 이웃 사람들과 **어울리면서** 가깝게 지내고 있습니다.
② 하얀색 티셔츠가 청바지와 잘 **어울리네요**.

06 어젯밤 [명]
[어제빰/어젣빰]

last night / 昨天晚上 / đêm qua

어젯밤에 잠을 많이 못 자서 피곤합니다.
어젯밤부터 비가 계속 내리고 있어요.

유 지난밤

07 **언어** 명

language / 语言 / ngôn ngữ

요즘은 다양한 **언어**를 할 수 있는 사람이 많습니다.
사람이 동물과 다른 점은 바로 **언어**예요.

> ⊕ 말

08 **언제나** 부

always / 无论何时 / lúc nào cũng

저는 **언제나** 고향에 계신 부모님을 생각합니다.
학생들은 **언제나** 같은 자리에 앉네요.

> ⊕ 항상, 늘
> • 전혀-가끔-때때로-자주-늘-언제나-항상

09 **얻다** 동
[얻따]
얻고, 얻어서,
얻으면, 얻습니다

get, achieve / 得到 / đạt được

얻는 것이 있으면 잃는 것도 있습니다.
여행을 하면 많은 것을 **얻을** 수 있어요.

> ⊕ 잃다
> • 경험을 얻다, 지식을 얻다, 기쁨을 얻다

10 **얼다** 동
얼고, 얼어서,
얼면, 업니다

freeze / 结冰，冻僵 / đông lại

물이 **얼어서** 얼음이 됩니다.
너무 추워서 손이 **얼었어요**.

> ⊕ 녹다
> • N이/가 얼다

11 **얼음** 명

ice / 冰 / đá lạnh

시원하게 마시고 싶으니까 **얼음**을 많이 넣어 주십시오.
봄이 돼서 **얼음**이 다 녹았어요.

> • 얼음이 얼다, 얼음이 녹다

12 **엉덩이** 명

hip, butt / 臀 / mông

비행기에 오래 앉아 있어서 **엉덩이**가 아픕니다.
아이들은 **엉덩이**를 흔들면서 춤을 추고 있어요.

13 엘리베이터 명

elevator / 垂直升降电梯 / thang máy

계단으로 올라가면 힘드니까 **엘리베이터**를 타십시오.
저는 **엘리베이터** 대신에 주로 계단을 이용해요.

14 여기저기 명

here and there, everywhere / 到处 / chỗ này chỗ kia

학교 **여기저기**에서 외국인을 볼 수 있습니다.
공원 **여기저기**에 꽃이 피어 있어요.

> 🔄 이곳저곳, 곳곳

15 여성 명

woman / 女性 / nữ giới

남성과 **여성**이 모두 평등한 사회를 만들어야 합니다.
일하는 **여성**이 많아지면서 결혼을 하지 않는 **여성**도 많아졌어요.

> ↔ 남성

16 여쭙다 동
[여쭙따]
여쭙고, 여쭈워서,
여쭈우면, 여쭙습니다

ask politely / 请教 / hỏi

모르는 것이 있어서 선생님께 **여쭈웠습니다.**
이 일은 부모님께 **여쭈워 보고** 결정하려고 해요.

> 🔄 여쭈다
> • N1께 N2을/를 여쭙다
> • 선생님께 문제를 여쭙다, 부모님께 안부를 여쭙다

17 여행지 명

tourist attraction / 景点 / địa điểm du lịch

이번 휴가에 여행을 가려고 하는데 좋은 **여행지**를 추천해 주십시오.
다시 가고 싶은 **여행지**는 어디예요?

18 역사 명
[역싸]

history / 历史 / lịch sử

자기 나라의 **역사**에 대해서 잘 알고 있어야 합니다.
역사에 관심이 많아서 역사책을 많이 읽었어요.

19 **연결** 명

connection / 连接，衔接 / sự kết nối, sự liên kết

시골집에서는 와이파이 **연결**이 잘 안됩니다.
드라마의 내용이 **연결**이 잘 안돼서 이해하기 어려워요.

• 연결(을) 하다, 연결(이) 되다, 연결이 끊기다

20 **연락** 명
[열락]

contact / 联系 / liên hệ

친구에게 오랜만에 **연락**이 와서 반가웠습니다.
무슨 일이 있으면 언제든지 **연락** 주세요.

• 연락(을) 하다, 연락이 오다, 연락을 주다, 연락을 받다

21 **연락처** 명
[열락처]

contact information / 联系方式 / địa chỉ liên hệ

오늘 처음 만난 사람이 **연락처**를 물어봤습니다.
사무실에 가서 선생님의 **연락처**를 여쭤워 보았어요.

22 **연말** 명

the end of the year / 年末 / cuối năm

연말에 친구들을 만나 송년회를 했습니다.
올해는 바빠서 휴가를 **연말**에 가려고 해요.

반 **연초**

23 **연세** 명

(honorific) age / 岁数 / tuổi

친구의 부모님은 **연세**가 많아 보였습니다.
할아버지, **연세**가 어떻게 되세요?

• '나이'의 높임말

24 **연예인** 명

entertainer / 艺人 / nghệ sĩ

요즘은 노래도 잘하고 연기도 잘하는 **연예인**이 많습니다.
제일 좋아하는 **연예인**이 누구예요?

25 연휴 명

holidays / 连休 / kỳ nghỉ dài hạn

설날 **연휴**에 고향에 내려가려고 합니다.
이번 **연휴**에는 집에서 쉴 거예요.

---

26 열 명

fever / 发烧 / sốt

어젯밤부터 **열**이 있어서 학교에 가지 못했습니다.
목도 아프고 **열**이 나서 병원에 갔어요.

> • 열이 있다, 열이 나다

---

27 열리다 동

열리고, 열려서,
열리면, 열립니다

open / 开 / đã được mở

바람 때문에 창문이 **열렸습니다**.
집에 가니 냉장고 문이 **열려** 있었어요.

> 반 닫히다
> • N이/가 열리다

---

28 열흘 명

ten days / 十天 / mười ngày

연말 휴가가 **열흘**이라서 고향에 갔다 오려고 합니다.
열흘 동안 열이 나서 너무 고생했어요.

> • 하루-이틀-사흘-나흘-닷새-엿새-이레-여드레-아흐레-열흘

---

29 엽서 명

[엽써]

postcard / 明信片 / bưu thiếp

여행지에서 친구에게 **엽서**를 보냈습니다.
제 취미는 **엽서** 모으기예요.

> • 우편엽서, 그림엽서

---

30 영수증 명

receipt, bill / 收据，发票 / hóa đơn

물건을 바꾸고 싶으면 **영수증**이 꼭 있어야 합니다.
영수증을 가계부에 잘 정리해 두었어요.

> • 영수증을 주다, 영수증을 받다

오늘 공부할 어휘입니다. 알고 있는 단어에 ☑ 해 보세요.

☐ 영하 명   ☐ 옆집 명   ☐ 예매 명

☐ 예술 명   ☐ 예습 명   ☐ 예약 명

☐ 옛 관   ☐ 옛날 명   ☐ 오래 부

☐ 오래되다 형   ☐ 오랜만 명   ☐ 오랫동안 명

☐ 오르다 동   ☐ 온도 명   ☐ 올리다 동

☐ 옳다 형   ☐ 옷걸이 명   ☐ 옷장 명

☐ 와이셔츠 명   ☐ 완전히 부   ☐ 왕 명

☐ 왜냐하면 부   ☐ 외롭다 형   ☐ 외우다 동

☐ 외출 명   ☐ 요금 명   ☐ 요리사 명

☐ 우선 명   ☐ 운동복 명   ☐ 운전사 명

✎ 다음 페이지에서 자세히 공부해 볼까요?

01 영하 ^명

below zero / 零下 / độ âm

온도가 **영하**로 내려가서 날씨가 춥습니다.
낮에는 따뜻했는데 밤에는 **영하**로 떨어졌어요.

> (반) 영상

02 옆집 ^명
[엽찝]

the house next door / 邻家 / nhà hàng xóm

이사를 와서 **옆집**에 인사를 하러 갔습니다.
옆집이 너무 시끄러워서 스트레스를 받아요.

> (유) 이웃집

03 예매 ^명

reservation, ticketing / 订购 / đặt mua trướcc

공연을 보고 싶은데 **예매**는 어떻게 해야 합니까?
명절에는 기차표를 구하기가 어려워서 **예매**를 일찍 해 놓았어요.

> • 예매(를) 하다, 예매(가) 되다, 예매를 취소하다

04 예술 ^명

art / 艺术 / nghệ thuật

전시회장에 가서 **예술** 작품을 관람했습니다.
예술은 사람을 더 행복하게 만드는 것 같아요.

05 예습 ^명

preparation, studying in advance / 预习 / sự tập luyện trước

복습과 **예습**을 매일 하면 성적이 많이 좋아질 겁니다.
예습도 중요하지만 복습도 정말 중요해요.

> (반) 복습
> • 예습(을) 하다

06 예약 ^명

reservation / 预约 / đặt chỗ trước

이 식당은 인기가 많아서 **예약**이 필요합니다.
코로나 때문에 호텔 **예약**을 취소했어요.

> • 예약(을) 하다, 예약(이) 되다, 예약을 취소하다

07 옛 관
[옏]

old / 过去的 / cũ, xưa
나이가 드니까 **옛** 친구가 보고 싶습니다.
지하철에서 우연히 **옛** 직장 동료를 만났어요.

08 옛날 명
[옌날]

the old days / 从前 / ngày xưa
전래 동화는 **옛날**부터 전해 내려오는 이야기입니다.
민속촌에 가면 **옛날** 조상들의 생활 모습을 볼 수 있어요.

09 오래 부

long / 很久 / lâu
할머니께서 **오래** 사시기를 바랍니다.
일을 마치는 데 시간이 너무 **오래** 걸렸네요.

> ⊕ 오랫동안　　　　⊖ 잠시, 잠깐

10 오래되다 형
오래되고, 오래돼서,
오래되면, 오래됩니다

be old, been a long time / 时间长 / cũ, xưa, lâu lắm
냉장고가 **오래돼서** 고장이 났습니다.
그 일은 너무 **오래돼서** 기억이 잘 안 나요.

> • N이/가 오래되다, V-(으)ㄴ 지 오래되다
> • 냉장고가 오래되다, 냉장고를 산 지 오래되다

11 오랜만 명

be a long time / 隔了好久 / lâu lắm, lâu rồi mới lại
오랜만이에요. 그동안 잘 지내셨습니까?
오랜만에 여행을 와서 너무 기뻐요.

> ⊕ 오래간만

12 오랫동안 명
[오랜똥안
/오래똥안]

a long time / 很长时间 / trong thời gian dài
나는 **오랫동안** 그 사람을 좋아했습니다.
그 사람을 **오랫동안** 기다렸지만 오지 않았어요.

> ⊕ 오래　　　　⊖ 잠시, 잠깐

13 오르다 [동]
오르고, 올라서,
오르면, 오릅니다

rise, go up / 提升 / tăng lên

비가 많이 와서 야채 값이 많이 **올랐습니다**.
열이 더 **오르면** 병원에 오세요.

> 윤 올라가다　　　　　　　　　 반 내리다, 내려가다
> • N이/가 오르다
> • 등록금이 오르다, 월급이 오르다, 온도가 오르다

14 온도 [명]

temperature / 溫度 / nhiệt độ

실내 **온도**가 영하로 내려갔습니다.
여름이 되자 **온도**가 점점 올라가서 더워요.

> 윤 기온
> • 온도가 높다, 온도가 낮다, 온도가 올라가다, 온도가 내려가다

15 올리다 [동]
올리고, 올려서,
올리면, 올립니다

put sth on, raise / 搁，涨 / đặt lên, lên(= tăng)

가방을 의자 위에 **올려** 놓았습니다.
사장님이 월급을 **올려** 주셨어요.

> 반 내리다
> • 값을 올리다, 성적을 올리다, 결혼식을 올리다

16 옳다 [형]
[올타]
옳고, 옳아서,
옳으면, 옳습니다

right / 正確 / đúng

그 사람의 행동이 **옳다고** 생각합니다.
무엇이 **옳고** 그른지 잘 생각해 보세요.

> 윤 올바르다, 바르다, 맞다　　　 반 그르다
> • N이/가 옳다

17 옷걸이 [명]
[옫꺼리]

hanger / 衣架 / móc áo

옷걸이에 모자가 걸려 있습니다.
옷은 **옷걸이**에 걸어 주세요.

18 옷장 [명]
[옫짱]

wardrobe / 衣柜 / tủ quần áo

옷장 안에 옷이 많이 있습니다.
옷장에 있는 옷을 꺼내서 정리했어요.

19 와이셔츠 명

dress shirt / 衬衫 / áo sơ mi

와이셔츠는 옷장 안에 있습니다.
아버지는 회사에 갈 때 **와이셔츠**를 입어요.

20 완전히 부

completely / 完全 / hoàn toàn

그 사람과는 이제 다시 볼일이 없습니다. **완전히** 끝났습니다.
그는 군대에 다녀와서 **완전히** 다른 사람이 되었어요.

21 왕 명

king / 王 / vua

제가 가장 존경하는 **왕**은 세종대왕입니다.
옛날 옛날에 **왕**과 왕비가 살았어요.

> 반 왕비

22 왜냐하면 부

because / 因为 / bởi vì

오늘은 기분이 아주 좋습니다. **왜냐하면** 오랜만에 친구를 만나기 때문
입니다.
이번 명절에는 고향에 못 가요. **왜냐하면** 기차표 예매를 못 했기 때문
이에요.

> • 왜냐하면 A/V-기 때문이다

23 외롭다 형
[외롭따]
외롭고, 외로워서,
외로우면, 외롭습니다

lonely / 孤独 / cô đơn

외국에서 혼자 살고 있어서 가끔 **외롭습니다**.
외로울 때 고향에 계신 부모님께 전화를 해요.

24 외우다 동
외우고, 외워서,
외우면, 외웁니다

memorize, learn by heart / 背诵 / học thuộc

한국어를 잘하려면 단어를 많이 **외워야** 합니다.
저는 **외우고** 있는 전화번호가 몇 개 없어요.

> 유 암기하다

25 외출 명

going out / 外出 / sự ra ngoài

어머니는 **외출** 준비 때문에 바쁩니다.
오랜만에 하는 **외출**이라서 신나요.

- 외출(을) 하다

26 요금 명

cost, charge, fare, rate, fee, toll / 费用 / chi phí

버스 **요금**이 내년부터 오른다고 합니다.
이번 달 전화 **요금**이 많이 나왔어요.

- 요금이 나오다, 요금을 내다, 요금이 오르다, 요금이 내리다

27 요리사 명

cook, chef / 厨师 / đầu bếp

저는 **요리사**가 되기 위해서 요리를 배우고 있습니다.
이 식당은 유명한 **요리사**가 있어서 인기가 많아요.

28 우선 부

first (of all) / 首先 / trước tiên

외출했다 돌아오면 **우선** 손부터 씻어야 합니다.
식당에 가기 전에 **우선** 예약부터 할까요?

- 유 먼저 　　　　　　　　 반 나중에

29 운동복 명

sports clothing / 运动服 / quần áo thể thao

등산을 할 때에는 등산복이나 **운동복**처럼 편한 옷을 입어야 합니다.
운동하기 전에 우선 **운동복**으로 갈아입으세요.

30 운전사 명

driver / 司机 / tài xế

공항버스 **운전사**가 안전하게 운전을 했습니다.
택시 **운전사**가 아주 친절했어요.

- 유 운전기사

오늘 공부할 어휘입니다. 알고 있는 단어에 ☑ 해 보세요.

□ 울음 명   □ 움직이다 동   □ 웃음 명

□ 원하다 동   □ 월급 명   □ 위쪽 명

□ 위치 명   □ 위험 명   □ 유리 명

□ 유치원 명   □ 유학 명   □ 유학생 명

□ 유행 명   □ 육교 명   □ 윷놀이 명

□ 음료 명   □ 음식점 명   □ 음악가 명

□ 의미 명   □ 이² 명   □ 이거 대

□ 이곳 대   □ 이기다 동   □ 이날 명

□ 이때 명   □ 이렇다 형   □ 이르다 형

□ 이마 부   □ 이미 부   □ 이분 대

✎ 다음 페이지에서 자세히 공부해 볼까요?

01 울음 명

crying / 哭泣 / việc khóc, sự khóc

아이가 **울음**을 멈추지 않고 계속 울었습니다.
영화를 보는 동안 너무 슬퍼서 **울음**을 그칠 수 없었어요.

> 반 웃음
> • 울음을 터뜨리다, 울음을 멈추다, 울음을 그치다

02 움직이다 동

움직이고, 움직여서,
움직이면, 움직입니다

move / 动 / di chuyển

할아버지는 아픈 몸을 **움직여** 자리에서 일어났습니다.
영희는 누워서 손가락 하나 **움직이지** 않았어요.

03 웃음 명

laughter, smile / 笑容 / cười

민수는 영화를 보며 **웃음**을 터뜨렸습니다.
그 사람을 보고 있으면 **웃음**이 나와요.

> 반 울음
> • 웃음을 터뜨리다, 웃음이 나오다, 웃음을 멈추다

04 원하다 동

원하고, 원해서
원하면, 원합니다

want / 希望 / muốn

내가 **원하는** 것은 건강하게 사는 것입니다.
무엇이든지 **원하면** 이루어질 거예요.

> 유 바라다

05 월급 명

salary / 月薪 / lương

저는 **월급**을 받으면 조금씩 저금을 합니다.
월급을 많이 주는 회사에서 일하고 싶어요.

> • 월급을 주다, 월급을 받다, 월급을 타다

06 위쪽 명

above, upper part / 上方, 顶端 / phía trên

위쪽에서 소리가 들려 **위쪽**을 바라보았습니다.
산 **위쪽**은 바람이 불어서 추웠어요.

> 반 아래쪽
> • 앞쪽-뒤쪽-위쪽-아래쪽

07 위치 ^명

location / 位置 / vị trí

이 가게는 **위치**가 좋아서 장사가 잘됩니다.
분위기를 바꿔 보려고 침대 **위치**를 바꿨어요.

유 자리

08 위험 ^명

danger / 危险 / nguy hiểm

이곳은 사고 **위험**이 있으니 주의하시기 바랍니다.
위험에 처했을 때에는 비상벨을 눌러 주세요.

• 위험하다, 위험에 처하다

09 유리 ^명

glass / 玻璃 / thủy tinh

유리가 깨져서 위험하니까 다른 곳으로 가십시오.
유리로 만든 잔이 너무 예쁘네요.

10 유치원 ^명

kindergarten / 幼儿园 / nhà trẻ

아이는 **유치원**에 다니고 있습니다.
유치원에서 아이들의 웃음소리가 들려요.

11 유학 ^명

study-abroad / 留学 / du học

저는 대학교 때 1년 동안 **유학** 생활을 한 적이 있습니다.
유학 기간이 짧아도 외국어를 잘 배울 수 있을까요?

• 유학(을) 하다, 유학을 가다, 유학을 오다, 유학을 떠나다

12 유학생 ^명
[유학쌩]

international student / 留学生 / du học sinh

한국에는 외국인 **유학생**이 많습니다.
기숙사에는 여러 나라의 **유학생**이 함께 지내고 있어요.

13 유행 명

fashion, vogue / 流行 / sự thịnh hành

젊은 사람들은 최근 **유행**에 관심이 많습니다.
유행을 따르는 것보다 개성 있는 것이 좋은 것 같아요.

• 유행(을) 하다, 유행을 따르다

14 육교 명
[육꾜]

overpass / 天桥 / cầu vượt

육교 위에서 아래쪽을 보니 차들이 많았습니다.
도로가 복잡하니까 **육교**로 건너세요.

• 육교를 건너다, 육교로 건너다

15 윷놀이 명
[윤놀이]

[Yunnori] playing yut / 翻板子游戏 / trò chơi Yutnori

설날에 가족들이 모여서 다 같이 **윷놀이**를 했습니다.
외국인 친구에게 **윷놀이**를 어떻게 하는지 가르쳐 줬어요.

• 윷놀이를 하다

16 음료 명
[음뇨]

drink, beverage, water / 饮料 / nước giải khát

미술관 안에는 **음료**를 가지고 들어갈 수 없습니다.
저는 차가운 **음료**는 잘 안 마셔요.

😀 음료수

17 음식점 명
[음식쩜]

restaurant / 饭馆 / quán ăn

학교 주변에는 맛있는 **음식점**들이 많습니다.
이 **음식점**은 유명한 요리사가 요리를 해서 아주 맛있어요.

18 음악가 명
[으막까]

musician / 音乐家 / nhạc sĩ

그는 음악에 천재적인 재능을 가진 **음악가**입니다.
음악가가 되고 싶어서 음악을 전공하고 있어요.

19 의미 명

meaning / 含义，意义 / ý nghĩa

이 단어의 **의미**는 무엇입니까? 유 뜻
이것은 나에게 **의미**가 있는 물건이에요.

20 이² 명

teeth / 牙齿 / này

밥을 먹은 후에는 **이**를 닦아야 합니다.
이가 아파서 치과에 갔어요.

> 유 치아
> • 이가 나다. 이를 빼다. 이를 닦다

21 이거 대

this / 这个 / cái này

가: **이거** 너 가져.
나: 정말? 그거 나한테 주는 거야?

> • 이거-그거-저거, 이걸-그걸-저걸, 이게-그게-저게

22 이곳 대
[이곧]

here, this (place) / 此处 / nơi này

이곳이 바로 제가 일하는 곳입니다.
이곳은 관광지로 유명해서 사람들이 많이 찾아와요.

> 유 여기
> • 이곳(여기)-그곳(거기)-저곳(저기)

23 이기다 동

win / 获胜 / thắng

축구 경기에서 우리 팀이 **이겼습니다**.
이번 대회에서 저 사람을 꼭 **이길** 거예요.

이기고, 이겨서,
이기면, 이깁니다

> 반 지다

24 이날 명

this day / 这天 / ngày này

눈 내리는 크리스마스, 우리는 작년 **이날**에 처음 만났습니다.
내가 **이날**을 얼마나 기다렸는지 몰라요.

> • 이날-그날

25 **이때** 명

this time / 此刻，这时候 / lúc này, thời điểm này

우리가 함께 하고 있는 지금 **이때**를 기억해 주십시오.
대학교에 입학했을 때, **이때**가 가장 좋았어요.

- 이때–그때

26 **이렇다** 형
[이러타]
이렇고, 이래서
이러면, 이렇습니다

be as follows, be like this / 这样 / như thế này

열심히 했지만 결과가 **이렇습니다**.
어떻게 네가 나한테 **이럴** 수 있어?

- 이렇다–그렇다–저렇다

27 **이르다** 형
이르고, 일러서,
이르면, 이릅니다

early / 早 / còn sớm, sớm

저는 **이른** 시간에 산책하는 것을 좋아합니다.
민수 씨는 다른 사람보다 출근이 **이르네요**.

유 빠르다 　　　　　 반 늦다

28 **이마** 명

forehead / 额头 / cái trán

민수는 **이마**가 넓습니다.
영희는 **이마**가 예뻐요.

29 **이미** 부

already, available / 已经 / sẵn, rồi

그 일은 **이미** 끝난 일입니다.
저는 **이미** 숙제를 다 했어요.

유 벌써 　　　　　 반 아직

30 **이분** 대

this gentleman, this lady / 这位 / vị này

제 옆에 앉아 계신 **이분**부터 소개하도록 하겠습니다.
이분은 제가 아주 존경하는 선생님이에요.

- '이 사람'의 높임말
- 이분–그분–저분

오늘 공부할 어휘입니다. 알고 있는 단어에 ☑ 해 보세요.

☐ 이불 명 　　　☐ 이사 명 　　　☐ 이삿짐 명

☐ 이상 명 　　　☐ 이용 명 　　　☐ 이웃 명

☐ 이전 명 　　　☐ 이제 부, 명 　　　☐ 이틀 명

☐ 이해 명 　　　☐ 이후 명 　　　☐ 익다 동

☐ 익숙하다 형 　　　☐ 인기 명 　　　☐ 인형 명

☐ 일기 명 　　　☐ 일부 명 　　　☐ 일어서다 동

☐ 잃다 동 　　　☐ 잃어버리다 동 　　　☐ 입구 명

☐ 입술 명 　　　☐ 입원 명 　　　☐ 입장권 명

☐ 입학 명 　　　☐ 잊다 동 　　　☐ 잊어버리다 동

☐ 잎 명 　　　☐ 자기소개 명 　　　☐ 자꾸 부

✎ 다음 페이지에서 자세히 공부해 볼까요?

01 이불 명

blanket / 被子 / chăn, mền

저는 일어나면 바로 **이불**을 정리합니다.
날씨가 추우니까 **이불**을 잘 덮고 주무세요.

02 이사 명

move, removal / 搬家 / chuyển đi, sự chuyển nhà

요즘 **이사** 준비 때문에 바쁩니다.
이곳으로 **이사** 온 지 벌써 3년이 지났어요.

- 이사(를) 하다, 이사를 가다, 이사를 오다, 이사를 떠나다

03 이삿짐 명
[이사찜/이삳찜]

moving boxes / 搬家行李 / hành lý chuyển nhà

제 **이삿짐**이 많아서 친구가 도와줬습니다.
내일 이사를 가서 **이삿짐**을 싸고 있어요.

- 이삿짐을 싸다, 이삿짐을 꾸리다, 이삿짐을 나르다, 이삿짐을 옮기다

04 이상 명

over than, more than / 结束 / hơn, trở lên

이삿짐을 옮기는 데 5시간 **이상** 걸렸습니다.
이사한 지 벌써 3년 **이상**이 되었네요.

반 이하

05 이용 명

use / 利用 / sử dụng

할머니께 스마트폰 **이용** 방법을 가르쳐 드렸습니다.
이곳의 자전거 **이용** 시간은 2시간이에요.

- 이용(을) 하다

06 이웃 명
[이욷]

neighbor / 邻居 / hàng xóm

저는 **이웃** 사람과 친하게 지냅니다.
이곳에 살면서 **이웃**에게 도움을 많이 받았어요.

07 이전 ^명

before / 之前 / trước đây

이곳은 **이전**에는 살기 좋은 곳이었습니다.
요즘은 **이전**처럼 이웃과 친하게 지내는 사람이 많지 않아요.

> 반 이후

08 이제 ^부, ^명

now / 現在 / bây giờ

부 **이제** 집으로 돌아갈 시간입니다.
명 **이제**부터 우리 모두 힘을 내요.

> 유 지금

09 이틀 ^명

two days / 两天 / hai ngày

이삿짐을 정리하는 데 **이틀**이 걸렸습니다.
일이 너무 많아서 **이틀** 동안 밤을 새워 일했어요.

> • 하루-이틀-사흘-나흘-닷새

10 이해 ^명

understanding / 理解 / sự hiểu, sự thấu hiểu

여기 쓰인 문법이 **이해**가 잘 되지 않습니다.
선생님의 설명을 들으니까 **이해**가 가네요.

> • 이해(를) 하다, 이해(가) 되다, 이해가 가다

11 이후 ^명

after that / 以后 / sau này

졸업 **이후** 그 친구를 만난 적이 없습니다.
오늘 **이후**부터 담배를 끊기로 했어요.

> 반 이전

12 익다 ^동
[익따]
익고, 익어서,
익으면, 익습니다

be cooked, be done / 熟 / chín

고기가 다 **익었으니까** 드셔도 됩니다.
저는 너무 많이 **익은** 것보다 조금 덜 **익은** 고기를 좋아해요.

> • N이/가 익다

13 익숙하다 형
[익쑤카다]
익숙하고, 익숙해서,
익숙하면, 익숙합니다

familiar with, trained / 嫻熟 / quen với, thành thạo, thông thạo

회사 일이 힘들었지만 지금은 **익숙합니다**.
처음에 아르바이트를 할 때는 실수도 많이 했는데 이제는 **익숙해요**.

- N에 익숙하다
- 생활에 익숙하다

14 인기 명
[인끼]

popularity / 人气 / nổi tiếng, ưa thích

요즘 **인기** 있는 가수가 누구입니까?
영희는 성격이 좋아서 **인기**가 많아요.

- 인기가 있다, 인기를 끌다, 인기를 모으다

15 인형 명

doll / 玩偶 / búp bê

아이에게 요즘 인기 있는 **인형**을 선물로 사 주었습니다.
이삿짐이 많아서 그동안 모은 **인형**을 이웃에게 줬어요.

16 일기 명

diary, journal / 日记 / nhật ký

저는 매일 **일기**를 씁니다.
얼마 전에 어렸을 때 쓴 **일기**를 읽어 봤는데 너무 재미있었어요.

- 일기를 쓰다

17 일부 명

part / 部分 / một phần

주말에는 **일부** 지역에 비가 많이 내리겠습니다.
오늘은 영화의 **일부**만 소개해 드릴게요.

유 일부분

18 일어서다 동
일어서고, 일어서서,
일어서면, 일어섭니다

stand up / 起立 / đứng dậy

행사를 시작하겠으니 모두 자리에서 **일어서** 주십시오.
비행기가 멈출 때까지 자리에서 **일어서지** 마세요.

유 일어나다　　　　　　　　반 앉다

19 잃다 동

[일타]

잃고, 잃어서,
잃으면, 잃습니다

lose / 丢失，失去 / mất (đồ)

얻는 것이 있으면 **잃는** 것도 있습니다.
그 사람은 기억을 **잃어서** 아무도 못 알아봐요.

☺ 잃어버리다

20 잃어버리다 동

[이러버리다]

잃어버리고, 잃어버려서,
잃어버리면, 잃어버립니다

lose / 丢失 / đánh mất

지하철에서 가방을 **잃어버렸는데** 이틀 후에 찾았습니다.
스마트폰을 **잃어버려서** 연락을 할 수 없었어요.

☺ 잃다, 분실하다   ☻ 찾다

21 입구 명

[입꾸]

entrance / 入口 / lối vào

백화점 **입구**에서 친구를 만나기로 했습니다.
지하철 **입구**가 어디에 있는지 아세요?

☻ 출구

22 입술 명

[입쑬]

lip / 嘴唇 / (đôi) môi

입술이 얇은 사람도 있고 두꺼운 사람도 있습니다.
영희 씨는 **입술** 색깔이 아주 빨개요.

23 입원 명

hospitalization / 住院 / nhập viện

병원에 **입원** 환자가 많습니다.
저는 **입원** 이후 고기를 먹지 못했어요.

☻ 퇴원
• 입원(을) 하다

24 입장권 명

[입짱꿘]

ticket / 入场券 / vé vào cổng

미술관은 **입장권**이 있어야 들어갈 수 있습니다.
인터넷으로 **입장권**을 살 수 있어요.

25 입학 명
[이팍]

admission, entrance / 入学 / nhập học

저는 대학교 **입학** 이후에 아르바이트를 시작했습니다.
올해 딸이 대학생이 돼서 **입학** 선물로 가방을 사 줬어요.

반 졸업
· 입학(을) 하다

---

26 잊다 동
[읻따]
잊고, 잊어서,
잊으면, 잊습니다

forget / 忘记 / quên

나는 이미 그를 **잊었습니다**.
그녀를 **잊고** 이제 새로운 사람을 만나고 싶어요.

유 잊어버리다, 까먹다   반 기억하다

---

27 잊어버리다 동
잊어버리고, 잊어버려서,
잊어버리면, 잊어버립니다

forget / 忘记 / quên mất

저는 옛날 친구 이름을 **잊어버렸습니다**.
친구의 전화번호를 **잊어버리지** 않기 위해서 메모했어요.

유 잊다, 까먹다   반 기억하다

---

28 잎 명
[입]

leaves / 叶子 / chiếc lá

겨울이 지나고 봄이 돼서 나무에 **잎**이 났습니다.
화분에 물을 주지 않아서 **잎**이 시들었어요.

· 잎이 나다, 잎이 시들다, 잎이 지다

---

29 자기소개 명

introducing oneself, self-introduction / 自我介绍 / tự giới thiệu

처음 만났으니까 **자기소개**부터 해 주시겠습니까?
자기소개는 한국어로 해 주세요.

· 자기소개를 하다

---

30 자꾸 부

frequently / 总是 / cứ, hoài

친구의 전화번호를 **자꾸** 잊어버려서 메모해 놓았습니다.
물건을 **자꾸** 잃어버려서 물건마다 이름을 써 놓았어요.

오늘 공부할 어휘입니다. 알고 있는 단어에 ☑ 해 보세요.

☐ 자동판매기 [명]　　☐ 자라다 [동]　　☐ 자랑 [명]

☐ 자르다 [동]　　☐ 자리 [명]　　☐ 자세히 [부]

☐ 자식 [명]　　☐ 자신 [명]　　☐ 자연 [명]

☐ 자유 [명]　　☐ 자판기 [명]　　☐ 잔치 [명]

☐ 잘되다 [동]　　☐ 잘못되다 [동]　　☐ 잘못하다 [동]

☐ 잘생기다 [동]　　☐ 잠자다 [동]　　☐ 잡다 [동]

☐ 잡지 [명]　　☐ 장갑 [명]　　☐ 장난감 [명]

☐ 장마 [명]　　☐ 재료 [명]　　☐ 재미 [명]

☐ 재채기 [명]　　☐ 저거 [대]　　☐ 저곳 [대]

☐ 저금 [명]　　☐ 저렇다 [형]　　☐ 저번 [명]

✎ 다음 페이지에서 자세히 공부해 볼까요?

01 자동판매기 명

vending machine / 自动售货机 / máy bán hàng tự động

자동판매기에서 다양한 물건을 살 수 있습니다.
자동판매기에서 음료수를 뽑았어요.

- 자판기

02 자라다 동

자라고, 자라서,
자라면, 자랍니다

grow up / 成长，生长 / lớn lên

아이가 **자라서** 소년이 되었습니다.
공원에는 햇빛이 잘 들어서 나무가 잘 **자라요**.

- 성장하다, 자라나다
- N이/가 자라다

03 자랑 명

pride, boast / 骄傲，炫耀 / sự hãnh diện, sự khoe khoang

아들은 저의 **자랑**입니다.
친구가 아이 **자랑**을 너무 오래 해서 듣기가 힘들었어요.

- 자랑(을) 하다

04 자르다 동

자르고, 잘라서,
자르면, 자릅니다

cut / 剪，切 / cắt

머리를 **자르러** 미용실에 갔습니다.
고기를 먹기 좋게 **잘랐어요**.

05 자리 명

seat / 位置 / chỗ ngồi

회의 시간이 되어서 모두 **자리**에 앉았습니다.
비행기가 도착할 때까지 **자리**에서 일어나지 마세요.

- 좌석

06 자세히 부

in detail / 仔细地 / chi tiết

어제 무슨 일이 있었는지 **자세히** 얘기해 주시겠습니까?
선생님이 문법을 **자세히** 설명해 주셨어요.

07 자식 [명]

children, offspring / 子女 / con cái

자식을 이기는 부모는 없다는 말이 있습니다.
저는 아이를 낳지 않아서 **자식**이 없어요.

> ⊕ 자녀

08 자신 [명]

oneself / 自己 / ảnh chụp

자신을 믿는 것이 가장 중요합니다.
그는 남에게 부탁하는 것보다 **자신**이 직접 하는 것을 좋아해요.

> ⊕ 자기　　　　　　　　　　⊖ 남, 상대방

09 자연 [명]

nature / 自然 / tự nhiên

사람은 **자연**을 보호해야 합니다.
우리는 **자연**의 아름다움을 잘 지켜야 해요.

10 자유 [명]

freedom / 自由 / sự tự do

그 일을 하고 안 하고는 저의 **자유**입니다.
기숙사 생활은 **자유**가 별로 없는 편이에요.

> • 자유롭다, 자유가 있다, 자유를 즐기다

11 자판기 [명]

vending machine / 自动售货机 / máy bán hàng tự động

요즘은 **자판기**에서 여러 종류의 물건을 팝니다.
공원에는 음료수 **자판기**가 많이 있어요.

> ⊕ 자동판매기

12 잔치 [명]

party, feast / 宴会 / tiệc

주말에 아버지의 생신 **잔치**가 있습니다.
시골에서는 결혼을 하면 **잔치**를 크게 열어요.

> ⊕ 파티
> • 잔치(를) 하다, 잔치를 열다, 잔치를 벌이다

257

13 잘되다 동

잘되고, 잘돼서,
잘되면, 잘됩니다

go well, go smoothly / 順利 / giỏi, tốt đẹp, suôn sẻ

올해는 하시는 일이 모두 **잘되기**를 바랍니다.
도서관에서 공부하면 공부가 **잘돼요**.

(반) 안되다

14 잘못되다 동

[잘몯뙤다]

잘못되고, 잘못돼서,
잘못되면, 잘못됩니다

go poorly, be wrong / 失败，错误 / sai

일이 **잘못되면** 제가 책임을 지겠습니다.
보고서에서 **잘못된** 부분을 수정해 주세요.

15 잘못하다 동

[잘모타다]

잘못하고, 잘못해서,
잘못하면, 잘못합니다

make a mistake, make an error / 做错 / sai lầm

저는 **잘못한** 일이 없다고 생각합니다.
신입사원이 일을 **잘못해서** 제가 다시 했어요.

(반) 잘하다

16 잘생기다 동

잘생기고, 잘생겨서,
잘생기면

good-looking / （长得）好看 / đẹp

그 아이돌은 **잘생겼을** 뿐만 아니라 노래도 잘합니다.
저는 **잘생긴** 사람보다 착한 사람이 좋아요.

(반) 못생기다

17 잠자다 동

잠자고, 잠자서,
잠자면, 잠잡니다

sleep / 睡觉 / ngủ

아이가 **잠잔** 지 한 시간밖에 지나지 않았습니다.
잠자는 동안 비가 오는 소리를 듣지 못했어요.

(유) 자다
• 잠(을) 자다

18 잡다 동

[잡따]

잡고, 잡아서,
잡으면, 잡습니다

hold / 握 / nắm, bắt

두 사람은 손을 **잡고** 걸었습니다.
그는 줄을 **잡고** 산에 올라갔어요.

(유) 붙잡다　　　　　　　(반) 놓다

19 잡지 명
[잡찌]

magazine, journal / 杂志 / tạp chí

민수는 자동차 **잡지**를 읽고 있습니다.
영희는 미용실에서 **잡지**를 보면서 염색을 하고 있어요.

- 잡지를 읽다, 잡지를 보다

20 장갑 명

gloves / 手套 / găng tay

친구 생일이 겨울이라서 선물로 **장갑**을 주었습니다.
날씨가 추우니까 **장갑**을 끼세요.

- 장갑을 끼다, 장갑을 벗다

21 장난감 명
[장난깜]

toy / 玩具 / đồ chơi

저는 어렸을 때 **장난감**을 가지고 놀았습니다.
저는 **장난감** 모으는 것이 취미예요.

22 장마 명

rainy season / 梅雨 / mùa mưa

요즘은 **장마**라서 비가 많이 옵니다.
올해는 **장마** 기간이 아주 길었어요.

23 재료 명

ingredient, material / 材料 / nguyên liệu, vật liệu

요리 **재료**를 사러 슈퍼마켓에 갔습니다.
비빔밥을 만들려면 무슨 **재료**가 필요해요?

24 재미 명

fun, interest / 兴致 / sự hứng thú

요즘 요리에 **재미**를 느끼고 있습니다.
이 책으로 공부하면서 단어 외우는 것에 **재미**가 생겼어요.

⊕ 흥미
- 재미(가) 있다, 재미를 느끼다, 재미를 붙이다

25 재채기 명

sneeze / 喷嚏 / hắt xì hơi

먼지 때문에 **재채기**가 계속 나왔습니다.

발표를 하는데 **재채기**가 나와서 당황했어요.

- 재채기(를) 하다, 재채기가 나다

---

26 저거 대

that / 那个 / cái kia

가: **저게** 뭐야?

나: 응? **저거**, 이번에 새로 나온 게임이야.

- 이거-그거-저거, 이걸-그걸-저걸, 이게-그게-저게

---

27 저곳 대

there, that place / 那个地方 / nơi đó

저곳은 제가 예전에 살았던 곳입니다.

저곳까지 가기에는 시간이 너무 늦었어요.

- 저기
- 이곳(여기)-그곳(거기)-저곳(저기)

---

28 저금 명

saving / 存钱 / tiền tiết kiệm

저는 매월 월급에서 조금씩 **저금**을 하고 있습니다.

저는 **저금**보다 주식에 관심이 많아요.

- 예금, 저축
- 저금(을) 하다

---

29 저렇다 형
[저러타]

저렇고, 저래서,
저러면, 저럽니다

be like that / 那样 / như thế kia

공공장소에서 **저렇게** 행동하면 안 됩니다.

저런 말을 하다니! 너무 심한 거 아닌가요?

- 이렇다-그렇다-저렇다

---

30 저번 명

last time / 上次 / lần trước

저번 시간에 배운 것을 다시 정리하도록 하겠습니다.

민수 씨가 **저번**에 보내주신 선물은 잘 받았어요.

- 지난번

오늘 공부할 어휘입니다. 알고 있는 단어에 ☑ 해 보세요.

☐ 저분 대	☐ 저희 대	☐ 적다² 형
☐ 적당하다 형	☐ 전기 명	☐ 전부 부, 명
☐ 전철 명	☐ 전체 명	☐ 전하다 동
☐ 전혀 부	☐ 전화기 명	☐ 젊다 형
☐ 점수 명	☐ 점심시간 명	☐ 점점 부
☐ 접다 동	☐ 접시 명	☐ 젓가락 명
☐ 정거장 명	☐ 정도 명	☐ 정리 명
☐ 정문 명	☐ 정원 명	☐ 정하다 동
☐ 정확하다 형	☐ 젖다 동	☐ 제목 명
☐ 조금씩 부	☐ 조심 명	☐ 조용히 부

✎ 다음 페이지에서 자세히 공부해 볼까요?

01 저분 [대]

(honorific) that person / 那位 / vị kia

저분은 누구십니까?
저분은 저희 선생님이십니다.

- '저 사람'의 높임말
- 이분-그분-저분

02 저희 [대]
[저히]

our / 我们的 / chúng em

이것은 **저희** 회사의 신제품입니다.
저분은 **저희** 선생님이세요.

🈯 우리

03 적다² [형]
[적따]
적고, 적어서,
적으면, 적습니다

few, little / 少 / ít

이번 학기에 수업을 신청한 사람이 **적습니다**.
월급이 **적어서** 일을 그만두려고 해요.

🈯 많다

04 적당하다 [형]
[적땅하다]
적당하고, 적당해서,
적당하면, 적당합니다

just right, suitable / 适度，适合 / vừa phải, thích hợp, đủ

하루에 6시간 자는 것이 **적당합니다**.
오늘 날씨가 시원해서 운동하기에 **적당해요**.

🈯 적합하다, 알맞다

05 전기 [명]

electricity / 电 / điện

갑자기 **전기**가 끊겨서 불이 다 꺼졌습니다.
요즘은 **전기**가 나가는 일이 거의 없어요.

- 전기가 흐르다, 전기가 나가다, 전기가 끊기다

06 전부 [명], [부]

everything, all, total / 全部 / toàn bộ

[명] 그는 재산의 **전부**를 어려운 사람을 위해 썼습니다.
[부] 저는 어제 이 책을 **전부** 읽었어요.

🈯 모두

07 전철 ^명

subway / 地铁 / tàu điện ngầm

저는 **전철**을 타고 출퇴근을 합니다.
요즘은 **전철** 안에서 스마트폰을 사용하는 사람이 많아요.

> ⊕ 전기 철도

08 전체 ^명

whole / 整个 / toàn thể

코로나 때문에 세계 **전체**가 안전하지 않습니다.
불이 나서 산 **전체**가 다 타 버렸어요.

09 전하다 ^동

전하고, 전해서,
전하면, 전합니다

give / 转交 / trao lại

어머니의 편지를 언니에게 **전했습니다**.
이 물건을 그 사람에게 **전해** 주시겠어요?

> ⊕ 전달하다
> • N1을/를 N2에게 전하다

10 전혀 ^부

absolutely not / 全然 / hoàn toàn không

이 문법이 **전혀** 이해가 되지 않습니다.
그 일과 나는 **전혀** 관계가 없어요.

> • 전혀 + 안 V/A, V/A-지 않다, V/A-(으)ㄹ 수 없다
> • 전혀-가끔-때때로-자주-늘-언제나-항상

11 전화기 ^명

telephone / 电话 / điện thoại

요즘은 모두 스마트폰을 사용하니까 **전화기**가 없는 집이 많습니다.
사무실에 아무도 없어요? **전화기**가 계속 울리네요.

> ⊕ 전화

12 젊다 ^형

[점따]

젊고, 젊어서,
젊으면, 젊습니다

young / 年轻 / trẻ trung

젊은 사람과 늙은 사람 모두 축제를 즐겼습니다.
요즘에는 **젊어** 보이려고 노력하는 사람이 많아요.

> ⊕ 늙다
> • 어리다-젊다-늙다

263

13 점수 명

score, grade / 分数 / điểm số

점수를 잘 받아야 장학금을 받을 수 있습니다.
시험 **점수**가 낮아서 걱정이에요.

> ⊕ 성적
> • 점수가 낮다, 점수가 나쁘다, 점수가 높다, 점수가 좋다

14 점심시간 명
[점심씨간]

lunchtime / 午饭时间 / giờ ăn trưa

저는 **점심시간**에 점심을 먹고 산책을 합니다.
학교에서 가장 즐거운 시간은 **점심시간**이에요.

15 점점 부

gradually / 逐渐 / dần dần

민수의 요리 실력이 **점점** 좋아지고 있습니다.
겨울이 되면서 날씨가 **점점** 추워져요.

16 접다 동
[접따]
접고, 접어서,
접으면, 접습니다

fold / 折叠 / gấp

아이는 색종이를 **접어서** 종이비행기를 만들고 있습니다.
다 읽은 신문을 **접어서** 테이블 위에 두었어요.

> ⊕ 펴다

17 접시 명
[접씨]

plate / 盘子 / đĩa, dĩa

접시 위에 사과를 깎아 놓았습니다.
접시가 떨어져서 깨졌어요.

18 젓가락 명
[저까락/젇까락]

chopsticks / 筷子 / đũa

젓가락으로 라면을 먹습니다.
저는 밥을 먹을 때 숟가락보다 **젓가락**을 많이 사용해요.

> ⊕ 숟가락

19 정거장 명

bus stop, station / 停车场 / trạm

다음 **정거장**에서 내리면 됩니다.
학교 앞 버스 **정거장**에서 만날까요?

⊕ 정류장

20 정도 명

about / 左右 / khoảng

서울에서 부산까지 차로 몇 시간 **정도** 걸립니까?
이 일을 다 하려면 일주일 **정도** 필요할 것 같아요.

⊕ 쯤

21 정리 명
[정니]

tidying / 整理 / sự sắp xếp, sự dọn dẹp

이사를 해야 해서 **정리**가 필요합니다.
저는 공부를 하기 전에 책상 **정리**를 먼저 해요.

• 정리(를) 하다, 정리(가) 되다

22 정문 명

the main gate / 正门 / cổng chính

학교가 아주 커서 **정문**과 후문, 그리고 동쪽과 서쪽에도 출입문이 있습
니다.
수업이 끝나고 학교 **정문** 앞에서 만나요.

23 정원 명

garden / 院子 / sân vườn

집 **정원**에는 나무와 꽃이 많습니다.
정원에서 강아지가 뛰어다녀요.

24 정하다 동
정하고, 정해서,
정하면, 정합니다

fix, set / 确定 / quyết định

다음에 만날 시간과 장소를 **정합시다**.
민수 씨, 약속 장소를 **정하면** 알려 주세요.

25 정확하다 형

[정화카다]

정확하고, 정확해서,
정확하면, 정확합니다

accurate / 准确 / chính xác

이 시계는 1초도 늦지 않고 **정확합니다.**
그 사람의 얼굴과 이름을 **정확하게** 기억하고 있어요.

> 반 **부정확하다**

26 젖다 동

[젇따]

젖고, 젖어서,
젖으면, 젖습니다

get wet / 湿 / bị ướt

비를 맞아서 옷이 **젖었습니다.**
젖은 수건을 햇빛에 말렸어요.

> 반 **마르다**
> • N이/가 젖다

27 제목 명

title / 题目 / tựa đề

지금 보는 드라마 **제목**이 무엇입니까?
이번 학기에 공부할 책 **제목**을 알려 주세요.

28 조금씩 부

little by little / 一点一点地 / từng chút một

그녀는 밥을 **조금씩** 자주 먹습니다.
자동차를 사려고 월급을 **조금씩** 모으고 있어요.

29 조심 명

caution / 小心 / sự cẩn thận

산에서는 불이 나지 않도록 **조심**을 해야 합니다.
집 앞에 '개 **조심**'이라고 쓰여 있었어요.

> 주 주의
> • 조심(을) 하다

30 조용히 부

quietly / 静静地 / yên lặng, lặng lẽ

공공장소에서는 **조용히** 해야 합니다.
학생들은 교실에서 **조용히** 이야기를 하고 있어요.

오늘 공부할 어휘입니다. 알고 있는 단어에 ☑ 해 보세요.

☐ 졸다 [동]	☐ 좁다 [형]	☐ 종류 [명]
☐ 종이 [명]	☐ 주머니 [명]	☐ 주문 [명]
☐ 주변 [명]	☐ 주사 [명]	☐ 주위 [명]
☐ 주차 [명]	☐ 주차장 [명]	☐ 죽다 [동]
☐ 줄 [명]	☐ 줄다 [동]	☐ 줄이다 [동]
☐ 줍다 [동]	☐ 중간 [명]	☐ 중심 [명]
☐ 중요 [명]	☐ 중학교 [명]	☐ 중학생 [명]
☐ 즐거워하다 [동]	☐ 즐겁다 [형]	☐ 즐기다 [동]
☐ 지각 [명]	☐ 지나가다 [동]	☐ 지난번 [명]
☐ 지다 [동]	☐ 지도 [명]	☐ 지루하다 [형]

✎ 다음 페이지에서 자세히 공부해 볼까요?

01 졸다 동

졸고, 졸아서,
졸면, 좁니다

doze / 瞌睡 / buồn ngủ

수업 시간에 **졸면** 안 됩니다.
영화를 보다가 지루해서 **졸았어요.**

02 좁다 형

[좁따]

좁고, 좁아서,
좁으면, 좁습니다

narrow, cramped / 窄 / chật hẹp

방이 **좁아서** 가구를 놓을 수 없습니다.
좁은 길에 차가 많이 있어서 복잡해요.

> 반 넓다

03 종류 명

[종뉴]

kind / 种类 / chủng loại

도서관에는 다양한 **종류**의 책이 있습니다.
제과점에는 여러 **종류**의 빵과 음료가 있어요.

04 종이 명

paper / 纸 / giấy

아이는 **종이**에 그림을 그렸습니다.
종이를 접어서 동물을 만들었어요.

05 주머니 명

pocket / 口袋 / túi

제 **주머니** 안에는 아무것도 없습니다.
아이는 동전을 바지 **주머니**에 넣었어요.

06 주문 명

order / 订购 / sự đặt hàng

그 식당은 기계로 **주문**을 받았습니다.
주문이 많아서 기다리는 시간이 오래 걸릴 것 같아요.

> • 주문(을) 하다, 주문을 받다

07 주변 명

around / 周围 / xung quanh

공원 **주변**에 가게가 많습니다.
주변에 가까운 편의점이 어디에 있어요?

> 🔁 근처, 주위

08 주사 명

injection, shot / 注射 / tiêm, chích

감기에 걸려서 병원에 가서 **주사**를 맞았습니다.
간호사는 **주사**를 아프지 않게 놓았어요.

> • 주사를 놓다, 주사를 맞다

09 주위 명

surroundings, perimeter / 周围 / chu vi

저희 아파트는 **주위**가 조용해서 좋습니다.
저녁이 되니 **주위**가 어두워졌어요.

> 🔁 근처, 주변

10 주차 명

parking / 停车 / đậu xe

운전보다 **주차**가 더 어렵습니다.
길이 좁으니까 **주차**는 다른 곳에 하는 게 편할 거예요.

> • 주차(를) 하다

11 주차장 명

parking lot, parking garage / 停车场 / bãi đậu xe

주차장에 차가 많아서 주차를 할 수 없었습니다.
이 건물 지하 **주차장**에 주차해 주세요.

12 죽다 동
[죽따]
죽고, 죽어서,
죽으면, 죽습니다

die / 死 / chết

좋아하는 가수가 갑자기 **죽어서** 너무 슬픕니다.
오랫동안 키운 개가 **죽었어요**.

> 🔁 돌아가시다
> • N이/가 죽다

13 줄 명

line, row / 排 / hàng

차례대로 줄을 서서 기다려 주십시오.

줄이 길어서 오래 기다렸어요.

- 줄을 서다

14 줄다 동

줄고, 줄어서,
줄면, 줍니다

decrease / 减少 / giảm đi

한국은 태어나는 아이가 **줄고** 있다고 합니다.

일이 **줄어서** 버는 돈도 **줄었어요.**

유 줄어들다   반 늘다, 늘어나다
- N이/가 줄다

15 줄이다 동

줄이고, 줄여서,
줄이면, 줄입니다

reduce / 缩减，减少 / cắt giảm, giảm bớt

회사가 어려워서 직원을 **줄였습니다.**

쓰레기를 **줄이려면** 어떻게 해야 할까요?

반 늘리다
- N을/를 줄이다

16 줍다 동

[줍따]

줍고, 주워서,
주우면, 줍습니다

pick up / 拾 / nhặt

휴지를 **주워서** 쓰레기통에 버렸습니다.

학생들이 운동장에 있는 쓰레기를 **주우면서** 청소하고 있어요.

17 중간 명

between, in the middle of / 中间 / ở giữa, giữa lúc

나는 어머니와 아버지 **중간**에 앉아서 밥을 먹었습니다.

사장님은 회의 **중간**에 나가셨어요.

18 중심 명

center, central, main / 中心 / trung tâm

이곳은 서울의 **중심**이라서 집값이 비쌉니다.

이 글의 **중심** 생각을 고르세요.

19 중요하다 형
important / 重要 / quan trọng
중요하고, 중요해서
중요하면, 중요합니다

축제는 학교의 **중요한** 행사입니다.
오늘 **중요한** 일이 있어서 못 만날 것 같아요.

20 중학교 명
middle school / 中学 / trường trung học
[중학꾜]

아이가 **중학교**를 졸업하고 고등학생이 되었습니다.
저는 **중학교** 때가 가장 재미있었어요.

• 초등학교–중학교–고등학교–대학교

21 중학생 명
middle school student / 中学生 / học sinh trung học
[중학쌩]

아이가 초등학교를 졸업하고 **중학생**이 되었습니다.
제 딸은 **중학생**이고 아들은 고등학생이에요.

• 초등학생–중학생–고등학생–대학생

22 즐거워하다 동
be pleased, have fun, enjoy / 高兴 / thích thú, hứng khởi
즐거워하고, 즐거워해서
즐거워하면, 즐거워합니다

바닷가에서 아이들이 물놀이를 하면서 **즐거워합니다**.
제가 오랜만에 고향에 가니까 부모님께서 **즐거워하셨어요**.

유 기뻐하다   반 괴로워하다, 슬퍼하다

23 즐겁다 형
pleasant / 愉快 / hứng thú
[즐겁따]

방학을 **즐겁게** 보내시기를 바랍니다.
영희 씨, 지난주에 다녀온 여행은 **즐거웠어요**?

즐겁고, 즐거워서,
즐거우면, 즐겁습니다

유 기쁘다   반 괴롭다, 슬프다

24 즐기다 동
enjoy / 喜欢 / thích thú, chuộng

저는 저녁마다 독서를 **즐깁니다**.
민수는 청바지를 **즐겨** 입어요.

즐기고, 즐겨서,
즐기면, 즐깁니다

25 지각 명

lateness / 迟到 / trễ, muộn

수업시간에는 10분만 늦어도 **지각**입니다.
학교에 다닐 때에는 **지각**이나 결석을 하지 않는 게 중요해요.

- 지각(을) 하다

26 지나가다 동

지나가고, 지나가서,
지나가면, 지나갑니다

pass / 结束 / qua đi

시험 준비를 하다 보니 방학이 다 **지나갔습니다**.
여름이 **지나가고** 가을이 왔어요.

유 지나다
- N이/가 지나가다

27 지난번 명

last time, previous / 上次 / lần trước

지난번 일은 제가 사과하겠습니다.
그 사람은 **지난번**에 만난 적이 있어요.

유 저번
- 지난번-이번-다음번

28 지다 동

지고, 져서,
지면, 집니다

lose, be defeated / 输 / thua

어제 경기에서 우리 팀이 **졌습니다**.
제가 **졌지만** 열심히 했기 때문에 후회는 없어요.

반 이기다
- N1이/가 N2에게 지다
- 우리팀이 상대팀에게 지다

29 지도 명

map / 地图 / bản đồ

처음 가 본 곳이지만 **지도**를 보고 쉽게 찾아갔습니다.
교실에 세계 **지도**가 붙어 있어요.

30 지루하다 형

지루하고, 지루해서,
지루하면, 지루합니다

be bored / 没意思 / nhàm chán, buồn chán

영화가 **지루해서** 중간에 그만 봤습니다.
휴일에 약속이 없어서 혼자 **지루하게** 시간을 보냈어요.

오늘 공부할 어휘입니다. 알고 있는 단어에 ☑ 해 보세요.

☐ 지르다 [동] ☐ 지방 [명] ☐ 지우다 [동]

☐ 지키다 [동] ☐ 지하 [명] ☐ 지하도 [명]

☐ 직장 [명] ☐ 직접 [부] ☐ 진짜 [부], [명]

☐ 진하다 [형] ☐ 짐 [명] ☐ 집들이 [명]

☐ 집안일 [명] ☐ 짓다 [동] ☐ 짜증 [명]

☐ 짝 [명] ☐ 짧다 [형] ☐ 찌다¹ [동]

☐ 찌다² [동] ☐ 차¹ [명] ☐ 차² [명]

☐ 차갑다 [형] ☐ 차다¹ [동] ☐ 차다² [동]

☐ 차다³ [동] ☐ 차다⁴ [형] ☐ 차례 [명]

☐ 착하다 [형] ☐ 찬물 [명] ☐ 참다 [동]

✎ 다음 페이지에서 자세히 공부해 볼까요?

01 지르다 동

지르고, 질러서,
지르면, 지릅니다

yell, shout / 叫喊 / gào thét

아이가 소리를 **지르면서** 울기 시작했습니다.
길에서 모르는 사람이 갑자기 소리를 **질러서** 깜짝 놀랐어요.

> 유 **치다**
> • 소리를 지르다

02 지방 명

area, provinces / 地区，除首都以外的地方 / địa phương

부산은 한국의 남쪽 **지방**에 있습니다.
저는 대학교 때 서울로 왔어요. 고등학교까지 **지방**에서 다녔어요.

03 지우다 동

지우고, 지워서,
지우면, 지웁니다

erase / 擦除 / xóa

아이는 지우개로 종이에 쓴 글을 **지웠습니다**.
칠판을 깨끗하게 **지웠어요**.

04 지키다 동

지키고, 지켜서,
지키면, 지킵니다

obey(= observe), keep / 遵守 / giữ

출근 시간을 잘 **지켜** 주세요.
수업에 늦지 말고 시간을 **지키세요**.

> 반 **어기다**
> • 시간을 지키다, 약속을 지키다, 법을 지키다, 예의를 지키다

05 지하 명

basement / 地下 / tầng hầm

주차장은 **지하**에 있습니다.
아파트 **지하** 1층에 주차를 했어요.

> 반 **지상**

06 지하도 명

underground passage, tunnel / 地下通道 / đường hầm

지하철은 **지하도**로 연결되어 있습니다.
맞은편으로 가려면 **지하도**로 길을 건너세요.

07 직장 명
[직짱]

workplace, office / 职场 / công sở

직장이 마음에 들지 않아 그만두려고 합니다.
그는 **직장** 동료와 친하게 지내요.

08 직접 부
[직쩝]

in person, on one's own / 亲自 / trực tiếp, tận tay

여권을 신청할 때는 본인이 **직접** 오셔야 합니다.
어머니가 목도리를 **직접** 만들어 주셨어요.

09 진짜 부, 명

really, real / 真的 / thật sự là, sự thật

부 **진짜** 네가 좋아졌어. 유 정말
명 이건 가짜가 아니고 **진짜**야. 반 가짜

10 진하다 형

진하고, 진해서,
진하면, 진합니다

thick, heavy, dark / 浓 / đậm (đặc)

나는 연한 커피보다 **진한** 커피를 좋아합니다.
화장이 너무 **진해** 보여요.

반 연하다
• 색깔이 진하다, 향기가 진하다, 화장이 진하다

11 짐 명

baggage / 行李 / hành lý

주말에 여행을 가려고 **짐**을 쌌습니다.
산에 갈 때 **짐**이 무거우면 힘드니까 가볍게 챙기세요.

• 짐을 싸다, 짐을 풀다

12 집들이 명
[집뜨리]

housewarming party / 乔迁请客 / tiệc tân gia

한국에서는 **집들이** 선물로 휴지나 세제를 줍니다.
이번 주말에는 결혼한 직장 동료의 **집들이**에 갈 거예요.

• 집들이(를) 하다, 집들이에 가다

13 집안일 명
[지반닐]

housework / 家务事 / việc trong nhà

집안일은 가족이 모두 함께 해야 합니다.
요즘 **집안일**과 직장 일 때문에 피곤해요.

> 🔄 가사
> • 집안일(을) 하다

14 짓다 동
[짇따]

짓고, 지어서,
지으면, 짓습니다

make, farm, build / 做（农活），盖（房子） / làm (nông), xây

아버지께서는 고향에서 농사를 **짓고** 계십니다.
저는 나중에 집을 직접 **지을** 거예요.

> • 집을 짓다, 밥을 짓다, 이름을 짓다, 농사를 짓다

15 짜증 명

irritation, annoyance / 不耐烦 / bực mình, sự bực bội

남편이 집안일을 하지 않아서 **짜증**이 났습니다.
저는 엄마에게 **짜증**을 냈어요.

> • 짜증(이) 나다, 짜증(을) 내다, 짜증을 부리다

16 짝 명

partner, mate, piece / 搭档，只（量词） / bạn ngồi cạnh, một chiếc

초등학교 때는 같은 책상에 앉는 **짝**이 있었습니다.
아침에 양말 한 **짝**이 안 보여서 찾았어요.

17 짧다 형
[짤따]

짧고, 짧아서,
짧으면, 짧습니다

short / 短 / ngắn

저는 여름에 주로 **짧은** 치마를 입습니다.
방학이 너무 **짧아서** 아쉬워요.

> 🔄 길다

18 찌다¹ 동

찌고, 쪄서,
찌면, 찝니다

gain (weight) / 长肉 / tăng cân

운동을 하지 않아서 살이 많이 **쪘습니다**.
살이 **쪄서** 옷이 맞지 않아요.

> 🔄 빠지다
> • 살(이) 찌다

19 찌다² 동

찌고, 쪄서,
찌면, 찝니다

steam / 蒸 / hấp

만두는 **쪄서** 먹거나 구워서 먹습니다.
찐 채소는 부드러워서 먹기 좋아요.

- 감자를 찌다, 고구마를 찌다, 생선을 찌다

20 차¹ 명

tea / 茶 / trà

저는 주로 **차**를 마시면서 일을 합니다.
저는 커피보다 **차**를 즐겨 마셔요.

- 차를 마시다

21 차² 명

car / 车 / xe

서울에서 부산까지 **차**로 네 시간 정도 걸립니다.
너무 머니까 걷지 말고 **차**를 타고 갑시다.

- 차를 타다, 차에서 내리다

22 차갑다 형
[차갑따]

차갑고, 차가워서,
차가우면, 차갑습니다

cold / 凉 / lạnh

한국 사람은 **차가운** 물을 잘 마십니다.
여름에는 뜨거운 커피보다 **차가운** 커피가 마시기 좋아요.

- 반 뜨겁다

23 차다¹ 동

차고, 차서,
차면, 찹니다

be full / 满 / tràn đầy

지하철에 사람이 가득 **찼습니다.**
병에 물이 가득 **차** 있어요.

- 반 비다
- N1이/가 N2(으)로 차다, N1에 N2이/가 차다
- 병이 물로 차다, 병에 물이 차다
- 가득 차다

24 차다² 동

차고, 차서,
차면, 찹니다

kick / 踢 / đá

아이들이 운동장에서 공을 **차면서** 놀고 있습니다.
형이 동생을 발로 **찼어요.**

- 공을 차다

25 차다³ 동

차고, 차서,
차면, 찹니다

wear (a watch) / 戴（手表）/ đeo

그는 손목에 시계를 **차고** 있습니다.
그녀는 팔에 팔찌를 **차고** 발에는 발찌를 **찼어요**.

> 반 벗다

26 차다⁴ 형

차고, 차서,
차면, 찹니다

cold, chilly / 凉 / lạnh

에어컨 바람이 **차서** 겉옷을 준비했습니다.
손발이 **차니까** 몸을 따뜻하게 하세요.

> 유 차갑다   반 덥다, 뜨겁다

27 차례 명

order, turn / 順序 / thứ tự, lượt

줄을 서서 **차례**를 지켜 주십시오.
한 시간을 기다린 후 제 **차례**가 되었어요.

> 유 순서

28 착하다 형
[차카다]

착하고, 착해서
착하면, 착합니다

good, nice, kind, gentle / 善良 / hiền lành

저는 **착한** 사람이 좋습니다.
영희는 정말 **착하고** 친절한 사람이에요.

29 찬물 명

cold water / 冰水 / nước lạnh

민수는 여름에는 **찬물**로 샤워를 합니다.
목이 마른데 **찬물** 좀 주시겠어요?

> 유 냉수   반 더운물

30 참다 동
[참따]

참고, 참아서,
참으면, 참습니다

suppress, hold on / 忍住 / nhịn

지하철 안이라서 기침을 **참았습니다**.
수업 시간에 졸렸지만 **참고** 수업을 들었어요.

오늘 공부할 어휘입니다. 알고 있는 단어에 ☑ 해 보세요.

☐ 찾아가다 동   ☐ 채소 명   ☐ 책장 명

☐ 첫 관   ☐ 첫날 명   ☐ 청년 명

☐ 청바지 명   ☐ 청소년 명   ☐ 체육관 명

☐ 쳐다보다 동   ☐ 초^1 의   ☐ 초^2 의

☐ 초대장 명   ☐ 초등학교 명   ☐ 초등학생 명

☐ 최고 명   ☐ 최근 명   ☐ 추석 명

☐ 출구 명   ☐ 출근 명   ☐ 출석 명

☐ 출입 명   ☐ 출입국 명   ☐ 출장 명

☐ 출퇴근 명   ☐ 충분하다 형   ☐ 취소 명

☐ 취직 명   ☐ 치과 명   ☐ 치료 명

✍ 다음 페이지에서 자세히 공부해 볼까요?

01 찾아가다 동

찾아가고, 찾아가서,
찾아가면, 찾아갑니다

go visit / 拜访 / tìm đến

선생님을 만나러 사무실에 **찾아갔습니다**.
친구가 학교에 오지 않아서 집으로 **찾아갔어요**.

유 방문하다

02 채소 명

vegetable / 蔬菜 / rau củ quả

과일과 **채소**는 비타민이 많습니다.
저는 **채소** 중에서 오이를 가장 좋아해요.

유 야채

03 책장 명
[책짱]

bookcase / 书柜 / tủ sách

책장에 책이 많이 있습니다.
거실에는 **책장**과 소파가 있어요.

04 첫 관
[첟]

first / 首次 / thứ nhất

첫 월급을 받아서 부모님 선물을 샀습니다.
그 사람과의 **첫** 만남은 잊을 수 없어요.

• 첫 N

05 첫날 명
[천날]

first day / 第一天 / ngày đầu tiên

오늘은 1월 1일, 새해 **첫날**입니다.
이사 온 **첫날** 자장면을 먹었어요.

반 마지막 날

06 청년 명

young man / 青年 / thanh niên, giới trẻ

아이는 고등학교를 졸업하고 벌써 **청년**이 되었습니다.
요즘 취업 때문에 힘들어하는 **청년**들이 많아요.

유 젊은이   반 노인, 노년
• 아동–청소년–청년–노년

07 청바지 명

jeans / 牛仔裤 / quần jean

청년은 티셔츠와 **청바지**를 입고 있습니다.
저는 편안한 **청바지**를 즐겨 입어요.

08 청소년 명

youth, teenager / 青少年 / thanh thiếu niên

청소년은 미래의 주인공입니다.
저는 **청소년** 때 부모님 말을 잘 듣지 않았어요.

　• 아동-청소년-청년-노년

09 체육관 명

[체육꽌]

gym, sports centre / 体育馆 / trung tâm thể thao

체육관에서 친구들과 농구를 합니다.
체육관에서 운동을 하는 청소년이 많아요.

10 쳐다보다 동

[처다보다]

쳐다보고, 쳐다봐서,
쳐다보면, 쳐다봅니다

stare / 仰视 / nhìn chằm chằm

달이 예뻐서 오랫동안 **쳐다보고** 있었습니다.
그 사람이 계속 나를 **쳐다봐서** 부끄러웠어요.

　🔁 바라보다

11 초 ¹ 의

beginning (of) / 初 / đầu

5월 **초**쯤 여행을 가려고 합니다.
매달 **초**에 할머니를 뵈러 댁으로 찾아가요.

　🔄 말
　• 초-중-말

12 초 ² 의

second(s) / 秒 / giây

지진 때문에 집이 3**초** 동안 흔들렸습니다.
그는 몇 **초** 동안 말이 없었어요.

　• 초-분-시

13 초대장 명
[초대짱]

invitation card / 请柬 / thiệp mời

어제 친구에게 결혼식 **초대장**을 받았습니다.
아이는 생일 **초대장**을 만들었어요.

- 초대장을 보내다, 초대장을 받다

14 초등학교 명
[초등학꾜]

elementary school / 小学 / trường tiểu học

초등학교 체육관에서 농구 시합이 있습니다.
아이는 **초등학교**에 다니고 있어요.

- 초등학교-중학교-고등학교-대학교

15 초등학생 명
[초등학쌩]

elementary school student / 小学生 / học sinh tiểu học

제 딸은 지금 **초등학생**입니다.
오늘은 딸이 **초등학생**이 되어 학교에 가는 첫날이에요.

- 초등학생-중학생-고등학생-대학생

16 최고 명

the best / 最好 / tốt nhất

피곤할 때는 쉬는 것이 **최고**입니다.
제가 **최고**로 좋아하는 가수는 BTS예요.

유 제일

17 최근 명

recently / 最近 / gần đây

최근 코로나 때문에 여행을 갈 수 없습니다.
최근에 인기 있는 드라마가 뭐예요?

유 요즈음, 요즘

18 추석 명

[Chuseok] Korean Thanksgiving Day / 中秋 / Trung Thu

한국의 큰 명절은 설날과 **추석**입니다.
최근 **추석**에 여행을 가는 사람이 많아요.

19 출구 _명

exit / 出口 / lối ra

시청에 가려면 몇 번 **출구**로 나가야 합니까?
지하철 1번 **출구** 앞에서 만나요.

> (반) 입구
> • 출구로 나가다

20 출근 _명

going to work / 上班 / sự đi làm

출근은 몇 시에 합니까?
출근 시간에는 길이 많이 막혀요.

> (반) 퇴근
> • 출근(을) 하다

21 출석 _명
[출썩]

attendance / 出席 / điểm danh

수업이 시작하자 선생님은 **출석**을 불렀습니다.
오늘 수업의 **출석** 인원을 알려 주세요.

> (반) 결석
> • 출석(을) 하다, 출석을 부르다

22 출입 _명

entry, enter, entrance / 出入 / sự ra vào

이곳은 **출입** 금지입니다. 들어올 수 없습니다.
오늘 축제가 있어서 자동차 **출입**을 막았어요.

> • 출입(을) 하다, 출입을 금지하다

23 출입국 _명
[추립꾹]

immigration / 出入境 / xuất nhập cảnh

최근 코로나 때문에 **출입국** 절차가 복잡해졌습니다.
나라에서 외국인들의 **출입국**을 잘 관리하고 있어요.

> • 출입국 관리 사무소

24 출장 _명
[출짱]

business trip / 出差 / sự đi công tác

아버지가 **출장**에서 돌아오시면서 선물을 사 오셨습니다.
다음 주에 지방으로 **출장**을 가요.

> • 출장을 가다, 출장을 다녀오다, 출장을 떠나다

25 출퇴근 명

commuting / 上下班 / sự đi làm và tan sở

출퇴근 시간은 길이 막혀서 일찍 나왔습니다.
출퇴근 시간을 정확히 지켜 주세요.

- 출퇴근(을) 하다

26 충분하다 형

충분하고, 충분해서,
충분하면, 충분합니다

sufficient / 充足 / đủ (rồi)

그녀는 가족들이 살아가기에 **충분한** 재산을 모았습니다.
이 일을 끝내는 데는 한 시간이면 **충분해요**.

🔄 넉넉하다　　　　　🔀 부족하다

27 취소 명

cancellation / 取消 / sự hủy bỏ

이 공연의 예약 **취소**는 일주일 전까지 할 수 있습니다.
갑작스러운 공연 **취소**로 할 일이 없어졌어요.

- 취소(를) 하다, 취소(가) 되다

28 취직 명

employment / 就职 / sự tìm được việc

민수 씨는 대학을 졸업하고 **취직** 준비를 하고 있습니다.
최근 경기가 좋지 않아서 **취직**이 어려워요.

🔄 취업　　　　　🔀 퇴직
- 취직(을) 하다, 취직(이) 되다

29 치과 명
[치꽈]

the dentist's / 牙科 / nha khoa

이가 아파서 **치과**에 갔습니다.
치과 치료는 좀 무서워요.

30 치료 명

treatment / 治疗，牙科 / điều trị

어머니는 요즘 병원 **치료** 중이십니다.
치료를 받으러 병원에 갔어요.

- 치료(를) 하다, 치료를 받다

오늘 공부할 어휘입니다. 알고 있는 단어에 ☑ 해 보세요.

☐ 치약 명	☐ 친척 명	☐ 침실 명
☐ 칫솔 명	☐ 칭찬 명	☐ 카페 명
☐ 칼 명	☐ 켜다² 동	☐ 켤레 의
☐ 콧물 명	☐ 크기 명	☐ 키우다 동
☐ 태극기 명	☐ 태도 명	☐ 태어나다 동
☐ 태풍 명	☐ 택배 명	☐ 테니스장 명
☐ 테이블 명	☐ 통장 명	☐ 통화 명
☐ 퇴원 명	☐ 튀기다 동	☐ 튀김 명
☐ 특별하다² 형	☐ 튼튼하다 형	☐ 틀다 동
☐ 틀리다 동	☐ 파랗다 형	☐ 팔리다 동

✍ 다음 페이지에서 자세히 공부해 볼까요?

01 **치약** 명

toothpaste / 牙膏 / kem đáng răng

이를 닦으려고 **치약**을 꺼냈습니다.
칫솔에 **치약**을 많이 짜 주세요.

02 **친척** 명

relative / 亲戚 / họ hàng

명절에 **친척**을 만나서 인사를 드렸습니다.
결혼식에 **친척**이 많이 오셨어요.

03 **침실** 명

bedroom / 卧室 / phòng ngủ

일이 없어서 **침실**에서 푹 쉬었습니다.
침실에 있는 침대가 아주 편해요.

04 **칫솔** 명
[치쏠/칟쏠]

toothbrush / 牙刷 / bàn chải đánh răng

저는 **칫솔**과 치약을 항상 가지고 다닙니다.
저는 이를 닦을 때 부드러운 **칫솔**을 사용해요.

05 **칭찬** 명

praise / 称赞 / lời khen

아이는 혼내는 것보다 **칭찬**을 하는 것이 좋습니다.
부모님께 **칭찬**을 받으려고 열심히 공부했어요.

• 칭찬(을) 하다, 칭찬을 받다, 칭찬을 듣다

06 **카페** 명

cafe / 咖啡厅 / cà phê

서울에는 분위기가 좋은 **카페**가 많습니다.
예쁜 **카페**를 구경하러 다니는 게 제 취미예요.

07 칼 명

knife / 刀 / dao

고기는 **칼**보다 가위로 자르는 것이 편합니다.
칼로 과일을 깎았어요.

08 켜다² 동

켜고, 켜서,
켜면, 켭니다

play (the violin) / 拉（小提琴）/ chơi

민수는 바이올린을 **켤** 줄 압니다.
저기에서 바이올린을 **켜는** 사람이 제일 멋있어요.

> 😀 연주하다
> • 바이올린을 켜다

09 켤레 의

pair / 双（数量词）/ đôi, cặp

백화점에서 구두 한 **켤레**를 샀습니다.
양말 한 **켤레**에 얼마예요?

> • 구두 한 켤레, 양말 한 켤레, 장갑 한 켤레

10 콧물 명

[콘물]

runny nose / 鼻涕 / nước mũi

감기에 걸려서 열이 나고 **콧물**도 납니다.
콧물이 계속 나오니까 불편해요.

> • 콧물이 나다, 콧물이 흐르다, 콧물을 흘리다

11 크기 명

size / 大小 / độ lớn

방 **크기**가 얼마나 됩니까?
사과는 **크기**에 따라 가격이 달라요.

> • 길이-넓이-크기-높이

12 키우다 동

키우고, 키워서,
키우면, 키웁니다

raise, feed, take care of / 养 / nuôi dưỡng

민수는 강아지를 한 마리 **키웁니다**.
아이를 **키우는** 것은 정말 어려운 일이에요.

> 😀 기르다

13 태극기 명
[태극끼]

[Taegeukgi] the national flag of Korea / 太极旗 / cờ Thái cực
태극기는 한국의 국기입니다.
국경일에 집 앞에 **태극기**를 달았어요.

14 태도 명

attitude / 态度 / thái độ
민수는 수업 **태도**가 참 좋습니다.
신입사원에게는 무엇이든지 배우려는 **태도**가 필요해요.

15 태어나다 동
태어나고, 태어나서
태어나면, 태어납니다

be born / 诞生 / sinh ra
사람들은 **태어난** 날을 기념하기 위해 생일잔치를 합니다.
아이가 **태어난** 지 6개월이 지났어요.

반 죽다
• N이/가 태어나다

16 태풍 명

typhoon / 台风 / bão
태풍 때문에 바람이 많이 붑니다.
태풍이 조용히 지나갔어요.

• 태풍이 불다, 태풍이 지나가다

17 택배 명
[택빼]

parcel delivery / 快递 / giao hàng tận nhà
명절에 친척들에게 **택배**로 선물을 보냈습니다.
사람들이 **택배**로 시킨 물건이 많아서 배달하기가 힘들어요.

• 택배를 보내다, 택배를 부치다, 택배를 받다

18 테니스장 명

tennis court / 网球场 / sân quần vợt
테니스장에서 테니스를 치는 사람이 많습니다.
테니스 시합을 구경하러 **테니스장**에 갔어요.

19 테이블 명

table / 桌子 / bàn

거실에 **테이블**과 소파가 있습니다.

테이블 위에 책과 커피가 놓여 있어요.

🔁 탁자

20 통장 명

bankbook / 存折 / sổ ngân hàng, sổ tài khoản

아기가 태어나서 아기의 이름으로 은행 **통장**을 만들었습니다.

통장을 만들려면 신분증이 필요해요.

21 통화 명

call / 通话 / cuộc gọi

잠깐 전화 **통화** 좀 하고 오겠습니다.

영희에게 전화를 걸었는데 **통화** 중이었어요.

• 통화(를) 하다, 통화(가) 되다

22 퇴원 명

leaving the hospital / 出院 / sự xuất viện

퇴원은 내일쯤 할 수 있을 것 같습니다.

퇴원을 하기 전에 병원비를 계산했어요.

🔄 입원

• 퇴원(을) 하다

23 튀기다 동

fry / 炸 / chiên

튀기다, 튀겨서
튀기면, 튀깁니다

아이들은 기름에 **튀겨서** 만든 음식을 좋아합니다.

닭고기를 **튀기면** '치킨'이 돼요.

24 튀김 명

fritter, fried foods / 油炸食物 / đồ chiên

저는 **튀김** 요리를 좋아합니다.

분식집에 가면 다양한 야채 **튀김**을 먹을 수 있어요.

25 특별하다² 형

[특뼐하다]

특별하고, 특별해서
특별하면, 특별합니다

special / 特別的 / đặc biệt

그 친구는 **특별한** 능력을 가지고 있습니다.

이곳은 저에게 아주 **특별한** 장소예요.

> 반 평범하다

---

26 튼튼하다 형

튼튼하고, 튼튼해서,
튼튼하면, 튼튼합니다

strong / 健康 / khỏe mạnh, cứng cáp

영희는 건강하고 **튼튼합니다.**

아이가 **튼튼하게** 자랐으면 좋겠어요.

---

27 틀다 동

틀고, 틀어서,
틀면, 틉니다

turn on / 打开 / mở, vặn

저는 아침에 일어나면 라디오부터 **틉니다.**

아버지는 텔레비전을 **틀고** 뉴스를 봤어요.

> 유 켜다
> • 라디오를 **틀다.** 선풍기를 **틀다.** 텔레비전을 **틀다**

---

28 틀리다 동

틀리고, 틀려서,
틀리면, 틀립니다

be wrong / 错误 / sai

답이 **틀렸으니까** 문제를 다시 푸십시오.

틀린 문장을 고르세요.

> 반 맞다
> • N이/가 틀리다

---

29 파랗다 형

[파라타]

파랗고, 파래서,
파라면, 파랗습니다

blue / 蓝 / xanh dương

파란 하늘을 보니 기분이 좋습니다.

가을 하늘은 구름도 없고 **파래요.**

---

30 팔리다 동

팔리고, 팔려서,
팔리면, 팔립니다

be sold / 被卖 / được bán

이 분식집은 튀김이 잘 **팔립니다.**

오늘 준비한 것이 다 **팔려서** 문을 닫았어요.

> • N이/가 팔리다

오늘 공부할 어휘입니다. 알고 있는 단어에 ☑ 해 보세요.

☐ 펴다 [동]	☐ 편리하다 [형]	☐ 편안하다 [형]
☐ 편찮다 [형]	☐ 편하다 [형]	☐ 평소 [명]
☐ 평일 [명]	☐ 포장 [명]	☐ 푸르다 [형]
☐ 푹 [부]	☐ 풀다 [동]	☐ 풍경 [명]
☐ 피 [명]	☐ 피다 [동]	☐ 하늘 [명]
☐ 하숙비 [명]	☐ 하얗다 [형]	☐ 학기 [명]
☐ 학년 [명]	☐ 학원 [명]	☐ 한글 [명]
☐ 한번 [부]	☐ 한옥 [명]	☐ 한턱 [명]
☐ 할인 [명]	☐ 항공권 [명]	☐ 항상 [부]
☐ 해마다 [부]	☐ 해외 [명]	☐ 햇빛 [명]

✐ 다음 페이지에서 자세히 공부해 볼까요?

01 펴다 동

펴고, 펴서,
펴면, 폅니다

spread, open / 铺开，翻开 / mở, trải

자려고 이불을 **펴고** 누웠습니다.
책을 **펴서** 읽었어요.

• 어깨를 펴다, 허리를 펴다, 우산을 펴다

02 편리하다 형

[펼리하다]

편리하고, 편리해서,
편리하면, 편리합니다

be convenient / 便利 / tiện lợi

스마트폰이 있어서 **편리합니다**.
요즘은 편리한 물건이 많아요.

반 불편하다

03 편안하다 형

편안하고, 편안해서
편안하면, 편안합니다

be comfortable / 舒服 / dễ chịu, bình yên

이 의자는 오래 앉아 있어도 **편안합니다**.
그 사람과 같이 있으면 항상 **편안해요**.

유 편하다   반 불안하다, 불편하다

04 편찮다 형

[편찬타]

편찮고, 편찮아서
편찮으면, 편찮습니다

be sick, be unwell / 生病 / không khỏe

어머니께서 **편찮으셔서** 병원에 입원하셨습니다.
어떻게 **편찮으신지** 말씀해 주세요.

• '아프다'의 높임말

05 편하다 형

편하고, 편해서
편하면, 편합니다

be comfortable / 舒坦，舒服 / thanh thản, thoải mái

아이가 잘 도착했다고 하니까 마음이 **편합니다**.
침대가 **편해서** 잠이 잘 옵니다.

유 편안하다   반 불편하다

06 평소 명

ordinary times / 平时 / mọi khi

영희는 **평소**에 운동을 열심히 합니다.
이곳은 **평소**에는 사람이 많지 않은데 주말에는 사람이 많아요.

유 평상시

07 평일 명

weekday / 平日 / ngày thường

평일에는 출근하지만 주말에는 쉽니다.
평일에는 일이 많아서 바빠요.

> 반 휴일

08 포장 명

packing, packaging, package / 包裝，打包 / đóng gói, gói về

사무실 책상 위에 **포장**이 된 상자가 있었습니다.
남은 음식은 **포장**을 해 주시겠어요?

> • 포장(을) 하다, 포장(이) 되다

09 푸르다 형

푸르고, 푸르러서
푸르면, 푸릅니다

blue / 蓝 / xanh (ngát)

비가 온 뒤라서 그런지 하늘이 더욱 **푸르러** 보입니다.
푸른 바다를 보고 있으니까 마음이 편안해져요.

10 푹 부

soundly / 充分地 / một cách thoải mái, trọn vẹn, (ngủ) ngon lành

침대가 편해서 잠을 **푹** 잤습니다.
편찮으시면 댁에서 **푹** 쉬세요.

> • 푹 쉬다, 푹 자다

11 풀다 동

풀고, 풀어서
풀면, 풉니다

relieve (stress), solve / 消除（＝缓解），解答 / giải tỏa, giải quyết

저는 혼자 노래를 하면서 스트레스를 **풉니다**.
이 문제는 틀렸으니까 다시 **풀어** 보세요.

> • 화를 풀다, 피로를 풀다, 스트레스를 풀다

12 풍경 명

landscape / 风景 / phong cảnh

파란 하늘과 푸른 바다, **풍경**이 정말 아름답습니다.
이 숙소에서는 예쁜 **풍경**을 볼 수 있어요.

> 유 경치

13 피 〔명〕

blood / 血 / máu

요리하다가 손을 다쳐서 **피**가 났습니다.

피를 많이 흘리면 위험해요.

- • 피가 나다, 피를 흘리다

14 피다 〔동〕

피고, 피어서
피면, 핍니다

bloom / 开 / nở

정원에 꽃이 예쁘게 **피었습니다**.

꽃이 활짝 **펴서** 예쁘네요.

- 〔반〕 지다
- • N이/가 피다
- • 꽃이 피다

15 하늘 〔명〕

sky / 天空 / bầu trời

하늘이 맑고 파랗습니다.

하늘에 떠 있는 달을 보며 소원을 빌었어요.

16 하숙비 〔명〕

[하숙삐]

the charge for (board and) lodging / 寄宿费 / phí nhà trọ

하숙비를 내기 위해서 아르바이트를 하고 있습니다.

하숙비에는 방세와 식비가 포함되어 있어요.

17 하얗다 〔형〕

[하야타]

하얗고, 하얘서
하야면, 하얗습니다

white / 白 / màu trắng

그녀는 청바지에 **하얀** 티셔츠를 입었습니다.

할머니는 머리가 **하얘요**.

〔유〕 희다 〔반〕 까맣다

18 학기 〔명〕

[학끼]

semester / 学期 / học kỳ

새 **학기**가 시작되면서 하숙비도 올랐습니다.

가을 **학기**를 마치면 내년에 졸업이에요.

19 **학년** 명
[항년]

(a first-, second- ⋯)year student, school year / 年级，学年 / năm (nhất, hai ⋯), năm học

이번 학기가 끝나면 대학교 2**학년**이 됩니다.
새 **학년**이 되면 열심히 공부할 거예요.

20 **학원** 명

private education / 学园，补习班 / trung tâm dạy thêm

민수는 **학원**에서 피아노를 배웁니다.
저는 어렸을 때 **학원**을 다니지 않았어요.

21 **한글** 명

[Hangeul] Korean alphabet / 韩文 / Hangeul

한글은 세종대왕이 만들었습니다.
한글은 소리글자라서 금방 배울 수 있어요.

22 **한번** 부

once / 一下 / một lần

제가 먼저 **한번** 해보겠습니다.
우리 집에 **한번** 놀러 오세요.

- 한번 V-아/어 보다
- 한번 먹어 보다

23 **한옥** 명

[Hanok] traditional Korean-style house / 韩式房屋 / nhà truyền thống Hàn Quốc

한옥은 한국의 전통 집입니다.
한옥에는 넓은 마당이 있어요.

24 **한턱** 명

treat / 请客 / khao, đãi

친구가 생일이라서 **한턱**을 냈습니다.
민수는 생일에 친구들에게 **한턱**을 크게 냈어요.

- 한턱(을) 내다

25 할인 명

discount / 打折 / giảm giá

새 학기가 시작되면서 학생들을 위한 **할인** 행사를 하고 있습니다.
놀이공원에 갈 때 단체로 가면 **할인**을 받을 수 있어요.

- 할인(을) 하다, 할인(이) 되다, 할인을 받다

26 항공권 명
[항공꿘]

airline ticket / 机票 / vé máy bay

저는 고향 가는 **항공권**을 미리 예약했습니다.
저는 돈을 아끼기 위해 싼 **항공권**을 인터넷으로 찾아봤어요.

27 항상 부

always / 总是 / luôn luôn

부모는 **항상** 자식 걱정을 합니다.
영희는 **항상** 웃고 있어요.

- 늘, 언제나
- 전혀–가끔–때때로–자주–늘–언제나–항상

28 해마다 부

every year / 每年 / mỗi năm

교통사고가 **해마다** 늘고 있습니다.
민수는 **해마다** 친구들에게 카드를 보내요.

- 매년, 매해

29 해외 명

foreign country / 海外 / nước ngoài

영희는 매년 **해외**로 출장을 갑니다.
올해는 **해외** 말고 국내로 여행을 갈까요?

- 국내

30 햇빛 명
[핻삗/해삗]

sunlight / 太阳光 / ánh nắng

집이 남향이라서 **햇빛**이 잘 들어옵니다.
햇빛이 너무 강해서 선글라스를 썼어요.

- 햇빛이 들다

오늘 공부할 어휘입니다. 알고 있는 단어에 ☑ 해 보세요.

☐ 행동 명	☐ 행복 명	☐ 행사 명
☐ 헤어지다 동	☐ 현금 명	☐ 현재 부, 명
☐ 형제 명	☐ 호수 명	☐ 혹시 부
☐ 화나다 동	☐ 화내다 동	☐ 화려하다 형
☐ 화장품 명	☐ 환영 명	☐ 환자 명
☐ 환전 명	☐ 회원 명	☐ 횡단보도 명
☐ 후배 명	☐ 훌륭하다 형	☐ 훨씬 부
☐ 휴게실 명	☐ 휴일 명	☐ 휴지 명
☐ 휴지통 명	☐ 흐르다 동	☐ 흔들다 동
☐ 흘리다 동	☐ 희망 명	☐ 힘 명

✎ 다음 페이지에서 자세히 공부해 볼까요?

01 행동 _명

action, behavior / 行动，行为 / hành động

그는 언제나 말한 것은 **행동**으로 옮깁니다.

언제나 **행동**을 조심해야 해요.

> • 행동(을) 하다, 행동이 빠르다, 행동이 느리다

02 행복 _명

happiness / 幸福 / hạnh phúc

그 사람의 **행복**을 빌었습니다.

행복과 불행은 항상 같이 있는 것 같아요.

> ㉫ 불행
> • 행복하다

03 행사 _명

event / 活动 / sự kiện

연말이라서 **행사**가 많습니다.

비가 와서 **행사**가 취소됐어요.

> • 행사(를) 하다, 행사를 열다, 행사에 참여하다

04 헤어지다 _동

say goodbye, break up / 分别，分手 / tạm biệt, chia tay

친구와 **헤어지고** 집으로 돌아왔습니다.

헤어지고, 헤어져서
헤어지면, 헤어집니다

민수는 3년 동안 만난 여자와 **헤어졌어요.** ㉴ 이별하다

> ㉫ 만나다
> • N와/과 헤어지다

05 현금 _명

cash / 现金 / tiền mặt

요즘은 **현금**보다 카드를 많이 사용합니다.

시장에서는 **현금**으로 사면 더 싸게 살 수 있어요.

06 현재 _부, _명

present / 现在 / hiện giờ, hiện tại

_부 **현재** 하고 있는 일은 어떻습니까?

_명 **현재**가 가장 중요하다고 생각해요.

> ㉴ 지금
> • 과거-현재-미래

07 형제 명

brother / 兄弟，兄弟姐妹 / anh em

민수는 삼 **형제** 중에서 막내입니다.
우리 가족은 **형제**가 많은데도 모두 사이가 좋아요.

🔵 형제자매

---

08 호수 명

lake / 湖 / hồ

사람들이 **호수** 주변에서 산책을 합니다.
호수가 예쁘고 깨끗해요.

---

09 혹시 부
[혹씨]

if, by any chance / 或许，如果 / nếu, biết đâu, lỡ đâu

혹시 그 사람을 만나면 소식을 전해 주시겠습니까?
혹시 결과가 안 좋아도 너무 실망하지 마세요.

🔵 혹시나

---

10 화나다 동

화나고, 화나서,
화나면, 화납니다

get angry with, get angry at / 生气 / giận, cáu

영희는 **화나서** 아무 말도 하지 않았습니다.
여자 친구가 **화나면** 무서워요.

• 화(가) 나다

---

11 화내다 동

화내고, 화내서
화내면, 화냅니다

get angry with / 发火 / nổi giận

저는 작은 일에 **화내는** 사람이 싫습니다.
화내지 말고 우선 화가 난 이유를 얘기해 주세요.

• 화(를) 내다

---

12 화려하다 형

화려하고, 화려해서
화려하면, 화려합니다

fancy, colorful, splendid / 华丽 / lộng lẫy, sặc sỡ

그 배우는 **화려한** 옷을 입고 있었습니다.
그녀는 **화려하게** 화장을 하고 꾸몄어요.

🔴 소박하다

13 **화장품** 명

cosmetics / 化妆品 / mỹ phẩm

어머니 선물로 **화장품**을 샀습니다.

이 **화장품**은 자기 전에 발라야 돼요.

- 화장품을 바르다

14 **환영** 명

welcome / 欢迎 / hoan nghênh

오랜만에 고향에 가니 친구들이 **환영** 파티를 해 주었습니다.

그 가수는 텔레비전에 오랜만에 나와서 사람들에게 **환영**을 받았어요.

(반) 환송

- 환영(을) 하다, 환영(을) 받다

15 **환자** 명

patient / 患者 / bệnh nhân

최근에 병원에 입원한 **환자**가 많습니다.

간호사는 환자를 치료하고 있어요.

16 **환전** 명

money exchange / 换钱 / đổi tiền

달러로 **환전**을 하려고 은행에 갔습니다.

요즘은 카드를 사용해서 **환전**을 많이 안 해도 돼요.

- N1을/를 N2(으)로 환전하다
- 달러를 원으로 환전하다
- 환전(을) 하다, 환전이 되다

17 **회원** 명

member / 会员 / hội viên

저희 동아리에서는 신입 회원을 모집하고 있습니다.

어제 동호회 회원들과 환영 파티를 했어요.

18 **횡단보도** 명

crosswalk / 人行横道 / vạch qua đường

그는 **횡단보도**에서 신호를 기다리고 있습니다.

횡단보도를 건너면 편의점이 보일 거예요.

19 후배 명

younger friend, co-worker / 后辈 / hậu bối

선배는 **후배**에게 이유도 묻지 않고 화부터 냈습니다.
저는 학교에서 **후배**와 친하게 지내요.

> 반 선배

20 훌륭하다 형
훌륭하고, 훌륭해서
훌륭하면, 훌륭합니다

excellent / 不凡 / xuất sắc

이 작품은 너무 **훌륭해서** 오랫동안 사랑을 받고 있습니다.
그 배우는 영화에서 **훌륭한** 연기를 보여 줬어요.

> 유 뛰어나다

21 훨씬 부

much, far, a lot / 更加 / hơn hẳn

선배는 후배보다 운동을 **훨씬** 잘합니다.
이 작품이 저번 작품보다 **훨씬** 훌륭해요.

> • N1이/가 N2보다 훨씬 (더) V/A

22 휴게실 명

break room / 休息室 / phòng (tạm) nghỉ

휴게실에 가면 쉴 수 있습니다.
휴게실에서 후배와 커피를 마셨어요.

23 휴일 명

day off / 休息日 / ngày nghỉ

휴일에 호수 공원으로 소풍을 갔습니다.
이곳은 평일보다 **휴일**에 사람이 훨씬 더 많아요.

> 반 평일

24 휴지 명

① waste paper ② toilet paper / ① 废纸 ② 手纸 / ① giấy thải
② khăn giấy

① **휴지**는 쓰레기통에 버려야 합니다. 유 쓰레기
② 집들이 선물로 **휴지**를 샀어요.

25 휴지통 명

wastebasket, garbage can / 垃圾桶 / thùng rác

휴지는 **휴지통**에 버려야 합니다.
휴지통은 교실 뒤쪽에 있어요.

> 🔁 쓰레기통

26 흐르다 동

흐르고, 흘러서,
흐르면, 흐릅니다

flow, run / 流 / chảy

운동을 많이 해서 땀이 **흐릅니다**.
그가 화내서 나도 모르게 눈물이 **흘렀어요**.

> • N이/가 흐르다
> • 땀이 흐르다, 눈물이 흐르다, 시간이 흐르다, 강물이 흐르다

27 흔들다 동

흔들고, 흔들어서
흔들면, 흔듭니다

wave, shake / 挥，摇 / vẫy, lắc

민수는 나를 보고 손을 **흔들었습니다**.
어머니는 아침에 나를 **흔들어서** 깨웠어요.

28 흘리다 동

흘리고, 흘려서,
흘리면, 흘립니다

run, shed, ooze / 流 / làm chảy(= đổ, rơi)

아이가 콧물을 **흘려서** 닦아 주었습니다.
어머니는 아들과 헤어질 때 눈물을 **흘렸어요**.

> • N을/를 흘리다
> • 땀을 흘리다, 눈물을 흘리다, 피를 흘리다, 침을 흘리다

29 희망 명

hope / 希望 / hy vọng

청소년은 미래의 **희망**입니다.
앞으로 다 잘될 거예요. **희망**을 가지세요.

> • 희망(을) 하다, 희망을 가지다, 희망에 차다

30 힘 명

power, energy / 力，劲儿 / sức mạnh

우리 모두 희망을 가지고 **힘**을 내야 합니다.
부모님의 목소리를 들으면 **힘**이 나요.

> • 힘(이) 나다, 힘(을) 내다, 힘(이) 세다, 힘이 약하다

부록

TOPIK I

1. 한국어에서는 형용사나 동사가 문장 안에서 여러 가지 모습으로 바뀝니다. 형용사나 동사에 우리가 배운 문장 구성과 문법을 연결해 쓰는 것을 '용언의 활용'이라고 합니다. 우리 같이 활용에 대해 알아봅시다.

2. '빈도 부사'는 어떤 행동을 얼마나 자주 하는지 나타냅니다. 대화를 보면서 빈도 부사에 대해 알아봅시다.

용언의 활용

'ㅅ' 불규칙 활용

어간의 끝소리 'ㅅ'이 모음으로 시작하는 어미를 만나면 'ㅅ'이 없어집니다.

단어	품사	V-고	V-는데	V-으니까	V-아/어요	V-으세요
짓다	불규칙 동사	짓고	짓는데	지으니까	지어요	지으세요
잇다	불규칙 동사	잇고	잇는데	이으니까	이어요	이으세요
젓다	불규칙 동사	젓고	젓는데	저으니까	저어요	저으세요
긋다	불규칙 동사	긋고	긋는데	그으니까	그어요	그으세요
붓다	불규칙 동사	붓고	붓는데	부으니까	부어요	부으세요
낫다	불규칙 동사	낫고	낫는데	나으니까	나아요	나으세요
벗다	규칙 동사	벗고	벗는데	벗으니까	벗어요	벗으세요
빗다	규칙 동사	빗고	빗는데	빗으니까	빗어요	빗으세요
빼앗다	규칙 동사	빼앗고	뺏는데	뺏으니까	뺏어요	뺏으세요
씻다	규칙 동사	씻고	씻는데	씻으니까	씻어요	씻으세요
솟다	규칙 동사	솟고	솟는데	솟으니까	솟아요	솟으세요

예
- 줄을 **그어서** 두 점을 **이어** 주세요.
- 제가 약을 **지어** 왔으니까 드시고 얼른 **나으세요.**
- 준비한 재료가 서로 잘 섞이게 **저었으면** 모두 냄비에 **부어요.**

'ㄷ' 불규칙 활용

어간의 끝소리 'ㄷ'이 모음으로 시작하는 어미를 만나면 'ㄹ'로 바뀝니다.

단어	품사	V-고	V-는데	V-으니까	V-아/어요	V-으세요
걷다	불규칙 동사	걷고	걷는데	걸으니까	걸어요	걸으세요
듣다	불규칙 동사	듣고	듣는데	들으니까	들어요	들으세요
묻다	불규칙 동사	묻고	묻는데	물으니까	물어요	물으세요
닫다	규칙 동사	닫고	닫는데	닫으니까	닫아요	닫으세요
믿다	규칙 동사	믿고	믿는데	믿으니까	믿어요	믿으세요
받다	규칙 동사	받고	받는데	받으니까	받아요	받으세요

예
- 하루에 한 시간씩 **걸으니까** 건강해졌어요.
- 선생님께 칭찬을 **들어서** 기분이 좋아요.
- 모르는 게 있으면 언제든지 **물어보세요.**

'ㅂ' 불규칙 활용

① 어간의 끝소리 'ㅂ'이 모음으로 시작하는 어미를 만나면 'ㅜ'로 바뀝니다.
② 단, '돕다, 곱다'는 모음 'ㅏ/ㅓ'를 만나면 'ㅜ'가 아닌 'ㅗ'로 바뀝니다.

단어	품사	A/V-고	A-은데, V-는데	A/V-으니까	A/V-아/어요	A/V-습니다
눕다	불규칙 동사	눕고	눕는데	누우니까	누워요	눕습니다
돕다	불규칙 동사	돕고	돕는데	도우니까	도와요	돕습니다
줍다	불규칙 동사	줍고	줍는데	주우니까	주워요	줍습니다
가볍다	불규칙 형용사	가볍고	가벼운데	가벼우니까	가벼워요	가볍습니다
고맙다	불규칙 형용사	고맙고	고마운데	고마우니까	고마워요	고맙습니다
곱다	불규칙 형용사	곱고	고운데	고우니까	고와요	곱습니다
덥다	불규칙 형용사	덥고	더운데	더우니까	더워요	덥습니다
맵다	불규칙 형용사	맵고	매운데	매우니까	매워요	맵습니다
무겁다	불규칙 형용사	무겁고	무거운데	무거우니까	무거워요	무겁습니다
반갑다	불규칙 형용사	반갑고	반가운데	반가우니까	반가워요	반갑습니다
쉽다	불규칙 형용사	쉽고	쉬운데	쉬우니까	쉬워요	쉽습니다
아름답다	불규칙 형용사	아름답고	아름다운데	아름다우니까	아름다워요	아름답습니다
어렵다	불규칙 형용사	어렵고	어려운데	어려우니까	어려워요	어렵습니다
춥다	불규칙 형용사	춥고	추운데	추우니까	추워요	춥습니다
뽑다	규칙 동사	뽑고	뽑는데	뽑으니까	뽑아요	뽑습니다
씹다	규칙 동사	씹고	씹는데	씹으니까	씹어요	씹습니다
입다	규칙 동사	입고	입는데	입으니까	입어요	입습니다
잡다	규칙 동사	잡고	잡는데	잡으니까	잡아요	잡습니다
접다	규칙 동사	접고	접는데	접으니까	접어요	접습니다
좁다	규칙 형용사	좁고	좁은데	좁으니까	좁아요	좁습니다

예 • 아파서 침대에 **누워** 계시는 어머니를 **도와서** 집안일을 했습니다.

　• **추운** 나라에서 살다가 한국에서 여름을 지내니까 **더워요**.

　• 한국어로 노래하는 건 **쉬운데** 말을 하려면 **어려워요**.

용언의 활용

'ㅎ' 불규칙 활용

① 어간의 끝소리 'ㅎ'이 모음으로 시작하는 어미를 만나면 'ㅎ'이 없어집니다.
② 어간의 끝소리 'ㅎ'과 모음 'ㅏ/ㅓ'가 만나면 둘이 합쳐진 듯 'ㅐ/ㅒ'로 바뀝니다.

단어	품사	A/V-지만	A-은데, V-는데	A/V-으니까	A/V-아/어요	A/V-아/어서
그렇다	불규칙 형용사	그렇지만	그런데	그러니까	그래요	그래서
까맣다	불규칙 형용사	까맣지만	까만데	까마니까	까매요	까매서
노랗다	불규칙 형용사	노랗지만	노란데	노라니까	노래요	노래서
빨갛다	불규칙 형용사	빨갛지만	빨간데	빨가니까	빨개요	빨개서
어떻다	불규칙 형용사	어떻지만	어떤데	어떠니까	어때요	어때서
이렇다	불규칙 형용사	이렇지만	이런데	이러니까	이래요	이래서
저렇다	불규칙 형용사	저렇지만	저런데	저러니까	저래요	저래서
파랗다	불규칙 형용사	파랗지만	파란데	파라니까	파래요	파래서
하얗다	불규칙 형용사	하얗지만	하얀데	하야니까	하얘요	하얘서
낳다	규칙 동사	낳지만	낳는데	낳으니까	낳아요	낳아서
넣다	규칙 동사	넣지만	넣는데	넣으니까	넣어요	넣어서
놓다	규칙 동사	놓지만	놓는데	놓으니까	놓아요	놓아서
괜찮다	규칙 형용사	괜찮지만	괜찮은데	괜찮으니까	괜찮아요	괜찮아서
많다	규칙 형용사	많지만	많은데	많으니까	많아요	많아서
싫다	규칙 형용사	싫지만	싫은데	싫으니까	싫어요	싫어서
좋다	규칙 형용사	좋지만	좋은데	좋으니까	좋아요	좋아서

예 • 저 사람은 얼굴은 **하얀**데 입술이 **빨개서** 예쁘네요.
　　• 비가 오는 날에는 **까만** 우산보다 **노란** 우산을 쓰는 게 안전해요.
　　• **어떤** 선물이 좋을지 모르겠어요. **그러니까** 같이 골라주세요.

'ㅡ' 불규칙 활용

어간의 끝소리 'ㅡ'가 모음 'ㅏ/ㅓ'를 만나면 'ㅡ'가 없어집니다. ('르'로 끝나는 것은 제외)

단어	품사	A/V-고	A-ㄴ데, V-는데	A/V-니까	A/V-아/어요	A/V-았/었어요
쓰다	불규칙 동사	쓰고	쓰는데	쓰니까	써요	썼어요
고프다	불규칙 형용사	고프고	고픈데	고프니까	고파요	고팠어요
바쁘다	불규칙 형용사	바쁘고	바쁜데	바쁘니까	바빠요	바빴어요
슬프다	불규칙 형용사	슬프고	슬픈데	슬프니까	슬퍼요	슬펐어요
아프다	불규칙 형용사	아프고	아픈데	아프니까	아파요	아팠어요
예쁘다	불규칙 형용사	예쁘고	예쁜데	예쁘니까	예뻐요	예뻤어요
크다	불규칙 형용사	크고	큰데	크니까	커요	컸어요

예 • 저는 매일 한국어로 일기를 **써요**.
　　• 버려진 동물들의 이야기를 들으면 마음이 **아파요**.
　　• 이 옷은 예쁘니까 조금 **커도** 입고 다녀요.

'르' 불규칙 활용

어간 끝소리 'ㅡ'가 모음으로 시작하는 어미를 만나면 'ㅡ'가 없어지고, 'ㄹ'이 생깁니다.

단어	품사	A/V-고	A-ㄴ데, V-는데	A/V-니까	A/V-아/어서	A/V-아/어요
고르다	불규칙 동사	고르고	고르는데	고르니까	골라서	골랐어요
누르다	불규칙 동사	누르고	누르는데	누르니까	눌러서	눌렀어요
모르다	불규칙 동사	모르고	모르는데	모르니까	몰라서	몰랐어요
부르다	불규칙 동사	부르고	부르는데	부르니까	불러서	불렀어요
서두르다	불규칙 동사	서두르고	서두르는데	서두르니까	서둘러서	서둘렀어요
오르다	불규칙 동사	오르고	오르는데	오르니까	올라서	올랐어요
흐르다	불규칙 동사	흐르고	흐르는데	흐르니까	흘러서	흘렀어요
다르다	불규칙 형용사	다르고	다른데	다르니까	달라서	달랐어요
빠르다	불규칙 형용사	빠르고	빠른데	빠르니까	빨라서	빨랐어요

예 • 저는 한국 음식을 잘 **몰라서** 친구가 메뉴를 **골라**줬어요.

　 • 위층에서 누나가 **불러서** 저는 **서둘러 올라**갔어요.

　 • 저는 한국어가 재미있어서 배우는 속도가 **빨랐어요.**

'ㄹ' 불규칙 활용

어간의 끝소리 'ㄹ'이 자음 'ㄴ, ㅂ, ㅅ'으로 시작하는 어미를 만나면 'ㄹ'이 없어집니다.

단어	품사	A/V-고	A-ㄴ데, V-는데	A/V-니까	A/V-아/어요	A/V-ㅂ니다
놀다	불규칙 동사	놀고	노는데	노니까	놀아요	놉니다
들다	불규칙 동사	들고	드는데	드니까	들어요	듭니다
만들다	불규칙 동사	만들고	만드는데	만드니까	만들어요	만듭니다
벌다	불규칙 동사	벌고	버는데	버니까	벌어요	법니다
살다	불규칙 동사	살고	사는데	사니까	살아요	삽니다
알다	불규칙 동사	알고	아는데	아니까	알아요	압니다
열다	불규칙 동사	열고	여는데	여니까	열어요	엽니다
울다	불규칙 동사	울고	우는데	우니까	울어요	웁니다
팔다	불규칙 동사	팔고	파는데	파니까	팔아요	팝니다
길다	불규칙 형용사	길고	긴데	기니까	길어요	깁니다
멀다	불규칙 형용사	멀고	먼데	머니까	멀어요	멉니다

예 • 친구가 집에 와서 **노니까** 엄마가 과자를 **만드**셨어요.

　 • 혼자 **사니까** 음식 재료를 조금씩 **파는** 가게에 자주 가게 되었어요.

　 • 제가 **아는** 사람은 남자이지만 머리가 아주 **깁니다.**

빈도 부사

전혀

[예] 가: 집에서 요리하세요?

나: 아니요, 저는 집에서 전혀 요리하지 않아요.

거의 ~ 않다

[예] 가: 아침 드셨어요?

나: 아니요, 저는 아침 식사를 거의 하지 않아요.

가끔

[예] 가: 영화를 자주 봐요?

나: 아니요, 시간이 없어서 가끔 봐요.

자주, 종종

[예] 가: 어머니와 얼마나 자주 전화를 하세요?

나: 저는 고향 생각이 날 때마다 종종 전화를 해요.

항상, 늘, 언제나

[예] 가: 준수 씨는 항상 일찍 출근하네요.

나: 맞아요. 언제나 부지런해서 정말 부러워요.

찾아보기

단어	쪽수	단어	쪽수	단어	쪽수	단어	쪽수	단어	쪽수
가게	4	거절	128	공무원	134	그때	142	긴장	146
가격	4	거짓말	128	공부	12	그래	14	길	19
가구	4	걱정	128	공원	12	그래서	14	길다	19
가깝다	4	건강	8	공장	134	그러나	142	길이	148
가끔	124	건너가다	128	공짜	136	그러니까	14	김	148
가늘다	124	건너다	130	공책	12	그러면	16	깊다	148
가다	4	건너편	8	공항	12	그러므로	142	까맣다	148
가득	124	건물	8	공휴일	136	그런	143	깎다	148
가르치다	4	걷다	8	과거	136	그런데	16	깜짝	148
가리키다	124	걸다	8	과일	12	그럼	16	깨끗이	149
가방	5	걸어가다	130	과자	136	그렇다	16	깨끗하다	19
가볍다	5	걸음	130	관계	136	그렇지만	16	깨다	149
가수	5	검사	130	관광	136	그릇	16	꺼내다	149
가슴	124	것	8	관광객	137	그리고	17	꼭	20
가요	5	겉	130	관광지	137	그리다	17	꽃	20
가운데	5	게으르다	130	관심	137	그림	17	꽃다발	149
가위	124	게임	10	광고	137	그립다	143	꽃병	149
가을	5	겨울	10	괜찮다	12	그만	143	꽃집	149
가장	6	결과	131	교과서	137	그만두다	143	꾸다	150
가져가다	125	결석	131	교사	137	그저께	17	꿈	150
가족	6	결심	131	교실	13	그쪽	17	끄다	20
가지다	6	결정	131	교육	138	그치다	143	끊다	150
각각	125	결혼	131	교통	13	극장	17	끓다	150
간단하다	125	결혼식	131	교통비	138	근처	18	끓이다	150
간식	125	경기	132	교통사고	138	글	18	끝나다	20
간호사	125	경찰	132	교환	138	글쎄요	18	끝내다	150
갈아입다	125	경찰서	132	구경	13	글씨	143	끼다	151
갈아타다	6	경치	132	구두	13	글자	144	나	20
감기	6	경험	132	구름	138	금방	144	나가다	20
감기약	126	계단	132	국	138	금지	144	나누다	151
감다1	126	계산	133	국내	139	급하다	144	나다	22
감다2	126	계속	10	국적	13	기간	18	나라	22
감사	6	계시다	10	국제	139	기다리다	18	나머지	151
감자	126	계절	10	굵다	139	기르다	144	나무	22
갑자기	126	계획	10	굽다	139	기름	144	나쁘다	22
값	7	고개	133	궁금하다	139	기분	18	나오다	22
강	126	고기	11	권	13	기뻐하다	145	나이	151
강하다	127	고등학교	133	귀	14	기쁘다	19	나중	22
갖다	127	고등학생	133	귀걸이	139	기쁨	145	나타나다	151
같다	7	고르다	11	귀엽다	140	기숙사	19	나흘	151
같이	7	고맙다	11	귀찮다	140	기억	145	낚시	152
갚다	127	고민	133	규칙	140	기억나다	145	날	23
개	7	고속버스	133	그	14	기온	145	날다	152
개월	127	고장	134	그거	140	기자	145	날씨	23
거기	7	고치다	134	그것	14	기차	19	날씬하다	152
거리1	127	고프다	11	그곳	140	기차역	146	날짜	23
거리2	127	고향	11	그날	140	기차표	146	남	152
거실	7	곧	134	그냥	142	기침	146	남기다	152
거울	128	곳	11	그대로	142	기타	146	남녀	152
거의	128	공	134	그동안	142	기회	146	남다	154

찾아보기

단어	쪽수	단어	쪽수	단어	쪽수	단어	쪽수	단어	쪽수
남동생	23	느끼다	158	데려가다	164	떨어지다	170	맵다	40
남성	154	느낌	158	데이트	164	또	36	머리	40
남자	23	느리다	158	도로	164	또는	170	먹다	40
남쪽	154	늘	160	도서관	31	똑같다	170	먼저	40
남편	23	늘다	160	도시	166	똑같이	170	멀다	41
낫다1	154	늙다	160	도와주다	31	똑똑하다	170	멀리	176
낫다2	154	능력	160	도움	166	똑바로	172	멈추다	176
낮	24	늦다	28	도착	32	뚱뚱하다	172	멋있다	41
낮다	24	다	28	독서	166	뛰다	172	메뉴	41
낮잠	154	다녀오다	28	돈	32	뛰어가다	172	메다	178
내	24	다니다	29	돌다	166	뜨겁다	172	메모	178
내과	155	다르다	29	돌려주다	166	뜨다	173	메시지	178
내년	24	다리1	29	돌리다	166	뜻	173	메일	178
내다	155	다리2	160	돌아가다	32	라디오	173	며칠	41
내려가다	155	다시	29	돌아오다	32	마당	173	명	41
내리다	24	다양하다	160	돕다	32	마르다	173	명절	178
내용	155	다음	29	동네	167	마리	36	몇	41
내일	24	다음날	161	동물	167	마시다	36	모기	178
냄비	155	다이어트	161	동물원	167	마을	173	모두	42
냄새	155	다치다	161	동생	34	마음	37	모든	179
냉장고	156	다하다	161	동시	167	마중	173	모레	42
너	25	닦다	161	동안	34	마지막	174	모르다	42
너무	25	단어	29	동전	167	마치다	174	모습	179
너희	156	단추	161	동쪽	167	마트	174	모양	179
넓다	25	단풍	162	되다	34	막히다	174	모으다	179
넘다	156	닫다	30	두껍다	168	만나다	37	모이다	179
넘어지다	156	달	30	두다	168	만들다	37	모임	179
넣다	25	달다	30	두통	168	만약	174	모자	42
년	25	달력	162	뒤	34	만일	174	모자라다	180
노랗다	156	달리다	162	드디어	168	만지다	175	목	42
노래	25	닮다	162	드라마	34	만화	175	목걸이	180
노래방	26	담배	30	드리다	34	많다	37	목도리	180
노력	156	답	162	듣다	35	많이	37	목소리	180
노인	157	답답하다	162	들다1	35	말1	37	목욕	180
놀다	26	답장	163	들다2	35	말2	175	목욕탕	42
놀라다	157	대답	30	들르다	168	말다	38	목적	180
놀이	157	대부분	163	들리다	168	말씀	38	몸	43
농구	26	대사관	30	들어가다	35	맑다	38	못	43
농담	157	대학교	30	들어오다	35	맛	38	못생기다	181
높다	26	대학생	31	등산	35	맛없다	38	못하다	43
높이	157	대학원	163	디자인	169	맛있다	38	무겁다	43
놓다	157	대화	31	따뜻하다	36	맞다	40	무게	181
누구	26	대회	163	따로	169	맞추다	175	무궁화	181
누나	26	댁	163	딸	36	매년	175	무료	181
누르다	158	더	31	땀	169	매다	175	무릎	181
눈1	28	더럽다	163	땅	169	매달	176	무섭다	181
눈2	28	더욱	164	때	36	매우	176	무슨	43
눈물	158	덕분	164	떠나다	169	매일	40	무엇	43
눕다	158	던지다	164	떠들다	169	매주	176	무척	182
뉴스	28	덥다	31	떡국	170	매표소	176	문	44

단어	쪽수	단어	쪽수	단어	쪽수	단어	쪽수	단어	쪽수
문제	182	밝다	188	봉투	193	빼다	200	서비스	206
문화	44	밤	48	뵙다	193	뽑다	200	서양	206
묻다	44	밥	48	부끄럽다	194	사거리	200	서점	60
물	44	방	49	부드럽다	194	사계절	202	서쪽	208
물건	44	방금	188	부럽다	194	사고	202	섞다	208
물고기	182	방문	188	부르다1	53	사귀다	55	선물	60
물론	182	방법	188	부르다2	194	사다	56	선배	208
물어보다	182	방송	188	부모님	53	사람	56	선생님	60
뭐	44	방송국	188	부부	194	사랑	56	선선하다	208
미끄러지다	182	방학	49	부분	194	사무실	56	선수	208
미래	184	방향	190	부엌	53	사실	202	선택	208
미리	184	배1	49	부인	196	사업	202	선풍기	209
미술관	184	배2	49	부자	196	사용	56	설거지	209
미안하다	46	배3	190	부족하다	196	사이	56	설날	209
미역국	184	배달	190	부지런하다	196	사이즈	202	설명	60
미용실	46	배드민턴	190	부치다	196	사장	202	설탕	209
미터	184	배우	49	부탁	53	사전	58	섬	209
믿다	184	배우다	49	북쪽	196	사진	58	섭섭하다	209
밀가루	185	배탈	190	분1	54	사탕	203	성	210
밀다	185	백	50	분2	54	사흘	203	성격	210
밑	46	백화점	50	분명하다	197	산	58	성공	210
바깥	185	버릇	190	분식	197	산책	58	성적	210
바꾸다	46	버리다	191	분위기	197	살1	58	성함	210
바뀌다	185	버스	50	불	54	살2	203	세계	210
바다	46	번	50	불다	54	살다	58	세다	211
바닥	185	번째	191	불쌍하다	197	삼거리	203	세배	211
바닷가	185	번호	50	불안	197	상	203	세상	211
바라다	186	벌	191	불편	197	상자	203	세수	60
바라보다	186	벌다	191	붉다	198	상처	204	세우다	211
바람	46	벌써	191	붙다	198	상품	204	세탁	211
바로	47	벗다	191	붙이다	198	새	204	세탁기	211
바르다	186	벽	192	비	54	새로	204	세탁소	212
바쁘다	47	변하다	192	비교	198	새롭다	204	소개	60
바이올린	186	변호사	192	비누	198	새벽	204	소금	61
바지	47	별	192	비다	198	새해	205	소리	212
박물관	47	별로	50	비디오	199	색깔	205	소설	212
박수	186	병1	52	비밀	199	생각	59	소식	212
밖	47	병2	52	비슷하다	199	생각나다	205	소중하다	212
반1	47	병문안	192	비싸다	54	생기다	205	소파	212
반2	48	병원	52	비행기	55	생선	205	소포	214
반갑다	48	보내다	52	빌딩	199	생신	59	소풍	214
반대	186	보다	52	빌리다	55	생일	59	소화제	214
반드시	187	보이다1	192	빠르다	55	생활	59	속	214
반바지	187	보이다2	193	빠지다	199	샤워	59	속도	214
반지	187	보통	52	빨갛다	199	서다	205	속옷	214
반찬	187	복습	193	빨다	200	서두르다	206	손	61
받다	48	복잡하다	193	빨래	200	서랍	206	손가락	215
받아쓰다	187	볶다	193	빨리	55	서로	206	손님	61
발	48	볼펜	53	빵	55	서류	206	손바닥	215
발가락	187	봄	53	빵집	200	서른	59	손수건	215

찾아보기

단어	쪽수	단어	쪽수	단어	쪽수	단어	쪽수	단어	쪽수
송편	215	식당	66	아름답다	70	어둡다	232	연휴	236
쇼핑	61	식사	66	아마	227	어디	76	열	236
수	215	식초	221	아무	227	어떻다	76	열다	80
수건	215	식탁	221	아무것	227	어렵다	76	열리다	236
수고	216	식품	221	아무리	227	어른	232	열쇠	80
수술	216	신다	66	아버지	70	어리다	232	열심히	80
수업	61	신랑	221	아이	71	어린이	232	열흘	236
수영	61	신문	66	아이스크림	71	어머니	76	엽서	236
수영복	216	신발	66	아저씨	71	어서	76	영수증	236
수영장	62	신부	221	아주	71	어울리다	232	영어	80
수저	216	신분증	222	아주머니	71	어제	76	영하	238
수첩	62	신선하다	222	아직	71	어젯밤	232	영화	82
숙제	62	신청	222	아침	72	언니	77	영화관	82
순서	216	신호등	222	아파트	72	언어	233	영화배우	82
숟가락	216	신혼	222	아프다	72	언제	77	옆	82
술	62	신혼여행	222	악기	227	언제나	233	옆집	238
술집	217	실례	67	안1	72	얻다	233	예매	238
숫자	217	실수	223	안2	72	얼굴	77	예쁘다	82
쉬다	62	실패	223	안경	72	얼다	233	예술	238
쉬다	217	싫다	67	안내1	73	얼마	77	예습	238
쉽다	62	싫어하다	67	안내2	227	얼마나	77	예약	238
슈퍼마켓	64	심다	223	안내문	228	얼음	233	옛	239
스물	64	심심하다	223	안녕히	73	없다	77	옛날	239
스스로	217	심하다	223	안다	228	엉덩이	233	오늘	82
스케이트	217	십	67	안되다	228	에어컨	78	오다	83
스키	64	싱겁다	67	안전	228	엘리베이터	234	오래	239
스키장	217	싸다1	67	안쪽	228	여권	78	오래되다	239
스트레스	218	싸다2	223	앉다	73	여기	78	오랜만	239
스포츠	218	싸우다	224	알다	73	여기저기	234	오랫동안	239
슬퍼하다	218	쌀	224	알리다	73	여동생	78	오르다	240
슬프다	64	쌀쌀하다	224	알맞다	228	여러	78	오른쪽	83
슬픔	218	쌓다	224	알아보다	229	여러분	78	오빠	83
습관	218	썰다	224	앞	73	여름	79	오전	83
시	64	쓰다1	68	앞쪽	229	여성	234	오후	83
시간	64	쓰다2	68	앨범	229	여자	79	온도	240
시간표	218	쓰다3	68	야구	74	여쭙다	234	올라가다	83
시계	220	쓰다4	224	야채	229	여행	79	올리다	240
시골	220	쓰레기	226	약1	74	여행사	79	올해	84
시끄럽다	220	쓰레기통	226	약2	74	여행지	234	울다	240
시내	220	씨	68	약간	229	역	79	옷	84
시다	65	씹다	226	약국	74	역사	234	옷걸이	240
시민	220	씻다	68	약속	74	연결	235	옷장	240
시원하다	65	아가씨	226	약하다	229	연극	79	와이셔츠	241
시작	65	아기	68	얇다	230	연락	235	완전히	241
시장	65	아까	226	양말	230	연락처	235	왕	241
시청	65	아내	70	양복	230	연말	235	왜	84
시키다	65	아니다	70	양치질	230	연세	235	왜냐하면	241
시험	66	아래	70	얘기	230	연습	80	외국	84
식구	220	아래쪽	226	어깨	230	연예인	235	외국어	84
식다	220	아르바이트	70	어느	74	연필	80	외국인	84

단어	쪽수	단어	쪽수	단어	쪽수	단어	쪽수	단어	쪽수
외롭다	241	의사	89	입	94	재료	259	제목	266
외우다	241	의자	90	입구	253	재미	259	제일	100
외출	242	이1	90	입다	94	재미없다	97	조금	100
왼쪽	85	이2	247	입술	253	재미있다	97	조금씩	266
요금	242	이거	247	입원	253	재채기	260	조심	266
요리	85	이것	90	입장권	253	저1	97	조용하다	101
요리사	242	이곳	247	입학	254	저2	97	조용히	266
요일	85	이기다	247	있다	94	저거	260	졸다	268
요즘	85	이날	247	잊다	254	저것	97	졸업	101
우리	85	이따가	90	잊어버리다	254	저곳	260	좀	101
우산	85	이때	248	잎	254	저금	260	좁다	268
우선	242	이렇다	248	자기소개	254	저기	97	종류	268
우유	86	이르다	248	자꾸	254	저녁	98	종업원	101
우체국	86	이름	90	자다	94	저렇다	260	종이	268
우표	86	이마	248	자동차	94	저번	260	좋다	101
운동	86	이미	248	자동판매기	256	저분	262	좋아하다	101
운동복	242	이번	90	자라다	256	저쪽	98	죄송하다	102
운동장	86	이분	248	자랑	256	저희	262	주	102
운동화	86	이불	250	자르다	256	적다1	98	주다	102
운전	88	이사	250	자리	256	적다2	262	주로	102
운전사	242	이삿짐	250	자세히	256	적당하다	262	주말	102
울다	88	이상	250	자식	257	전공	98	주머니	268
울음	244	이야기	91	자신	257	전기	262	주무시다	102
움직이다	244	이용	250	자연	257	전부	262	주문	268
웃다	88	이웃	250	자유	257	전철	263	주변	269
웃음	244	이유	91	자전거	94	전체	263	주부	103
원	88	이전	251	자주	95	전하다	263	주사	269
원하다	244	이제	251	자판기	257	전혀	263	주소	103
월	88	이쪽	91	작년	95	전화	98	주위	269
월급	244	이틀	251	작다	95	전화기	263	주인	103
위	88	이해	251	잔	95	전화번호	98	주일	103
위쪽	244	이후	251	잔치	257	젊다	263	주차	269
위치	245	익다	251	잘	95	점수	264	주차장	269
위험	245	익숙하다	252	잘되다	258	점심	100	죽다	269
유리	245	인기	252	잘못	95	점심시간	264	준비	103
유명하다	89	인분	91	잘못되다	258	점점	264	줄	270
유치원	245	인사	91	잘못하다	258	집다	264	줄다	270
유학	245	인터넷	91	잘생기다	258	접시	264	줄이다	270
유학생	245	인형	252	잘하다	96	젓가락	264	줍다	270
유행	246	일1	92	잠	96	정거장	265	중	103
육교	246	일2	92	잠깐	96	정도	265	중간	270
윷놀이	246	일기	252	잠시	96	정류장	100	중심	270
은행	89	일부	252	잠자다	258	정리	265	중요하다	271
음료	246	일어나다	92	잡다	258	정말	100	중학교	271
음료수	89	일어서다	252	잡수시다	96	정문	265	중학생	271
음식	89	일주일	92	잡지	259	정원	265	즐거워하다	271
음식점	246	일찍	92	장갑	259	정하다	265	즐겁다	271
음악	89	읽다	92	장난감	259	정확하다	266	즐기다	271
음악가	246	잃다	253	장마	259	젖다	266	지각	272
의미	247	잃어버리다	253	장소	96	제	100	지갑	104

단어	쪽수	단어	쪽수	단어	쪽수	단어	쪽수	단어	쪽수
지금	104	참다	278	치약	286	틀다	290	할머니	120
지나가다	272	창문	107	친구	112	틀리다	290	할아버지	120
지나다	104	찾다	108	친절하다	112	티셔츠	116	할인	296
지난달	104	찾아가다	280	친척	286	파랗다	290	함께	121
지난번	272	채소	280	친하다	112	파티	116	항공권	296
지난주	104	책	108	칠판	112	팔	116	항상	296
지난해	104	책상	108	침대	112	팔다	116	해마다	296
지내다	105	책장	280	침실	286	팔리다	290	해외	296
지다	272	처음	108	칫솔	286	펴다	292	햇빛	296
지도	272	천	108	칭찬	286	편리하다	292	행동	298
지루하다	272	천천히	108	카드	112	편안하다	292	행복	298
지르다	274	첫	280	카메라	113	편의점	116	행사	298
지방	274	첫날	280	카페	286	편지	116	헤어지다	298
지우개	105	청년	280	칼	287	편찮다	292	현금	298
지우다	274	청바지	281	커피	113	편하다	292	현재	298
지키다	274	청소	109	컴퓨터	113	평소	292	형	121
지하	274	청소년	281	켜다1	113	평일	293	형제	299
지하도	274	체육관	281	켜다2	287	포장	293	호수	299
지하철	105	쳐다보다	281	켤레	287	표	118	호텔	121
지하철역	105	초1	281	코	113	푸르다	293	혹시	299
직업	105	초2	281	콘서트	113	푹	293	혼자	121
직원	105	초대	109	콧물	287	풀다	293	화나다	299
직장	275	초대장	282	크기	287	풍경	293	화내다	299
직접	275	초등학교	282	크다	114	프로그램	118	화려하다	299
진짜	275	초등학생	282	키	114	피	294	화장실	121
진하다	275	최고	282	키우다	287	피곤하다	118	화장품	300
질문	107	최근	282	타다	114	피다	294	환영	300
짐	275	추다	109	탁구	114	피아노	118	환자	300
집	107	추석	282	태권도	114	피우다	118	환전	300
집들이	275	축구	109	태극기	288	필요하다	118	회사	121
집안일	276	축하	109	태도	288	필통	119	회사원	122
짓다	276	출구	283	태어나다	288	하늘	294	회원	300
짜다	107	출근	283	태풍	288	하다	119	회의	122
짜증	276	출발	109	택배	288	하루	119	횡단보도	300
짝	276	출석	283	택시	114	하숙비	294	후	122
짧다	276	출입	283	터미널	115	하숙집	119	후배	301
찌다1	276	출입국	283	테니스	115	하얗다	294	훌륭하다	301
찌다2	277	출장	283	테니스장	288	하지만	119	훨씬	301
찍다	107	출퇴근	284	테이블	289	학교	119	휴가	122
차1	277	춤	110	텔레비전	115	학기	294	휴게실	301
차2	277	춥다	110	통장	289	학년	295	휴일	301
차갑다	277	충분하다	284	통화	289	학생	120	휴지	301
차다1	277	취미	110	퇴근	115	학생증	120	휴지통	302
차다2	277	취소	284	퇴원	289	학원	295	흐르다	302
차다3	278	취직	284	튀기다	289	한가하다	120	흐리다	122
차다4	278	층	110	튀김	289	한글	295	흔들다	302
차례	278	치과	284	특별하다1	115	한번	295	흘리다	302
착하다	278	치다	110	특별하다2	290	한복	120	희망	302
찬물	278	치료	284	특히	115	한옥	295	힘	302
참	107	치마	110	튼튼하다	290	한턱	295	힘들다	122

좋은 책을 만드는 길, 독자님과 함께 하겠습니다.

쏙쏙 한국어 어휘왕 TOPIK I 초급 단어 사전

초판2쇄 발행	2023년 08월 30일 (인쇄 2023년 06월 07일)
초 판 발 행	2021년 09월 03일 (인쇄 2021년 07월 08일)
발 행 인	박영일
책 임 편 집	이해욱
저 자	김미정, 변영희
편 집 진 행	구설희
표지디자인	조혜령
편집디자인	박지은 · 곽은슬
발 행 처	(주)시대고시기획
출 판 등 록	제10-1521호
주 소	서울시 마포구 큰우물로 75 [도화동 538 성지 B/D] 9F
전 화	1600-3600
팩 스	02-701-8823
홈 페 이 지	www.sdedu.co.kr

I S B N	979-11-383-0051-3 (14710)
	979-11-383-0050-6 (세트)
정 가	16,000원